진격의 요한

공관복음과 바울에 대항하는 요한의 혁명

강 병 욱 지음

새물결

진격의 요한

저 자 : 강병욱
펴낸이 : 강병욱
교 정 : 이중의
펴낸곳 : 새들녘
판 본 : 1판 1쇄 (2015년 3월 5일)
출판등록 2009년 2월 27일(제2009-18호)
주 소 : 서울시 강남구 논현동 111-23 1층
전 화 : 070-7522-7509 / FAX : 0303-3442-7400
E-mail : sdnpress@daum.net
I S B N : 978-89-98069-02-5 03230

일러두기

- 인용된 성경은 대한성서공회의 '새번역' 성경입니다.

- 본문의 글은 저자가 설교를 목적으로 했던 원고이며 교육적 효과를 위한 반복, 절기 설교 등이 그대로 반영되어 있어 다소 산만한 점이 있습니다.

- 본 저서는 공관복음(마태, 마가, 누가)과 요한복음에 대한 개론적인 기초 지식을 전제하고 있습니다. 복음서에 대한 개론서를 먼저 참고 하시면 글의 이해에 도움이 될 것입니다.

- 본 저서는 성경 각 권이 일치된 신학을 가지고 있을 것이라 전제하는 고전신학을 따르지 않고, 각 저자의 신학적 독창성을 강조하는 현대신학적 관점을 견지하고 있습니다.

- 글은 요한복음의 장 순서대로 진행되나 특정한 주제가 부각될 경우 다른 장에 나타나는 같은 주제의 구절이 미리, 혹은 나중에 언급되기도 하므로 모든 구절이 순서대로 해석되고 있지 않습니다.

- 본 저서는 사랑하는 이들의 후원을 통해 출판될 수 있었습니다.
저자에게 항상 귀 기울여 주는 이들에게 감사의 마음을 전합니다.

후원해 주신 분들
김덕원, 김선삼, 김혜영, 배신연, 은상아, 이원규-한지원 부부,
주영란, 지강현-이주연 부부, 최하나, 그 외 익명의 후원자들,
새들녘교회

목 차

진격의 요한

공관복음과 바울에 대항하는 요한의 혁명

머릿말

요한은 신학적 거인이다.
요한은 특별하다거나 다르다는 정도로
이해될 수 없다.
요한은 이기고, 또 이기려한다.
요한은 대항한다.
무엇에 대항하는가?
요한은 마태, 마가, 누가의 공관복음서와
바울서신, 그리고 대부분의 신약의 서신들에
대항하고 있다.

요한은 공관복음서의
십자가 신학을 거부하고
이를 달리 해석하고 있다.
마태, 마가, 누가의 공관복음서가
마가의 자료에 기초하고 있다면
요한은 기초 자료인 마가를
완전히 의심하고 있는 것이다.
마가의 자료를 신뢰했다면
그가 이런 복음서를 쓰지 않았을 것이다.
만약 우리가 요한을 신뢰한다면
공관복음서의 기본 자료는
상상이요 오류이다.
요한은 공관복음서에 대항하고 있다.

요한은 바울의 신학에 대항하고 있다.
바울은 믿음에 의한 구원을 이야기했다.
요한 또한 믿음으로 영생에 이른다.

그러나,
바울은 예수의 피를 믿음으로
죄 사함을 받고 구원에 이른다고 주장한다.
요한이 말하는 구원은 그렇지 않다.
피 제사를 통한 죄 사함의 구원은
유대인들의 해석일 뿐이다.
이는 예수 그리스도의 아버지를
죄와 용서의 문제에 얽매인 하나님,
죄 사함을 위해 피를 요청할 수밖에 없는
유대교의 하나님으로 영원히 남게 만든다.

요한이 보기에 하나님은
예수를 통하여 은혜와 진리를 선포하신다.
예수께서는 유대교의 한계를 넘어 높이 올라가시려 한다.
그의 구원은 피, 죄 사함, 용서의 범주를 넘어서는 구원이다.
어둠에 빛이 비취면 어둠이 사라지듯
죄인인 인간에게 오신 예수
그를 믿고 영접하는 자는
죽음에서 생명으로 넘어간다.
그래서 요한이 보기에 예수의 죽음은
피를 흘리는 속죄제의 희생이 아니라
유월절 어린양의 죽음
즉 죄, 속죄, 용서를 뛰어넘어
죽음의 밤에 생명을 주었던
유월절 어린양의 죽음이다.
보라, 예수의 죽음이
유월절 양을 잡는
그 날, 그 시간이 아니었던가?
요한은 그렇게 증거한다.

현재 대부분 교회의 신학은
바울의 구원론을 기반으로 하고 있으며
요한의 신학은 바울의 신학에 대해
보충 자료 정도로 취급 되었다.
바울의 믿음으로 인한 칭의의 구원에
요한의 믿음으로 인한 영생의 구절들이
보충 내지는 참고 자료,
혹은 바울의 신학을 두둔해주는
예수의 말씀으로 사용됐으며
요한의 진정한 의도는 무시되었다.

이제 요한은 다시 일어나
자신을 덮고 있던 모든 허울을 찢고
공관복음과 바울을 뛰어넘어
더 높은 곳으로 가기 위해
진격한다.

1. 사람의 빛

요한복음 1:1~13

1 태초에 '말씀'이 계셨다. 그 '말씀'은 하나님과 함께 계셨다. 그 '말씀'은 하나님이셨다.

2 그는 태초에 하나님과 함께 계셨다.

3 모든 것이 그로 말미암아 창조되었으니, 그가 없이 창조된 것은 하나도 없다. 창조된 것은

4 그에게서 생명을 얻었으니, 그 생명은 사람의 빛이었다.

5 그 빛이 어둠 속에서 비치니, 어둠이 그 빛을 이기지 못하였다.

6 하나님께서 보내신 사람이 있었다. 그 이름은 요한이었다.

7 그 사람은 그 빛을 증언하러 왔으니, 자기를 통하여 모든 사람을 믿게 하려는 것이었다.

8 그 사람은 빛이 아니었다. 그는 그 빛을 증언하러 왔을 따름이다.

9 참 빛이 있었다. 그 빛이 세상에 와서 모든 사람을 비추고 있다.

10 그는 세상에 계셨다. 세상이 그로 말미암아 생겨났는데도, 세상은 그를 알아보지 못하였다.

11 그가 자기 땅에 오셨으나, 그의 백성은 그를 맞아들이지 않았다.

12 그러나 그를 맞아들인 사람들, 곧 그 이름을 믿는 사람들에게는, 하나님의 자녀가 되는 특권을 주셨다.

13 이들은 혈통에서나, 육정에서나, 사람의 뜻에서 나지 아니하고, 하나님에게서 났다.

요한복음의 오늘 본문은
가장 중요한 교리들의 원천이 되고 있는
복잡하고도 미묘한 본문이다.

창세기 1장 1절을 연상케 하며
'태초에'로 시작하는 요한복음은
창조 이전으로 거슬러 올라가
하나님과 함께 존재하던 '로고스(logos)'에 다다른다.

"태초에 말씀(로고스, logos)이 계셨다."(요1:1)

로고스는 기원전 6세기 헤라클레이토스 이래로
신, 혹은 신적인 이성을 뜻하였고
기원전 3세기 스토아 학파 이후로는
입으로 말해진 '말'이라는 의미로도 사용되었으나
요한은 여기에서 로고스를 '말'이라는 의미로 사용하지 않고 있다.
로고스를 태초 이전 하나님의 존재 옆에 두고 있으며
로고스가 육신이 된 사건을 설명하고 있기 때문이다.
'말'이 육신이 된 것이 아니라,
'신적 존재'가 육신이 되었다는 것이다.

창세기 1장의 하나님의 말씀으로의 창조와
연관 지으려는 해석에서만
여기에서 로고스를 '말씀'으로 번역할 수 있을 것이며
우리나라 성경은 모두 그 해석의 영향을 받고 있다.
그러나 요한의 이 서두에서 로고스를 '말씀'이라고 번역한다면
어떻게 그것이 예수의 존재를 뜻할 수 있겠는가?
하나님에게서 나온 언어, '말'이 예수인가?
물론 예수께서 아버지 하나님의 말씀을 증거 하는 증거자라는 의미로
예수를 '말씀'이라고 지칭한다면 가능할 수도 있겠다.

"나는 무엇이든지 아버지께서
나에게 말씀하여 주신 대로 말할 뿐이다."(요12:50)

"너희가 듣고 있는 이 말은, 내 말이 아니라,
나를 보내신 아버지의 말씀이다."(요14:24)

그러나 이 구절도 예수의 말씀을
아버지의 말씀과 동일시하는 것이지

예수의 존재를 아버지의 말씀으로
설명하지 않고 있다.

따라서 로고스의 진정한 의미를
말씀이라는 번역이 다 전할 수 없다고 하겠다.
이 번역은 헬라어 그대로의 풍부한 의미를 살려서
'로고스' 그대로 남겨 놓든가
아니면 '신', '신적 이성', '존재'로 번역 하는 게 나았을 것이다.

여기서 사용되고 있는 로고스라는 단어의 의미는
1세기에 활동하던,
혹 요한과 마주쳤을 수도 있을 동시대의 인물인
유대 철학자 필론의 사상을 본다면
보다 확실히 규명되어진다.

요한복음의 이 서두는 필론의 사상에 충실하다.
헬라 철학에 심취해 있던 필론은
유대교 신학을 헬라 철학과 접목시키는데 열중했는데
필론은 헬라 철학의 신적 이성인 로고스를
잠언의 신비스런 말씀에 적용시켰다.

잠언 8장은 '지혜'가 의인화되어
스스로 말하는 것으로 표현되어 있는데
거기서 지혜는 특이하게도 이런 말을 한다.

"주님께서 일을 시작하시던 그 태초에,
주님께서 모든 것을 지으시기 전에,
이미 주님께서는 나를 데리고 계셨다.
영원 전, 아득한 그 옛날, 땅도 생기기 전에,
나는 이미 세움을 받았다.

아직 깊은 바다가 생기기도 전에,
물이 가득한 샘이 생기기도 전에,
나는 이미 태어났다.
아직 산의 기초가 생기기 전에,
언덕이 생기기 전에,
나는 이미 태어났다."(잠8:22~25)

지혜가 가장 먼저 태어나
하나님의 창조 시에 그분과 함께 있었다는
이 신비로운 사상은
유대 지혜문학의 독특한 사상이다.
그런데 필론은 이 '지혜'가 바로
헬라 철학의 '로고스'에 필적한다고 생각했다.

철학과의 접목을 시도하던 필론은
이 신비스런 구절에서 지혜, 즉 헬라어 소피아(sopia)를
헬라 철학의 신적 이성, 즉 로고스(logos)와 동일시하였다.
플라톤 전통의 헬라 철학에 있어 로고스는
세상의 창조자와 다를 바 없었기 때문이다.
따라서, 필론에 의해 지혜는 로고스가 된다.

그런데 요한의 '로고스'와 잠언의 '지혜' 또한
내용상 비슷한 양상을 보인다.

"그는 태초에 하나님과 함께 계셨다."(요1:2)

"주님께서 일을 시작하시던 그 태초에,
주님께서 모든 것을 지으시기 전에,
이미 주님께서는 나를 데리고 계셨다."(잠8:22)

요한은 여기에서 한걸음 더 나아가
로고스, 그가 모든 것을 창조했다고 한다.

"모든 것이 그로 말미암아 창조되었으니,
그가 없이 창조된 것은 하나도 없다."(요1:3)

잠언의 지혜도 그렇게 이야기 한다.

"나는 그분 곁에서 창조의 명공이 되어,
날마다 그분을 즐겁게 하여 드리고,
나 또한 그분 앞에서 늘 기뻐하였다."(잠8:30)

'명공'이란 물건을 만드는 장인, 혹은 건축가를 말한다.
개역성경에는 아예 '창조자'로 번역되어 있다.

따라서 우리는 요한이
잠언의 지혜를 로고스로 이해한 필론을 따라
로고스를 잠언의 지혜에 관련하여 기술하는 것을 보게 된다.

필론이 가장 먼저
잠언의 지혜를 로고스로 여겼기 때문에
요한은 이 사상에 있어서
필론의 신세를 지고 있는 것으로 보인다.
즉, 잠언의 소피아를 헬라 철학적 신 개념인
로고스로 부르는 필론에게
큰 지적 감화를 받은 것이 분명하다.

그러나,
유대교적인 신앙의 입장에서 보았을 때,
하나님과 하나님의 영인 성령 외에

다른 존재를 창조자로 생각한다는 것은
유일신론을 벗어나는 위험한 일이었기에
필론은 잠언에 나오는 이 지혜(sopia)-로고스(logos)를
'성령'의 다른 표현으로 여겼다.
이는 다음 구절을 통해서도 지지를 얻을 수 있었다.

"그에게 하나님의 영을 채워 주어,
지혜(sopia)와 총명과 지식과
온갖 기술을 갖추게 하겠다."(출31:3)

말하자면,
필론에게 잠언의 지혜는 성령이었다.
그리고 그 지혜-성령이 헬라철학의 로고스였다.
필론은 이 지혜-성령-로고스가 대사제, 중재자, 보혜사로서
하나님 앞에서 세상을 대변한다고까지 생각했다.

그런데,
요한은 이 로고스를
필론처럼 성령으로 생각하지 않았다.
그는 잠언의 지혜, 소피아가
다른 존재를 지칭한다고 생각했다.

필론이 성령을 하나님 앞에서 세상의 중재자, 보혜사로 본 반면
요한은 이 세상에서 하나님을 중재하는 자, 보혜사를 경험했다.
그 분이 바로 그리스도 예수다.
분명 그 분이 잠언의 지혜이자, 세상의 창조자 로고스,
하나님 아버지의 진정한 보혜사, 중재자인 분이다.
요한은 그렇게 생각했다.

따라서 요한은 이 서두에서

로고스를 잠언의 흐름에 따라 묘사하면서
예수 그리스도의 성육신으로 드높이고 있다.
요한은 예수 그리스도에 대한
최고의 찬양을 올리고 있는 것이다.

그런데, 잠언의 지혜 사상의 영향 아래 있는
또 다른 고백이 골로새서에도 나온다.

"그 아들은 보이지 않는 하나님의 형상이시오,
모든 피조물보다 먼저 나신 분이십니다.
만물이 그분 안에서 창조되었습니다.
하늘에 있는 것들과 땅에 있는 것들,
보이는 것들과 보이지 않는 것들,
왕권이나 주권이나 권력이나 권세나 할 것 없이,
모든 것이 그분으로 말미암아 창조되었고,
그분을 위하여 창조되었습니다.
그분은 만물보다 먼저 계시고,
만물은 그분 안에서 존속합니다."(골1:15~17)

잠언의 지혜, 필론의 사상, 그리고 골로새서의 사상이
요한과 다른 점은 이것이다.
이들은 지혜, 로고스, 아들이
하나님의 첫 창조물, 가장 먼저 태어난 것으로 말하지만
요한은 로고스, 아들이 피조물, 혹은 태어난 존재가 아닌
하나님과 원래 함께 존재하던 것으로 말하고 있다.

즉, 요한은 예수를 기독교 사상 처음으로
'하나님'으로 드높이고 있다.
'하나님의 아들'로 고백하는
여타의 다른 신약의 문서와 달리

요한은 예수 그리스도를
'하나님'으로 높이고 있는 것이다.

이러한 찬양은 체험을 통해 이루어진다.
요한복음에서 예수를 '하나님'으로 고백한 직접적인 인물은
후반에 나오는 도마이다.
예수의 부활을 의심하던 도마는 예수를 만나고
"나의 주님, 나의 하나님"으로 고백한다(요20:28).
이와 같이 예수를 '하나님'으로 고백하는 것은
체험과 관련되어 있다.

무슨 체험인가?
생명의 체험이다.

본문은 예수 그리스도를 '생명'을 주시는 분으로 고백한다.

"그에게서 생명을 얻었으니,
그 생명은 사람의 빛이었다."(요1:4)

빛은 생명의 근원이다.
생명이 없는 것들은 빛이 사라져도 존재한다.
그러나 빛이 사라지면
우선적으로 생명이 사라지게 된다.

그런데 생명을 주는 이 빛을 '사람의 빛'이라 하였다.
예수 그리스도는 다른 피조물을 위한 존재가 아닌
'사람'에게 생명을 주기 위한 빛인 것이다.

그러나 모든 사람이 아니다.
이 '빛'을 깨닫는 사람에 한정되어 있다.

"참 빛이 있었다.
그 빛이 세상에 와서 모든 사람을 비추고 있다.
그는 세상에 계셨다.
세상이 그로 말미암아 생겨났는데도,
세상은 그를 알아보지 못하였다."(요1:9~10)

이 빛은 물리적 빛이 아니다.
물리적 빛은 어둠을 꿰뚫고 그 자리를 점유한다.

"그 빛이 어둠 속에서 비치니,
어둠이 그 빛을 이기지 못하였다."(요1:5)

이것은 물리적 빛을 생각하며 한 번역이다.
그러나 '이기지 못하였다'라는 헬라어 구문은
'깨닫지 못하였다'로 번역되어 질 수 있는 말이다.
그것이 맞는 번역이다.
그래서 10절에서는 그 의미로 다시 이야기한다.

"그는 세상에 계셨다. 세상이 그로 말미암아 생겨났는데도,
세상은 그를 알아보지 못하였다."(요1:10)

그래서 예수 그리스도의 생명의 빛은
무조건적으로 어둠을 이기고
그 자리를 점유하는 빛이 아니다.
그가 있을지라도 그를 알아보지 못하는,
빛과 어둠이 공존하고 있는
그런 빛이다.

왜 그러한가?
이 빛은 물리적 빛이 아닌, '사람의 빛'(요1:4)으로서의

생명이기 때문이다.

물리적 빛을 보는 것이 아닌
사람의 빛으로서의 생명을 경험하는 것은
예수와 우리의 인격적 만남을 의미할 수밖에 없다.
인격적 만남을 통해 빛으로 온 이를 깨닫게 될 때
그 때 그 빛은 사람의 생명이 된다.
그래서 도마는 예수를 인격적으로 대면하고 나서야
그를 '하나님'으로 고백하게 된다.

"나의 주님, 나의 하나님!"(요20:28)

따라서 이 생명을 주는 사람의 빛은
다른 표현을 얻게 되는데
그것이 '은혜와 진리'이다.

"그 말씀은 육신이 되어 우리 가운데 사셨다.
우리는 그의 영광을 보았다.
그것은 아버지께서 주신, 외아들의 영광이었다.
그는 은혜와 진리가 충만하였다."(요1:14)

진리는 참과 거짓을 가른다.
그런 면에서 진리는 냉혹한 판단의 역할을 한다.
그러나 예수로부터 오는 진리는 판단의 진리가 아닌
은혜와 생명의 진리이다.
그래서 이는 모세의 율법,
판단과 정죄를 기본으로 하는 율법과 대비된다.

"율법은 모세를 통하여 받았고,
은혜와 진리는 예수 그리스도로 말미암아 생겨났다."(요1:17)

이렇게 요한은 로고스와 빛을 사용하여
우리에게 예수 그리스도를 증거 한다.
어둠 속에 있는 우리에게 부어지는
생명의 빛, 은혜의 빛,
그리고 그분과의 만남.

요한은 이 예수를
로고스이자 하나님으로 고백함으로써
최고의 찬양으로 복음서를 시작하고 있다.

당신은 이 빛을 보았는가?
혹은 이 빛을 보기를 원하는가?
당신의 어둠이 이 빛을 깨달을 수 있을 것인가?
이제 요한은 당신에게 보다 더 자세히
이 빛에 대하여, 생명에 대하여,
은혜와 진리에 대하여 증거하려 한다.
준비가 되어 있는가?

2. 지금, 종말!

요한복음 1:19~34

19 유대 사람들이 예루살렘에서 제사장들과 레위 지파 사람들을 [요한에게] 보내어서 "당신은 누구요?" 하고 물어 보게 하였다. 그 때에 요한의 증언은 이러하였다.

20 그는 거절하지 않고 고백하였다. "나는 그리스도가 아니오" 하고 그는 고백하였다.

21 그들이 다시 요한에게 물었다. "그러면, 당신은 누구란 말이오? 엘리야요?" 요한은 "아니오" 하고 대답하였다. "당신은 그 예언자요?" 하고 그들이 물으니, 요한은 "아니오" 하고 대답하였다.

22 그래서 그들이 말하였다. "그러면, 당신은 누구란 말이오? 우리를 보낸 사람들에게 대답할 말을 좀 해주시오. 당신은 자신을 무엇이라고 말하시오?"

23 요한이 대답하였다. "예언자 이사야가 말한 대로, 나는 '광야에서 외치는 이의 소리'요. '너희는 주님의 길을 곧게 하여라' 하고 말이오."

24 그들은 바리새파 사람들이 보낸 사람들이었다.

25 그들이 또 요한에게 물었다. "당신이 그리스도도 아니고, 엘리야도 아니고, 그 예언자도 아니면, 어찌하여 세례를 주시오?"

26 요한이 대답하였다. "나는 물로 세례를 주오. 그런데 여러분 가운데 여러분이 알지 못하는 이가 한 분 서 계시오.

27 그는 내 뒤에 오시는 분이지만, [나는] 그분의 신발 끈을 풀 만한 자격도 없소."

28 이것은 요한이 세례를 주던 요단 강 건너편 베다니에서 일어난 일이다.

29 다음 날 요한은 예수께서 자기에게 오시는 것을 보고 말하였다. "보시오, 세상 죄를 지고 가는 하나님의 어린 양입니다.

30 내가 전에 말하기를 '내 뒤에 한 분이 오실 터인데, 그분은 나보다 먼저 계시기에, 나보다 앞서신 분입니다' 한 적이 있습니다. 그것은 이분을 두고 한 말입니다.

31 나도 이분을 알지 못하였습니다. 내가 와서 물로 세례를 주는 것은, 이분을 이스라엘에게 알리려고 하는 것입니다."

32 요한이 또 증언하여 말하였다. "나는 성령이 비둘기같이 하늘에서 내려와서 이분 위에 머무는 것을 보았습니다.

33 나도 이분을 몰랐습니다. 그러나 나를 보내어 물로 세례를 주게 하신 분이

나에게 말씀하시기를, '성령이 어떤 사람 위에 내려와서 머무는 것을 보거든, 그가 바로 성령으로 세례를 주시는 분임을 알아라' 하셨습니다.
34 그런데 나는 그것을 보았습니다. 그래서 나는, 이분이 하나님의 아들이라고 증언하였습니다."

오늘 본문에는 세례 요한이 나타나고 있다.
그러나 요한복음이 말하고 있는 세례 요한 이야기는
마태, 마가, 누가의 공관복음이 말하는
세례 요한의 이야기와는 뭔가 다른 점이 있다.

공관복음에서 세례 요한은 '회개'의 세례를 베풀었다.
마태복음에서는 심지어
예수님의 선포와 동일한 '하나님 나라'를 선포했다.
즉, 하나님 나라를 회개로서 준비시키려는 것이었다.

그런데 요한복음은 세례 요한이
'회개'와 '하나님 나라'를 선포하는 장면을
묘사하지 않는다.
또한 공관복음에서는 저자들이 세례 요한에 대하여
오실 자를 준비하는 '광야의 외치는 소리'라고
저자의 목소리로 설명했던 반면,
여기에서 세례 요한은 자신의 목소리로
자신이 바로 그 사람이라고 말하고 있다.

먼저 그는 자신이 그리스도, 엘리야,
'그 예언자'가 아니라고 말한다.
물론 그는 그리스도, 즉, 메시아가 아니었다.
그러나 그는 자신을 '엘리야'나 '그 예언자'로
생각할 수는 없었을까?

엘리야는 왜 언급되는가?

"주의 크고 두려운 날이 이르기 전에,
내가 너희에게 엘리야 예언자를 보내겠다."(말4:5)

사실 공관복음에서 예수께서는 세례 요한을 '엘리야'로 언급하셨다.

"너희가 그 예언을 기꺼이 받아들이려고 하면,
요한, 바로 그 사람이 오기로 되어 있는 엘리야이다."(마11:14)

그러나 요한복음에서 세례 요한 자신은 이를 부정한다.

또 '그 예언자'는 누구인가?

"주 당신들의 하나님은 당신들의 동족 가운데서
나와 같은 예언자 한 사람을 일으켜 세워 주실 것이니,
당신들은 그의 말을 들어야 합니다."(신18:15)

이 말씀에 근거하여 유대인들은
모세와 같은 예언자를 기다리고 있었다.
그러나 세례 요한은 이 또한 자신이 아니라 부정한다.

요한복음에 있어 세례 요한은
종말의 마지막 메신저인 '엘리야'와 '그 예언자'를
준비하는 자이다.
왜냐하면 사실상 엘리야나 그 예언자에 대한 예언은
그들을 종말의 메신저 그 자체로 생각하고 있는데,
요한이 보기에 이에 걸맞는 분은
오직 한 분,
예수시기 때문이다.

따라서 요한은 공관복음에는 없는 이야기,
즉, 사람들이 세례 요한의 정체성을 묻는 이야기를 통해
세례 요한 스스로 종말의 메신저인
엘리야와 그 예언자의 자리에서 물러나게 만든다.
세례 요한을 엘리야로 지칭하는 마태의 예수 말씀은
요한에 의해 거부된 것이다.

종말의 메신저,
아버지의 말씀을 전하는 진정한 메신저는
홀로 예수시다.

따라서 요한은 이를 강조하기 위해
공관복음에서 저자의 입으로 설명하는
'주의 길을 준비하는 광야의 외치는 자'(말3:1)라는 구절을
세례 요한 자신의 입을 통해 말하게 한다.

"요한이 대답하였다. "예언자 이사야가 말한 대로,
나는 '광야에서 외치는 이의 소리'요.
'너희는 주님의 길을 곧게 하여라' 하고 말이오.""(요1:23)

세례 요한의 다음 발언도 독특하다.

"나도 이분을 알지 못하였습니다.
내가 와서 물로 세례를 주는 것은,
이분을 이스라엘에게 알리려고 하는 것입니다."(요1:31)

물론 세례 요한은 공관복음에서도
오실 그분을 준비하는 자이다.
그러나 공관복음은 세례 요한의 '회개'의 사역 자체에도
중요한 의미를 부여하고 있으며

따라서 '세례'를 요한처럼
그분을 알리려는 수단으로 설명하고 있지 않다.
세례 요한의 세례는 유대인들에게
하나님 나라를 준비시키는
그 자체의 목적이 있기 때문이다.

공관복음에서 세례 요한의 선포는
종말의 심판을 피하기 위한 회개에 강조를 두었다.
마가는 복음에 대한 강조로 인해 심판보다는
회개의 세례와 성령을 예고하는데 집중하지만
마태와 누가는 불의 심판을 강조하는 것을 잊지 않았다.

"... 그는 너희에게 성령과 불로 세례를 주실 것이다.
그는 손에 키를 들고 있으니, 타작마당을 깨끗이 하여,
알곡은 곳간에 모아들이고,
쭉정이는 꺼지지 않는 불에 태우실 것이다."(마3:11~12)

그런데 예수께서는 이런 세례 요한의 기대와는 달리
심판은 뒷전이고 치유 사역과 말씀 전파에
열과 성을 다하고 계셨다.
따라서 세례 요한은 자신의 종말 심판에 대한 선포가
예수를 통해 이루어지지 않자
감옥에서 그를 의심하며 제자들을 보내기까지 하였다.

"그런데 요한은, 그리스도께서 하신 일들을 감옥에서 전해 듣고,
자기의 제자들을 예수께 보내어, 물어 보게 하였다.
"오실 그분이 당신이십니까?
그렇지 않으면, 우리가 다른 분을 기다려야 합니까?""(마11:2~3)

곧 사형을 당하게 된 세례 요한은

아마도 죽는 순간까지 자신의 의심을 풀지 못했을 것이다.

이렇게 죽음의 순간까지
종말의 하나님 나라를 선포하며
회개의 세례 운동을 펼치던 세례 요한에게 있어서
세례란 단순히 그가 기다리던 '그분'을 찾아내어
이스라엘에 드러내기 위한 것이었을까?

공관복음에서 예수님이 세례를 받으시려 하자
세례 요한이 말리려 했다는 것 자체가
그분을 위해 세례를 베풀고 있던 것이 아니었음을 말한다.
세례 요한은 언젠가 위대한 심판자가 나타날 때
회개하며 세례를 받은 이들이,
혹은 그들로 말미암아 이스라엘 민족 전체가
심판을 면하고 구원을 받을 것으로 생각했던 것 같다.
그런데 예수께서 세례를 받으러 오신다는 것은
세례 요한의 입장에서는 이해할 수 없는 일이었다.
과연 인간의 세례를 받는 이가
메시아, 그리스도일까?
그리고 세례 요한은 세례 후,
예수를 하나님의 아들로 선포하던
하늘의 음성을 들었던 것일까?
들었다면 그가 왜 감옥에서 의심할 수밖에 없었을까?

반면 요한복음은 세례 요한의 사역이
예수를 이스라엘에 드러내는 것이라 말하는 증언을 기록하고,
심지어 세례 요한이 예수를
하나님의 아들로 증언했다고 말하게 한다.

"그런데 나는 그것을 보았습니다.

그래서 나는, 이분이
하나님의 아들이라고 증언하였습니다."(요1:34)

또한 공관복음에서는 세례 요한이 투옥된 이후
예수님의 선포 사역이 시작되나
요한복음에서는 그가 투옥되기 이전부터
예수님의 활동이 시작되고 있고
그 활동을 바라보며 기뻐하는 세례 요한의 모습을 통해
그가 예수를 증언하는 것에 온전히 헌신하고 있음을 나타내고 있다.
세례 요한은 자신의 제자들에게까지 이를 증언하라 명한다.

"너희야말로 내가 말한 바
'나는 그리스도가 아니고, 그분보다 앞서서
보내심을 받은 사람이다' 한 말을 증언할 사람들이다.
신부를 차지하는 사람은 신랑이다.
신랑의 친구는 신랑이 오는 소리를 들으려고 서 있다가,
신랑의 음성을 들으면 크게 기뻐한다.
나는 이런 기쁨으로 가득 차 있다.
그는 흥하여야 하고, 나는 쇠하여야 한다."(요3:28~30)

이렇게 요한복음은 예수께서 하나님의 아들이심을
세례 요한이 선포하는 것으로 보고한다.
그러나 공관복음에서 세례 요한의 예수 세례 시
예수께서 하나님의 아들임을 선포하는 것은
그 누구도 아닌, 하늘의 음성이었다.

"그리고 하늘로부터 소리가 났다.
"너는 내 사랑하는 아들이다. 내가 너를 좋아한다.""(막1:11)

그러나 요한복음은 이 음성을

세례 요한 스스로 선포한 것으로 설명함으로써
세례 요한의 사역의 의의가
전적으로 예수를 하나님의 아들로 증거하는 것임을 말하고,
또한 하늘의 음성을 누가 들었는가의
미묘한 문제를 해결하고자 한다.
왜냐하면 마가와 누가에 의하면 이 음성은
예수님을 향하고 있고,

"너는 내 사랑하는 아들이요, 나는 너를 좋아한다."(눅3:21)

마태에 의하면 이 음성은
청중을 향하고 있기 때문이다.

"이는 내가 사랑하는 아들이다. 내가 그를 좋아 한다"(마3:17)

과연 하늘의 음성은 누가 들은 것일까?

아무튼 종말의 심판을 준비하던 세례 요한의 사역이
예수 그리스도를 드러내는 것으로 바뀜과 함께
요한복음에 있어 종말의 심판에 대한 기대,
하나님 나라에 대한 선포가 약화되게 된다.
오직 예수께로 모든 것이 집중된다.

그런데 이는 시작에 불과하다.
요한복음에 있어 하나님 나라는
아예 '영생'이라는 개념으로 바뀌게 된다.
공관복음에 있어서 영생은
다가올 하나님 나라에서 누리게 될
영원한 삶의 양태를 말한다.
그러나 요한복음은 영생을 이렇게 정의한다.

"영생은 오직 한 분이신 참 하나님을 알고,
또 아버지께서 보내신 예수 그리스도를 아는 것입니다."(요17:3)

즉, 영생은 나중에 시작되는 것이 아니라,
예수를 알게 되는 지금 이 순간부터
시작되는 것임을 말하고 있다.

영생과 대비되는 개념인 심판도 마찬가지이다.

"아들을 믿는 사람은 심판을 받지 않는다.
그러나 믿지 않는 사람은 이미 심판을 받았다.
그것은 하나님의 독생자의 이름을 믿지 않았기 때문이다."(요3:18)

이미, 바로 지금 심판을 받았다는 것이다.

그렇다고 요한이 미래에 일어날
심판과 부활을 모르는 것은 아니다.

"이 말에 놀라지 말아라.
무덤 속에 있는 사람들이 다 그의 음성을 들을 때가 온다.
선한 일을 한 사람들은 부활하여 생명을 얻고,
악한 일을 한 사람들은 부활하여 심판을 받는다."(요5:28)

따라서 요한의 이와 같은 종말의 현재적 표현은
종말을 미래에 일어날 일로 여기며 기다리지만 말고
바로 현실의 나의 상황에서
이미 일어나고 있음을 알아야 한다는
종말의 현재적 속성에 대한 강조라고 볼 수 있겠다.

왜 이와 같은 강조가 일어나는가?

기독교는 종말 대망이라는
이스라엘 예언자들과 예수님의 선포에 기초하고 있다.
그것을 모르면 예수님의 선포를 완전히 모르는 것이다.
그러나 곧 임할 것 같던 종말의 그 때가
시간이 지나도 다가올 기미를 보이지 않았고
이에 대한 실망도 기대만큼 컸다.
요한이 기다리던 그 때도 그러했지만
2천여 년이 지난 지금도
제자들이 기다리던 종말은 오지 않고 있다.
도대체 어떻게 된 것인가?

나는 문득 2천여 년이 지난 지금
이제는 기독교 종말론을
폐기해야 하는 것이 아닌가 하는
고민을 해보았다.
그렇다면 종말론에 기반하고 있는 기독교를
해체해야 하는 것이 아닌가라는 생각까지 해보았다.

그러나 이와 같은 회의가 들 때
요한복음의 저자는 우리에게 말한다.

"나는 이제 더 이상 세상에 있지 않으나,
그들은 세상에 있습니다.
나는 아버지께로 갑니다.
거룩하신 아버지,
아버지께서 내게 주신 아버지의 이름으로
그들을 지켜주셔서, 우리가 하나인 것 같이,
그들도 하나가 되게 하여 주십시오."(요17:11)

요한은 우리가 해체되기를 바라지 않는다.

기다림에 지쳐가고 있는 우리가
예수-아버지의 하나 됨 같이
더욱더 하나 됨을 이루어가기를 원하고 있다.
또한 이 세상에 남겨진 우리가
진리를 맡은 자로서 세상에 파송되어 있음을
알려주고 있다.

"내가 세상에 속하지 않은 것과 같이,
그들도 세상에 속하지 않았습니다.
진리로 그들을 거룩하게 하여 주십시오.
아버지의 말씀은 진리입니다.
아버지께서 나를 세상에 보내신 것과 같이,
나도 그들을 세상으로 보냈습니다.
그리고 내가 그들을 위하여 나를 거룩하게 하는 것은,
그들도 진리로 거룩하게 하려는 것입니다."(요17:16~19)

즉, 요한은 '하나님 나라'라는
세상을 대치하는 개념보다
'세상에 속하지 않았다'는 표현을 통해
우리가 세상 속에서 이미 하나님 나라의 상태 안에 있음을,
영생과 하나님 나라가
이미 진행 단계에 있음을 말하며 격려하고 있다.

그리고 진리로 거룩하게,
즉, 성령을 통하여 영생과 하나님 나라에
참여하게 된다는 것을 말하고 있다.
요한에게 있어 진리로 거룩하게 된다는 것은
진리의 담지자인 성령을 받게 된다는 것인데
성령은 예수의 보혜사, 즉 대리인으로서
종말에 나타날 예수를 현실 속에서 대리함으로써

종말의 현실성을 체험케 해준다.

"내가 아버지께로부터 너희에게 보낼 보혜사
곧 아버지께로부터 오시는 진리의 영이 오시면,
그 영이 나를 위하여 증언하실 것이다."(요15:26)

이는 오늘 본문에서 세례 요한이 말한 바의
진정한 성취가 어떻게 이루어짐을 말해주고 있다.

"나도 이분을 몰랐습니다.
그러나 나를 보내어 물로 세례를 주게 하신 분이
나에게 말씀하시기를,
'성령이 어떤 사람 위에 내려와서 머무는 것을 보거든,
그가 바로 성령으로
세례를 주시는 분임을 알아라' 하셨습니다."(요1:33)

요한복음은 우리에게 말한다.
종말을 수동적으로 기다릴 것이 아니라
우리 안에 이미 성령과 영생이 부어졌고
이 세상에 속하지 않는 자로서
이 세상에 파견된 거룩한 자들 임을.
그래서 아버지께서 예수를 보내셨음을
세상에 드러내야 한다는 것을.

"아버지, 아버지께서 내 안에 계시고,
내가 아버지 안에 있는 것과 같이,
그들도 하나가 되어서 우리 안에 있게 하여 주십시오.
그래서 아버지께서 나를 보내셨다는 것을,
세상이 믿게 하여 주십시오."(요17:21)

이렇게 지금,
종말이 시작되었음을
요한은 강조하고 있다.

초대교회는 파국적인 세계의 종말을 기다리다
그 날이 멀어져감과 함께
깊은 신앙의 혼란에 빠져들었다.
요한은 이들의 신앙을 염려하며
종말의 표지인 영생이 이미 시작되고 있음을
증거하고 있다.

당신은 종말의 그 날을 바라보고 있는가?
당신이 바라보는 종말은
부질없는 이 세상에서 벗어나기 위함인가?
아니면 하나님의 영광에 참여하기 위함인가?
그러나 요한은 우리가 이미 세상 속에서
종말에 참여하고 있음을 말해주려 한다.
이미 종말이 왔고 영생이 시작되었음을.
당신은 요한이 증거하는 종말의 축제에
지금 초대받고 있다.

3. 너희는 무엇을 찾고 있느냐?

요한복음 1:35~39

35 다음 날 요한이 다시 자기 제자 두 사람과 같이 서 있다가,
36 예수께서 지나가시는 것을 보고서, "보아라, 하나님의 어린 양이다" 하고 말하였다.
37 그 두 제자는 요한이 하는 말을 듣고, 예수를 따라갔다.
38 예수께서 돌아서서, 그들이 따라오는 것을 보시고 물으셨다. "너희는 무엇을 찾고 있느냐?" 그들은 "랍비님, 어디에 묵고 계십니까?" 하고 말하였다. ('랍비'는 '선생님'이라는 말이다.)
39 예수께서 그들에게 대답하셨다. "와서 보아라." 그들이 따라가서, 예수께서 묵고 계시는 곳을 보고, 그 날을 그와 함께 지냈다. 때는 오후 네 시 쯤이었다.

우리는 앞서 요한의 첫 장 서두에서
예수께서 사람의 생명의 빛으로 오신 분이라는 것과
세례 요한의 사역을 통해
미래의 종말이 아닌
바로 지금, 종말 현실 속의 우리에게
성령을 부어주실 분으로
예수님이 소개되고 있는 것을 보았다.

그리고 오늘,
제자들을 찾아 나선 예수님을 통해
요한복음이 전하는 첫 예수의 말씀,
"너희는 무엇을 찾고 있느냐"라는
음성을 듣게 된다.

세례 요한의 말, "보아라, 하나님의 어린양이다"라는 소개로
세례 요한의 두 제자가 예수님을 따르게 된다.

자신의 제자에게까지 예수를 증거하고 보내는 세례 요한.
그 세례 요한과 헤어진 두 제자는
어느덧 걷고 계신 예수님을 뒤따르고 있다.

요한의 예수는 능동적인 예수다.
그분은 누군가에 의해 움직여지는 분이 아니며,
심지어 여타의 서신이 하나님 아버지에 대한
예수의 '순종'을 강조하는 것과는 달리
요한복음에는 순종이라는 개념조차 나타나지 않는다.

"아버지는 아들을 사랑하셔서,
모든 것을 아들의 손에 맡기셨다."(요3:35)

그는 모든 것을 능동적으로 이끌고 나가시는 분이다.
그렇게 예수께서 앞서 걸어가시던 중
갑자기 뒤를 돌아보시며 물으신다.

"너희는 무엇을 찾고 있느냐?"(요1:38)

우리는 여러 가지 이유로 예수를 찾는다.
습관일 수도 있고, 맹목적일 수도 있다.
구원을 위해 찾을 수도 있고,
삶의 불안과 죽음의 두려움을 이기기 위해 찾을 수도 있다.

예수께서는 "너희는 왜 나를 따르느냐?"라고
물을 수도 있으셨다.
예수를 처음 만난 그들에게 이 질문은
그 중심을 예수께 두게 한다.
그러나 예수께서 하신 질문,
"너희는 무엇을 찾고 있느냐?"는

그 대답을 위해 우리가
완전히 우리 자신의 문제에 몰두하게 만든다.
'나는 무엇을 찾고 있는가?'

또한 "너희는 무엇을 찾고 있느냐?"는 이 질문은
제자들이 예수를 따르고 있다는 사실을
일차적으로 부정하고 있다.
그들이 근원적으로 찾고자 하는 것,
그것이 파악되지 않는 이상
그들은 예수를 따르는 게 아니다.
자신의 갈망을 추구하면서
예수를 따르고 있다고
스스로를 속일 뿐이다.

나는 무엇을 찾고 있는가?
내가 갈망하고 있는 것은 무엇인가?
내가 회피하고자 하는 것은 무엇인가?

그런데 제자의 답변,
아니 도리어 대답으로 나온 질문이 더욱 뜻밖이다.

"랍비님, 어디에 묵고 계십니까?"(요1:38)

이 대답의 차원을 볼 때에,
정상적인 대화의 수준을
넘어서고 있다는 것을 알 수 있다.

왜 그들이 스승의 거처를 찾는단 말인가?
물론 우리는 일상적인 새로운 만남에서
자신들이 사는 곳을 서로 물어보기도 한다.

그러나 이 물음이 처음 대면하는 사람에게
다짜고짜 할 질문인가?
아니, 예수의 질문에 대한 적절한 답변인가?

어쨌든, 예수께서는 그들의 질문에,
'와서 보라'며 자신의 거처를 보이시고,
제자들은 그 거처를 확인한 후
예수와 함께 거기서 지내게 된다.
이때가 오후 네 시,
원어에 표기된 유대인 시각으로는
10시다.

고차원적인 질문과 함께
너무나 평범하게 숙소 문제로
전락해 버리는 듯한 이 이야기는
사실상 그 높은 차원을 암시적으로 표현하고 있다.
이 말씀의 해답은 15장에 가서야 나타난다.

"내 안에 머물러 있어라.
그리하면 나도 너희 안에 머물러 있겠다.
가지가 포도나무에 붙어 있지 아니하면
스스로 열매를 맺을 수 없는 것과 같이,
너희도 내 안에 머물러 있지 아니하면
열매를 맺을 수 없다."(요15:4)

"너희가 열매를 많이 맺어서 내 제자가 되면,
이것으로 내 아버지께서 영광을 받으실 것이다.
아버지께서 나를 사랑하신 것과 같이,
나도 너희를 사랑하였다.
너희는 내 사랑 안에 머물러 있어라."(요15:8~9)

"너희는 무엇을 찾고 있느냐?"

우리는 우리의 내면의 상태,
내가 갈구하거나 두려워하는 것,
내가 예수를 따르는
진정한 내 내면의 요구 등을 알고 나서야
보다 성숙한 경지에서 예수를 따를 수 있게 된다.

그러나 오늘 본문은
예수님의 질문에 대한 제자들의 답변을 통해
우리가 고민할 사이도 없이
곧바로 해답을 제시해 주고 있다.

"너희는 무엇을 찾고 있느냐?"
"랍비님, 어디에 묵고 계십니까?"

즉, 우리가 찾고 있는 다양한 요구들의 완전한 해답은
예수 안에 거하는 것이라는 해명이다.

이 이야기에서 제자들은
예수님의 거처를 보고 거기서 하루를 묶게 되는데
그것이 유대인 시각으로 10시다.
완전을 뜻하는 10이라는 숫자를 통해
제자들과 예수님이 완전한 하나 됨에 들어갔음을
상징적으로 표현해주고 있다.

그리스도인은 예수의 제자 된 이들이다.
그러나 이는 사제지간의 형식적인 관계를 초월해야 한다.
예수와 제자들은 하나가 되어야 한다.
나무와 가지가 하나이듯 하나가 되어야 한다.

우리가 무엇을 추구하든, 무엇을 찾고 있든
우리의 최종적인 대답은,
결론적인 해답은
예수와의 하나 됨에서 추구되어야 한다.

오늘의 본문은 이러한 의미에서
15장의 포도나무 비유를
미리 암시하고 있는 것이다.

우리는 삶의 여러 상황 속에서
또한 다양한 감정들의 변화 속에서
하나님을 부르고 예수님을 찾는다.
그것이 탄원의 외침일 때도 있고,
감사의 고백일 때도 있으며
위급한 상황에서의 도움의 요청,
다른 이들을 위한 중보의 기도일 때도 있다.

그런데 요한은 이런 다양한
예수님에 대한 추구의 핵심은
예수님과의 하나 됨에 있으며
그것이 유일하고 가장 완전한 목적임을 알려준다.

그러기 위해 우리는 무엇을 해야 하는가?
제자들의 답변과 같이
우리가 추구하고 있는 것에 집중하기 보다는
예수께서 어디에 계신지 집중해 보자.
나의 모든 삶의 상황에서
나는 예수님과 하나인지,
예수님과 내가 함께 거하고 있는지.

지금 당장 내게 필요한 기도의 제목들이 있지만,
가장 중요한 기도
내가 예수 안에 거하고
예수께서 내 안에 거하시는 것,
그것을 위해 기도해보자.
예수께서는 약속하신다.
그 안에서 가장 풍성한 열매들이 걷힐 것을.

4. 예수, 세상의 중심

요한복음 1:45~51
45 빌립이 나다나엘을 만나서 말하였다. "모세가 율법책에 기록하였고, 또 예언자들이 기록한 그분을 우리가 만났습니다. 그분은 나사렛 출신으로, 요셉의 아들 예수입니다."
46 나다나엘이 그에게 말하였다. "나사렛에서 무슨 선한 것이 나올 수 있겠소?" 빌립이 그에게 말하였다. "와서 보시오."
47 예수께서 나다나엘이 자기에게로 오는 것을 보시고, 그를 두고 말씀하셨다. "보아라, 저 사람이야말로 참으로 이스라엘 사람이다. 그에게는 거짓이 없다."
48 나다나엘이 예수께 물었다. "어떻게 나를 아십니까?" 예수께서 대답하셨다. "빌립이 너를 부르기 전에, 네가 무화과나무 아래에 있는 것을 내가 보았다."
49 나다나엘이 말하였다. "선생님, 선생님은 하나님의 아들이시요, 이스라엘의 왕이십니다."
50 예수께서 그에게 말씀하셨다. "네가 무화과나무 아래 있을 때에 내가 너를 보았다고 해서 믿느냐? 이것보다 더 큰 일을 네가 볼 것이다."
51 예수께서 그에게 또 말씀하셨다. "내가 진정으로 진정으로 너희에게 말한다. 너희는, 하늘이 열리고 하나님의 천사들이 인자 위에 오르락내리락하는 것을 보게 될 것이다."

나다나엘은 친구 빌립의 소개를 통해
예수님을 소개받지만,
그의 마음은 의심으로 가득 차 있었다.
나사렛이라는 작은 변두리에
나올 법한 선지자가 과연 있으랴.

그러나 예수께서는 그에게 다가가
빌립이 그를 부르기 전부터
무화과나무 아래에서 그를 보았다고 말씀하신다.

무화과나무 아래에 있는 그를 본 사람이
어디 한 둘이겠는가?
그러나 나다나엘은 그 말에 놀라며
예수를 믿게 된다.
도대체 무슨 일이 벌어진 것인가?

오직 나다나엘과 예수님 두 사람만의
내면적인 소통이 이루어지는 이 대화의 은밀함은
논리적으로 분석되거나 추론되기 보다는
그대로 우리에게 신비로 여겨져야 한다.
예수와 우리의 만남은 다 이렇듯 사연이 있는
내적인 만남인 것이다.

그런데 예수께서는 놀라는 나다나엘에게
더 큰 것을 제시하신다.

"너희는 하늘이 열리고
하나님의 천사들이 인자 위에
오르락내리락하는 것을 보게 될 것이다."(요1:51)

이 장면은 벧엘에서의 야곱의 체험을 반영하고 있다.
야곱은 형 에서를 피해 하란으로 가는 도중
벧엘에서 잠을 자다 꿈을 꾸게 된다.

"그가 보니, 땅에 층계가 있고,
그 꼭대기가 하늘에 닿아 있고,
하나님의 천사들이 그 층계를
오르락내리락 하고 있었다."(창28:12)

중요한 것은 이 꿈에 대한 야곱의 해석이다.

야곱은 이 꿈을 통해
주님이 그 곳에 계심을 확신한다.
따라서 그곳이 벧엘, 즉, '하나님의 집'이고
'하늘로 들어가는 문'이라며 놀라워한다.

"야곱은 잠에서 깨어서, 혼자 생각하였다.
'주님께서 분명히 이 곳에 계시는데도,
내가 미처 그것을 몰랐구나.'
그는 두려워하면서 중얼거렸다.
"이 얼마나 두려운 곳인가!
이 곳은 다름 아닌 하나님의 집이다.
여기가 바로 하늘로 들어가는 문이다.""(창28:16~17)

이를 예수께서 나다나엘에게 하신 말씀에 대입하면,
인자(the Son of Man) 예수가
하나님이 계시는 곳,
즉, '하나님의 집'이며, '하늘의 문'이라는 뜻이 된다.
예수께서 나다나엘에게
'나를 통해 이것을 보게 될 것이라' 말씀하고 계시는 것이다.
즉, 하나님의 현존을 보게 될 것이라는 말이다.

"주님께서 분명히 이 곳에 계시는데도,
내가 미처 그것을 몰랐구나."(창28:16)

바로 이 개념들이 또한 요한복음에 두루 나타나는
예수님의 역할에 대한 표현들이다.

예수께서는 '아버지 집'에 우리가 있을 곳을
마련해 주시는 분이다.

"내 아버지의 집에는 있을 곳이 많다.
그렇지 않다면, 내가 너희가 있을 곳을 마련하러 간다고
너희에게 말했겠느냐?
나는 너희가 있을 곳을 마련하러 간다.
내가 가서 너희가 있을 곳을 마련하면,
다시 와서 너희를 나에게로 데려다가,
내가 있는 곳에 너희도 함께 있게 하겠다."(요14:2~3)

예수는 '문'이다.
그는 양들이 들어 갈 '양의 문', '구원의 문'이다.

"예수께서 다시 말씀하셨다.
"내가 진정으로 진정으로 너희에게 말한다.
나는 양이 드나드는 문이다.
나보다 먼저 온 사람은 다 도둑이고 강도이다.
그래서 양들이 그들의 말을 듣지 않았다.
나는 그 문이다.
누구든지 나를 통하여 들어오면, 구원을 얻고,
드나들면서 꼴을 얻을 것이다.""(요10:7~9)

예수께서
하나님이 거하시는 곳,
즉, 이 세상 속에 거하시는 하나님의 거처이자
하늘로 들어가는 문이라는 점에서,
예수는 세상의 중심이다.
광활한 하늘과 대지를 뚫고 움직이는
천사의 오르내림을 상상해 본다면
세상의 중심으로서의 예수의 이미지가
더 잘 느껴질 것이다.

예수는 하나님을 향한 세상의 중심이다.
세상은 그를 통해 하나님께 나아갈 수 있다.
세상과 하나님과의 연계점이
그에게 집중되어 있다.
우리는 지금
그 중심의 문을 열고 있는 것이다.

5. 다함이 없는 선물

요한복음 2:1~12

1 사흘째 되는 날에 갈릴리 가나에 혼인 잔치가 있었다. 예수의 어머니가 거기에 계셨고,

2 예수와 그의 제자들도 그 잔치에 초대를 받았다.

3 그런데 포도주가 떨어지니, 예수의 어머니가 예수에게 말하기를 "포도주가 떨어졌다" 하였다.

4 예수께서 어머니에게 말씀하셨다. "여자여, 그것이 나와 당신에게 무슨 상관이 있습니까? 아직도 내 때가 오지 않았습니다."

5 그 어머니가 일꾼들에게 이르기를 "무엇이든지, 그가 시키는 대로 하세요" 하였다.

6 그런데 유대 사람의 정결 예법을 따라, 거기에는 돌로 만든 물항아리 여섯이 놓여 있었는데, 그것은 물 두세 동이들이 항아리였다.

7 예수께서 일꾼들에게 말씀하셨다. "이 항아리에 물을 채워라." 그래서 그들은 항아리마다 물을 가득 채웠다.

8 예수께서 그들에게 말씀하시기를 "이제는 떠서, 잔치를 맡은 이에게 가져다 주어라" 하시니, 그들이 그대로 하였다.

9 잔치를 맡은 이는, 포도주로 변한 물을 맛보고, 그것이 어디에서 났는지 알지 못하였으나, 물을 떠온 일꾼들은 알았다. 그래서 잔치를 맡은 이는 신랑을 불러서

10 그에게 말하기를 "누구든지 먼저 좋은 포도주를 내놓고, 손님들이 취한 뒤에 덜 좋은 것을 내놓는데, 그대는 이렇게 좋은 포도주를 지금까지 남겨 두었구려!" 하였다.

11 예수께서 이 첫 번 표징을 갈릴리 가나에서 행하여 자기의 영광을 드러내시니, 그의 제자들이 그를 믿게 되었다.

12 이 일이 있은 뒤에, 예수께서는 그의 어머니와 형제들과 제자들과 함께 가버나움에 내려가셔서, 거기에 며칠 동안 머물러 계셨다.

우리가 잘 알고 있는
예수의 가나안 혼인 잔치 포도주 이적은

요한복음에만 나오는 독특한 말씀이다.

11절에 보면 이 표적은
첫 번째 표적인 것으로 나타나고 있는데
공관복음서에서 '하나님 나라' 선포를
사역의 시작으로 하고 있는 것에 비하면
마치 동화 같은 이야기로 시작되는 듯하다.
따라서 이 이야기의 역사성은 매우 의심되고 있지만
이 이야기가 전달하는 메시지를 최대한 이해한다면
역사성에 대한 고민은 음악을 즐기는 즐거움처럼
포도주를 마시는 기쁨처럼 사라지고 만다.

당시 그리스-로마 문명에서
가장 중요한 축제가 둘 있었는데
아폴론 축제와 디오니소스 축제였다고 한다.

아폴론은 태양신으로
빛, 이성적인 진리를 의미했고
디오니소스는 포도주의 신으로
그 축제의 광란적인 성격과 함께 자유를 의미했다.
짐승을 찢어죽이고 고기와 피를 마시면서
온갖 야만적이고 자유분방한 행동을 했던 것이다.
그래서 로마에서는 디오니소스를
자유, Liber라 부르기도 했다.

아폴론적인 이성적인 면과
디오니소스적인 자유분방함은
서양 정신의 두 축임과 동시에
인간 본질의 양면성이기도 하다.

당시 문화권에 빛과 포도주의 양면성이 존재하듯
요한복음 1장에서 빛이,
2장에서 포도주가 주제로 나타난다는 점이
단지 우연의 일치만은 아닐 것이다.
요한복음에서도 진리와 자유는
하나님 체험의 중요한 개념이다.

"너희는 진리를 알게 될 것이며
진리가 너희를 자유롭게 할 것이다."(요8:32)

포도주 이적 이야기는 당시 익히 잘 알려져 있던
그리스의 신 디오니소스와의 대결을 시도하고 있다.

디오니소스는 일명 '바쿠스'인데
영어로는 바카스이고
우리나라 드링크제의 이름이기도 하다.
이 신은 포도주의 신으로 결국 농경과 풍요의 신이다.

농경과 풍요를 담당하는 신은
사실상 가장 현실과 직결되는 식량 문제를 담당하므로
가장 인기 있는 신 중의 하나이며,
이스라엘을 예로 들자면
가나안 땅의 풍요의 신
'바알'과 버금간다고 할 수 있다.

디오니소스는 포도나무를 발견한 자로,
물을 포도주로 바꾸는 기적을 행했고
그를 기념하는 축제에서
역시 동일한 기적이 일어났다는
전설들이 전해지고 있었다.

그런데 인기 절정의 신 디오니소스와
종교적 경쟁심을 가진 이가 있었으니
앞서 이야기했던 유대 철학자 필론이었다.
그는 예수님, 바울과 동시대의 인물이었다.
디오니소스의 엄청난 유명세에 거룩한 질투를 느꼈는지
아니면 유대인들마저 디오니소스의 매력에 동화되어갔던 것인지,
필론은 디오니소스에 버금가는 인물을 제시할 목적으로
포도주를 가지고 오는 자,
구약의 신비적인 인물 멜기세덱을 지목하며
다음과 같이 말했다.

"멜기세덱은 물 대신에
술을 가져와서 마시게 하여
신적으로 취하게 된 자들이
보다 깨어 영혼의 맑은 상태를 유지할 수 있도록
영혼들을 깨끗하게 했다."

이 이야기는 창세기 14장의
아브라함과 멜기세덱이 만나는 이야기를 배경으로 한다.

"그 때에 살렘 왕 멜기세덱은
빵과 포도주를 가지고 나왔다.
그는 가장 높으신 하나님의 제사장이다."(창14:18)

필론이 굳이 포도주를
멜기세덱과 연결시킨 것은
분명 디오니소스를 의식한 결과로 여겨진다.
성경에도 포도주를 제공하는 신적인 존재가 있음을
알려주려는 것이다.

그래서 필론은 멜기세덱에게 신성을 불어넣기 위해
다음과 같은 생각을 추가했다.
멜기세덱이 '로고스'를 뜻한다는 것이다.

앞서 이야기 했듯이
필론과 유대교 후기 신앙에 있어
로고스는 하나님의 지혜요, 성령이요, 세상의 창조자였다.
필론은 포도주를 가져오는 자 멜기세덱이
이 로고스를 지칭할 뿐 아니라,
이러한 로고스가 '하나님의 포도주를 따르는 자'
즉, 신적 영감을 주는 성령으로 표현함으로써
디오니소스를 통해 극도의 광적 황홀경에서
신적 영감을 취하려는 자들을
멜기세덱이 의미하는 로고스, 하나님의 지혜,
성령으로 이끌고자 했다.

필론의 이와 같은 서술에서
요한복음 1장과 오늘 이야기의
모든 재료들이 다 나왔다.
요한복음 1장은 생명을 주는 빛이자 진리인
로고스-예수를 증언하며,
2장에서는 영감의 원천으로서의
포도주-성령을 주는 예수를 증언하고 있다.

필론은 디오니소스의 포도주를
멜기세덱에게 돌리고
이를 궁극적으로 하나님의 지혜인
로고스-성령에 돌림으로써
사람들이 디오니소스에 유혹될 수 있는 경향을
하나님에게 집중시키고자 했다.

요한도 같은 전략을 사용한다고 볼 수 있다.
그는 1장에서는 빛의 이미지로
태양신 신앙을 예수께로,
2장에서는 포도주의 이미지로
디오니소스적 신앙을 예수께로 이끌려는
목표를 가지고 있다고 볼 수 있다.

이와 같은 전략은 고대교회에서도
실제적인 면에서 이루어졌는데
곧 예수님의 탄생일을
태양신의 생일인 12월 25일로 정하거나
디오니소스 축제일인 1월 6일로 정하는 등
고대 교회에서도 기존 신앙의 흡수를 위해
다양한 방식을 구사했던 것이다.

그러나 요한은 이러한 배경을
암시적인 형태로 전제하면서도
자신만의 이야기로 메시지를 전달하려고 한다.

"사흘째 되는 날에
갈릴리 가나에 혼인 잔치가 있었다.
예수의 어머니가 거기에 계셨고,
예수와 그의 제자들도
그 잔치에 초대를 받았다."(요2:1~2)

혼인잔치는 공관복음서에도
예수님의 비유에 사용되던 소재로
종말의 하나님 나라 축제를 의미한다.
따라서 예수께서 자신의 첫 표적을
혼인 잔치에 드러내셨다는 것은

사건의 형태로서는 차이를 보이지만
종말의 하나님 나라 선포자로서의 예수를 나타낸다는 점에서
공관복음과의 내적 일관성을 보여주고 있다.
또한 전체 이야기는 혼인 잔치의
흥분된 술렁임 속에서 진행되고 있는데
이는 하나님 나라의 임박한 분위기가
암시되고 있을 뿐만 아니라
이미 진행되고 있는 혼인 잔치에
예수께서 나타나심으로써
미래의 종말이 아닌,
현재적 하나님 나라의 성격 또한 나타내고 있다.

"그런데 포도주가 떨어지니,
예수의 어머니가 예수에게 말하기를
"포도주가 떨어졌다" 하였다."(요2:3)

마리아는 예수님께 포도주가 없음을 말함으로써
예수님을 포도주를 채워줄 자,
곧 종말의 혼인잔치를 완성시킬 자이자
디오니소스적 존재,
자유와 황홀함, 신적 영감을 채워줄 자로
초대하고 있다.

요한복음에는 예수님의 속죄와
대속적 '피'에 대한 사상이 나타나는
공관복음의 최후의 만찬 장면이 삭제되어 있기 때문에
포도주를 '피'로 생각할 수 있는 상징적 장치가 없다.
따라서 우리는 위에서 본 바,
예수를 디오니소스적 존재로서
신적 영감을 주는 포도주의 제공자로 보려고 한다.

혼인잔치의 사건과 마리아의 질문은
우리의 상황을 직시한 것 일수도 있다.
당신의 삶은 신적 영감으로 채워져 있는가?
당신의 삶은 예수로부터 오는
이 기쁨의 축제에 들어갈 준비가 됐는가?
예수로부터 새로운 기쁨과 영감을 얻어야 할 때가
지금 당신에게 온 것은 아닌가?
마리아는 예수께 이 영감을 부어주시기를 요구한다.

그런데 예수께서는
자신의 '때'가 오지 않았다고 말씀하신다.

"예수께서 어머니에게 말씀하셨다.
"여자여, 그것이 나와 당신에게
무슨 상관이 있습니까?
아직도 내 때가 오지 않았습니다.""(요2:4)

때가 오직 않았다는 대답을 통해
슬슬 잘 풀릴 것 같은 이야기는
긴장 상태에 빠지게 된다.
독자들의 해석 또한 어려워진다.

요한복음에 있어 자주 나타나는 '때'의 주제는
예수의 죽음의 때이자,
영광을 얻는 때를 의미하며,
또한 성령을 주는 때를 의미한다.
이는 긴밀하게 연결되어 있다.

"사람들이 예수를 잡으려고 하였으나,
아무도 그에게 손을 대는 사람이 없었다.

그것은 그의 때가 아직 이르지 않았기 때문이다."(요7:30)

"예수께서 이 말씀을 마치시고,
눈을 들어 하늘을 우러러보시고 말씀하셨다.
"아버지, 때가 왔습니다.
아버지의 아들을 영광되게 하셔서,
아들이 아버지께 영광을 돌리게 하여 주십시오.""(요17:1)

""나를 믿는 사람은, 성경이 말한 바와 같이,
그의 배에서 생수가 강물처럼 흘러나올 것이다."
이것은, 예수를 믿은 사람이 받게 될
성령을 가리켜서 하신 말씀이다.
예수께서 아직 영광을 받지 않으셨으므로,
성령이 아직 사람들에게 오시지 않았다."(요7:38~39)

죽음의 시간 – 영광의 시간 – 성령의 시간

따라서 여기서 포도주의 상징이
속죄의 피와 연결될 수 없다면
포도주가 디오니소스의 신적 영감을 주는 선물이었듯
예수께 있어서는 영감의 원천인 성령을 의미하게 되며
성령은 예수께서 아버지께 가셔야 줄 수 있는 것이므로
아직 때가 되지 못했음을 말씀하시는 것이다.

"내가 떠나가지 않으면,
보혜사가 너희에게 오시지 않을 것이다.
그러나 내가 가면, 보혜사를 너희에게 보내주겠다."(요16:7)

따라서 이 때는 예수님의 죽음 이후의 때이기에
예수께서는 지금 마리아의 요구를 들어주실 수 없다.

그러나 예수님의 이 거부는
거부를 위한 거부로 끝나지 않고
물을 포도주로 만드는 이적으로 이어가고 있다.
왜 그러한가?

사실 요한은 이 이야기를 통해
예수님을 디오니소스적 영감을 주시는 분으로
설명하려는 목적을 가지고 있으므로
마리아의 요구를 선뜻 수용하시는 상황으로 이끌 수 있었으나
요한복음 전체 구도에 있어 중요한
'때'의 주제를 제시하고
그 때가 오면 모든 이들에게 진정한 포도주인
성령을 주게 될 것이라는 점을 드러내기 위해
마리아의 요구를 거부하는 듯한 대화를 넣은 것으로 보인다.

따라서 예수님의 이 거부는
거부를 위한 거부로 끝날 수 없으며,
포도주-성령의 영감을 필요로 하는 이들을
흡족히 채워주시는 분이라는 것을 보여주고 나서야
이야기를 마감시키게 된다.

그래서 이 이야기의 시점 상
아직 때가 오지 않았지만
예수께서는 결국 포도주를 만들어주심으로
신적 영감과 기쁨을 넘치도록 부어주실 분이라는 것을
모든 이들이 기대하게 만들고 있다.
이 이야기는 이렇듯
과거와 현재와 미래가 연결되어 있다.

또한 이 포도주가 물을 통해 만들어 진다는 것도

성령과의 관련성을 더 잘 드러내 준다.

"내가 주는 물을 마시는 사람은,
영원히 목마르지 아니할 것이다.
내가 주는 물은, 그 사람 속에서,
영생에 이르게 하는 샘물이 될 것이다."(요4:14)

""나를 믿는 사람은, 성경이 말한 바와 같이,
그의 배에서 생수가 강물처럼 흘러나올 것이다."
이것은, 예수를 믿은 사람이 받게 될
성령을 가리켜서 하신 말씀이다.
예수께서 아직 영광을 받지 않으셨으므로,
성령이 아직 사람들에게 오시지 않았다."(요7:38~39)

그리하여 오늘날 우리에게도
이 표적이 계속되고 있다.
예수께서 부어 주시는 포도주를 통해
혼인 잔치는 계속 진행되고 있으며
우리 모두가 지금 이 이야기의
손님으로 즐기고 있는 중이다.

예수의 이 선물은 다함이 없고 마르지 않는다.
다 떨어진 것 같으나
구하는 자에게 언제든 다시 부어지는 선물,
생명의 영감과 기쁨을 주는 성령
바로 그것이 그의 선물이다.
그것을 구하는 자,
그에게 예수께서 부어주실 것이다.

"지금까지는 너희가 아무것도

내 이름으로 구하지 않았다.
구하여라. 그러면 받을 것이다.
그래서 너희의 기쁨이 넘치게 될 것이다."(요16:24)

누가는 더 직접적으로 성령을 구하도록 독려한다.

"내가 너희에게 말한다.
구하여라. 그리하면 너희에게 주실 것이다.
찾아라, 그리하면 찾을 것이다.
문을 두드려라, 그리하면 너희에게 열어 주실 것이다.
구하는 사람마다 받을 것이요,
찾는 사람마다 찾을 것이요,
문을 두드리는 사람에게 열어 주실 것이다.
너희 가운데 아버지가 된 사람으로서
아들이 생선을 달라고 하는데,
생선 대신에 뱀을 줄 사람이 어디 있으며,
달걀을 달라고 하는데 전갈을 줄 사람이 어디에 있겠느냐?
너희가 악할지라도 너희 자녀에게 좋은 것들을 줄 줄 알거든,
하물며 하늘에 계신 아버지께서야
구하는 사람에게 '성령'을 주시지 않겠느냐?"(눅11:9~13)

6. 율법에서 성령으로

요한복음 2:6~22

6 그런데 유대 사람의 정결 예법을 따라, 거기에는 돌로 만든 물항아리 여섯이 놓여 있었는데, 그것은 물 두세 동이들이 항아리였다.

7 예수께서 일꾼들에게 말씀하셨다. "이 항아리에 물을 채워라." 그래서 그들은 항아리마다 물을 가득 채웠다.

8 예수께서 그들에게 말씀하시기를 "이제는 떠서, 잔치를 맡은 이에게 가져다 주어라" 하시니, 그들이 그대로 하였다.

9 잔치를 맡은 이는, 포도주로 변한 물을 맛보고, 그것이 어디에서 났는지 알지 못하였으나, 물을 떠온 일꾼들은 알았다. 그래서 잔치를 맡은 이는 신랑을 불러서

10 그에게 말하기를 "누구든지 먼저 좋은 포도주를 내놓고, 손님들이 취한 뒤에 덜 좋은 것을 내놓는데, 그대는 이렇게 좋은 포도주를 지금까지 남겨 두었구려!" 하였다.

11 예수께서 이 첫 번 표징을 갈릴리 가나에서 행하여 자기의 영광을 드러내시니, 그의 제자들이 그를 믿게 되었다.

12 이 일이 있은 뒤에, 예수께서는 그의 어머니와 형제들과 제자들과 함께 가버나움에 내려가셔서, 거기에 며칠 동안 머물러 계셨다.

13 유대 사람의 유월절이 가까워져서, 예수께서 예루살렘으로 올라가셨다.

14 그는 성전 뜰에서, 소와 양과 비둘기를 파는 사람들과 돈 바꾸어 주는 사람들이 앉아 있는 것을 보시고,

15 노끈으로 채찍을 만들어 양과 소와 함께 그들을 모두 성전에서 내쫓으시고, 돈 바꾸어 주는 사람들의 돈을 쏟아 버리시고, 상을 둘러 엎으셨다.

16 비둘기 파는 사람들에게는 "이것을 걷어치워라. 내 아버지의 집을 장사하는 집으로 만들지 말아라" 하고 말씀하셨다.

17 제자들은 '주님의 집을 생각하는 열정이 나를 삼킬 것이다' 하고 기록한 성경 말씀을 기억하였다.

18 유대 사람들이 예수께 물었다. "당신이 이런 일을 하다니, 무슨 표징을 우리에게 보여 주겠소?"

19 예수께서 그들에게 말씀하셨다. "이 성전을 허물어라. 그러면 내가 사흘 만에 다시 세우겠다."

20 그러자 유대 사람들이 말하였다. "이 성전을 짓는 데에 마흔여섯 해나 걸

렸는데, 이것을 사흘 만에 세우겠다구요?"
21 그러나 예수께서 성전이라고 하신 것은 자기 몸을 두고 하신 말씀이었다.
22 제자들은, 예수께서 죽은 사람들 가운데서 살아나신 뒤에야, 그가 말씀하신 것을 기억하고서, 성경 말씀과 예수께서 하신 말씀을 믿게 되었다.

오늘의 본문과 순서상 주제가 비슷한
마가복음의 말씀이 있다.

"바리새파 사람들과
예루살렘에서 내려온 율법학자 몇 사람이
예수께로 몰려왔다.
그들은 예수의 제자들 가운데
몇 사람이 부정한 손 곧 씻지 않은 손으로
빵을 먹는 것을 보았다.
바리새파 사람과 모든 유대 사람은
장로들의 전통을 지켜,
규례대로 손을 씻지 않고서는
음식을 먹지 않았으며,
또 시장에서 돌아오면,
몸을 정결하게 하지 않고서는 먹지 않았다.
그 밖에도 그들이 전해 받아 지키는
규례가 많이 있었는데,
그것은 곧 잔이나 단지나 놋그릇이나
침대를 씻는 일이다.
그래서 바리새파 사람들과 율법학자들이
예수께 물었다.
"왜 당신의 제자들은
장로들이 전하여 준 전통을 따르지 않고,
부정한 손으로 음식을 먹습니까?"

예수께서 그들에게 대답하셨다.
"이사야가 너희 같은 위선자들을 두고
적절히 예언하였다. 이렇게 기록되어 있다.
'이 백성은 입술로는 나를 공경해도,
마음은 내게서 멀리 떠나 있다.
그들은 사람의 훈계를 교리로 가르치며,
나를 헛되이 예배한다.'"(막7:1~7)

위의 본문에서 정결법에 대한 이야기가
예배에 대한 비판으로 마무리 되는 것처럼
요한복음의 본문도
정결 예법을 위한 물 항아리에 대한 이야기에서
성전 예배에 대한 강력한 비판으로 끝나고 있다.

구약의 어느 본문에서도 제의적 정결을 위해
물 항아리를 준비하라는 말씀은 없다.
그러나 이스라엘이 겪은 몇 번의 외세의 지배는
이스라엘로 하여금 율법을 강화하는 형태로
자신들의 신앙을 반성하게 만들었다.
그들은 거룩한 백성으로 자신들을 구별하는 것만이
하나님과 이스라엘의 관계를
바르게 만드는 것이라 생각했다.
그래서 구약의 제사장들이 성전 제사 시에 행하던
정결 예법을 일상생활에 도입했다.
온갖 부정한 것들에 노출될 수밖에 없는 외부에서
집으로 돌아오면 반드시 손을 씻게 했는데
이는 제사장들이 제사 전에
옷을 빨고 목욕을 하던 정결법의 약식 형태였다.

이런 거룩한 삶을 위한

40리터짜리 말 통 돌 항아리에서
포도주를 퍼내게 하는 예수,
그가 바로 요한이 만난 예수다.

포도주는 일상생활의 평범한 음료일 지라도
정결과는 거리가 멀다.

"주님께서 아론에게 말씀하셨다.
"너의 아들들이 너와 함께
회막으로 들어올 때에는
포도주나 독주를 마시지 말아라.
어기면 죽는다.
이것은 너희가 대대로 영원히 지켜야 할 규례이다.
너희는 거룩한 것과 속된 것을 구별하여야 하고,
부정한 것과 정한 것을 구별하여야 한다.""(레 10:8)

그러나 예수께서는
정결예를 위한 돌 항아리에서
포도주를 퍼 올리게 만듦으로써
거룩한 것과 속된 것,
부정한 것과 정한 것의 경계를 허물고 있다.
속되고 거룩한 것이 뒤섞여 있지만
그것이 논란이 되지 않는 이유는
이곳이 거룩함과 속됨을 뛰어넘는 가치가 있는 곳
곧 사랑과 기쁨의 향연이 벌어지고 있는
혼인잔치이기 때문이다.

지금 우리의 삶에서
이런 기쁨의 잔치가 벌어지고 있는지
확인해 보아야 한다.

예수를 따르는 삶은 잔치에 초대받은 삶이다.
그렇다고 거룩함이 무시되는 삶이 아니라
거룩한 돌 항아리에서 포도주가 쏟아지듯
가장 거룩한 것에서 속된 기쁨 이상의 것이
넘쳐나는 삶이다.
가장 속된 것을 통해서도
거룩한 기쁨을 끌어낼 수 있는 삶이다.
그것이 세리와 죄인의 친구, 몸 파는 여인들의 오빠,
먹기를 탐하고 포도주를 즐기는 자였던
예수의 기쁨이다.

이와 같은 삶을 위해서는
물이 포도주로 바뀌듯
우리 자신이 새로운 인간으로 변해야 한다.
우리는 하나님의 자녀가 되어야 한다.
물로 손을 씻고 먼지와 때가 벗겨지는 외면적 변화는
아무것도 우리를 바꾸지 못한다.
그것은 거룩함의 표시가 아니다.
하나님의 자녀란 이런 것이다.
자기 자신의 내면 가운데
하나님의 잔치가 벌어지고 있는 자
가장 거룩한 것과 속된 것이 조화되어
술에 취한 듯 기쁨 속에 넘치고 있는 자.
이러한 변화가 어떻게 가능할 것인가에 대해
3장에서 니고데모와의 대화가 시도된다.

변화, 삶의 변화가 가장 중요하다.
예수를 믿느냐 안 믿느냐의 문제는
예수를 알고 내 삶에 변화가 있는지의 여부로
최종 판결을 받아야 한다.

예수를 알고 내 삶이 바뀌었다면
물이 포도주가 되었다는 과거의 이 이야기는
현재의 기적이 된다.

이 후에 벌어지는 성전 이야기는 더욱 충격적이다.
요한은 공관복음이 예수님의 죽음 바로 직전에 놓고 있는
성전 정화 사건을 자신의 복음서 초두에 둠으로써
그 충격을 더 심화시키며
복음서 전체를 견인하며 끌고 가는
주제로 삼으려 한다.

이 성전 난동 사건으로
앞서 유대인의 정결예법에 대한 비판에 이어
이제는 제사 의식에 대한 비판으로 이어지고 있다.
유대교에서 제물이 없는 예배는 상상할 수가 없다.
예배는 곧 제물을 바치는 희생제다.
못해도 곡식 가루라도 바쳐야 제사가 성립된다.

그런데 예수는 오늘
제물을 거래하는 자들의 상을 채찍으로 뒤엎고
비둘기 파는 자에게
"장사하는 집을 만들지 말라"고 경고한다.
그리고는 성전을 헐어버리라고 으름장을 놓고 있다.
예수의 생애 전체를 놓고 볼 때
이때 만큼 과격하고 이상한 적은 없었다.
또한 성전을 헐어버리라는 말은
이스라엘 신앙에 있어 가장 적대적인 행위에 속한다.
이스라엘을 침략하는 이방인들이나 할 말이다.
그것은 그 민족의 신을 공격하는 것이다.
그것이 유대인이자 하나님의 말씀을 가르치는 사람이 할 말인가?

또한 요시야의 종교개혁 이후
이스라엘의 모든 제의는 오직 성전에서만 드리도록
규정이 바뀌었기 때문에
성전 제의를 무시하는 행위는
이스라엘 전체 신앙을 무시하는 행위이다.

그런데 이 사건에서
예수님의 의도는 무엇이었을까?
제사의 폐지였을까?
제물을 거래하는 관습의 폐지였을까?
아니면 성전 자체의 폐지였을까?
무엇을 비판하는지가 명확치 않다.

제사-거래-성전.
이 세 가지는 역사적인 순서가 있다.
제사는 가장 오래 된 것이다.
그것은 율법이 존재하기 전부터 있어왔다.
돌로 단을 쌓고 기름을 붓는 단순한 형태에서
온갖 예식을 갖춰 짐승을 잡아 특정 부위를 굽는 형태까지
제사는 율법과 함께 발전했다.

그러나 이미 구약의 예언자들조차
제사행위를 비판했다.

"주님께서 말씀하신다.
"무엇하러 나에게 이 많은 제물을 바치느냐?
나는 이제 숫양의 번제물과 살진 짐승의 기름기가 지겹고,
나는 이제 수송아지와 어린 양과 숫염소의 피도 싫다.""(사1:11)

"내가 너희 조상을 이집트 땅에서 데리고 나왔을 때에,

내가 그들에게 번제물이나 다른 어떤 희생제물을 바치라고 했더냐?
바치라고 명령이라도 했더냐?
오직 내가 명한 것은 나에게 순종하라는 것,
그러면 내가 그들의 하나님이 되고,
그들은 나의 백성이 될 것이라는 것,
내가 그들에게 명하는 그 길로만 걸어가면,
그들이 잘 될 것이라고 한 것뿐이지 않았더냐?"(렘7:22~23)

예레미야의 이 부르짖음은
'내가 명한 것'에서 제사 규정을 분리시키고 있다.
정밀한 제사 규정의 발전은
사실 하나님의 명령이 아닌
제사장과 성전 조직이 발전시킨 규정이다.
현대 구약 신학은 레위기 전체를
모세에게서 기원하지 않은 것으로 여기고 있다.
제사에 순종하는 것은 하나님께 순종하는 것과 다르다.

"내가 바라는 것은 변함없는 사랑이지, 제사가 아니다.
불살라 바치는 제사보다는
너희가 나 하나님을 알기를 더 바란다."(호6:6)

"나는, 너희가 벌이는 절기 행사들이 싫다. 역겹다.
너희가 성회로 모여도 도무지 기쁘지 않다.
너희가 나에게 번제물이나 곡식제물을 바친다 해도,
내가 그 제물을 받지 않겠다.
너희가 화목제로 바치는 살진 짐승도 거들떠보지 않겠다.
시끄러운 너의 노랫소리를 나의 앞에서 집어치워라!
너의 거문고 소리도 나는 듣지 않겠다.
너희는, 다만 공의가 물처럼 흐르게 하고,
정의가 마르지 않는 강처럼 흐르게 하여라."(암5:21~24)

"내가 주님 앞에 나아갈 때에,
높으신 하나님께 예배드릴 때에,
무엇을 가지고 가야 합니까?
번제물로 바칠 일 년 된 송아지를 가지고 가면 됩니까?
수천 마리의 양이나,
수만의 강줄기를 채울 올리브기름을 드리면,
주님께서 기뻐하시겠습니까?
내 허물을 벗겨 주시기를 빌면서,
내 맏아들이라도 주님께 바쳐야 합니까?
내가 지은 죄를 용서하여 주시기를 빌면서,
이 몸의 열매를 주님께 바쳐야 합니까?
너 사람아, 무엇이 착한 일인지를 주님께서 이미 말씀하셨다.
주님께서 너에게 요구하시는 것이 무엇인지도 이미 말씀하셨다.
오로지 공의를 실천하며 인자를 사랑하며
겸손히 네 하나님과 함께 행하는 것이 아니냐!"(미6:6~8)

익히 읽어 보았을 이러한 예언자들의 말씀을
철저히 자신들의 신앙에 적용시켰던 적이
이스라엘 역사에 있었던가?
그 어떤 누구도 제사 규정을 싫어하는 하나님을
상상할 수 없었다.
이 말씀들은 이스라엘의 악에 대한
강한 비판의식을 담고 있는 것이지
설마 제사의 폐지를 요구한다고는
생각해 볼 수 없었다.
사실, 예언자들도 제사의 폐지를 주장한 것은
아닐 수 있다.

그렇다면 예수께서는?
예수께서 제사 자체를 거부하는 말씀은 하지 않으셨다.

그렇다면 예수께서도 제사를 문제 삼지 않고
제물의 거래 행태를 문제 삼으신 것인가?

"이것을 걷어치워라.
내 아버지의 집을 장사하는 집으로 만들지 말아라"(요2:16)

성전에서의 거래는 기원전 6세기로 향한다.
북이스라엘의 앗시리아 제국에 의한 멸망 후
히스기야에서 시작되어 요시야 왕에 이르는
일련의 종교개혁은 그 개혁의 내용을 자세히 보면
한 가지에 집중하는 것을 볼 수 있는데
이를 '성전 제의 중앙화'라 명할 수 있다.
즉, 새롭게 개혁된 내용은 다음과 같다.
"모든 제사와 절기는 성전에서!"
"모든 예물은 성전으로!"

이 개혁은 사실 모세의 출애굽기에 나오는
일반적인 제사, 절기 규정과는 다르다.
출애굽기의 규정은 각 지방에서 가정별로 치러지는
작은 공동체들의 규정을 명시한다.
그러나 히스기야-요시야 개혁은
모든 절기와 제사, 십일조와 각종 예물 등을
오직, 예루살렘 성전에서만 가능한 것으로
만들고 있다.

그런데 율법에도 이와 같은 규정이 있다.
신명기이다.
모세의 율법으로 알려진 신명기에는
12장에서 26장에 이르는 곳곳에
'하나님이 그의 이름을 두려고 선택하신 그 곳'에서

제사와 절기를 지키고 예물을 바칠 것을 명하고 있다.
신명기의 각종 규례들을 출애굽기와 비교해 본다면
출애굽기 규정에 꼭 위와 같은 구문이
계속적으로 추가되어 반복된다는 것을 알 수 있다.

예를 들면 이런 식이다.
원래 출애굽기의 유월절 규정은 장소가 따로 명시되어 있지 않다.
그 기원 자체가 각 가정별로 지켰던
출애굽의 구원을 기념하는 것이기 때문이다.

그런데 신명기에 오면 다음과 같이 변해 있다.

"유월절 제사는, 주 당신들의 하나님이
당신들에게 주시는 성읍이라 해서,
아무데서나 다 드릴 수 있는 것은 아닙니다.
유월절 제물로 드릴 것은,
당신들의 주 하나님께서
자기의 이름을 두려고 택하신 곳에서만 잡을 수 있으며,
잡는 때는 당신들이 이집트를 떠난
바로 그 시각 곧 초저녁 해가 질 무렵입니다."(신16:5~6)

이스라엘의 삼대 절기, 십일조, 첫 열매 등
모든 절기와 예물 규정에 '택하신 곳'이 강조되고 있다.

'하나님께서 자기의 이름을 두려고 택하신 곳'이란
솔로몬 이후 예루살렘 성전에 대한 신학적 표현이었다.

"내가 내 백성 이스라엘을 애굽에서 인도하여 낸 날부터
내 이름을 둘 만한 집을 건축하기 위하여
이스라엘 모든 지파 가운데서

아무 성읍도 택하지 아니하고 다만 다윗을 택하여
내 백성 이스라엘을 다스리게 하였노라 하신지라
내 아버지 다윗이
이스라엘의 하나님 여호와의 이름을 위하여
성전을 건축할 마음이 있었더니
여호와께서 내 아버지 다윗에게 이르시되
네가 내 이름을 위하여 성전을 건축할 마음이 있으니
이 마음이 네게 있는 것이 좋도다
그러나 너는 그 성전을 건축하지 못할 것이요
네 몸에서 낳을 네 아들
그가 내 이름을 위하여 성전을 건축하리라 하시더니
이제 여호와께서 말씀하신 대로 이루시도다
내가 여호와께서 말씀하신 대로 내 아버지 다윗을 이어서 일어나
이스라엘의 왕위에 앉고
이스라엘의 하나님 여호와의 이름을 위하여
성전을 건축하고"(왕상8:16~20)

그렇다면 히스기야-요시야 종교개혁은
신명기 문서에 의거하여
성전 중심의 종교개혁을 한 것으로 볼 수 있다.
게다가 요시야의 종교개혁 진행 상황을 보면
율법을 새롭게 발견하는 이야기도 나오기 때문에
그때 신명기가 발견되고
그에 따라 예루살렘과 성전 중심의
개혁을 폈다고 보는 것이다.

그런데 새롭게 발견된 신명기 문서는
종교개혁 세력이 성전 중앙화를 목표로
모세의 이름을 빌려 작성했을 것이라는 가정이
대다수의 의견이다.

가장 오래된 출애굽기에는
동일 규정에 이러한 성전 집중화 규정이 없을 뿐더러
이스라엘 역사상 히스기야-요시야 이전에는
이런 집중화를 하나님의 요구로 생각한 적도 없었고
사실상 성전이 없던 시대에는
성전이라는 하나님의 거처를 필요로 하지도 않을 뿐더러
하나님의 이름을 둔 상징은 새롭게 필요한 것이 아니라
이미 모세의 언약궤가 담당하고 있었기 때문이다.

"그들을 모두 이끌고 유다의 바알라로 올라갔다.
거기에서 하나님의 궤를 옮겨 올 생각이었다.
그 궤는 그룹들 위에 앉아 계신
만군의 주님의 이름으로 부르는 궤였다."(삼하6:2)

따라서 신명기는
히스기야-요시야 종교개혁 세력이
성전의 중앙화를 목적으로
기존 모세의 율법에 성전 중앙화 규정을 추가로 넣어 만든
새로운 문서로 여겨지며,
따라서 히스기야-요시야 종교개혁을
'신명기 개혁'이라 부르고 있다.

그런데 이 신명기 개혁의 무리한 점은
아무리 멀리 사는 사람일지라도
예루살렘 성전까지 가야만
제사를 지내고 제물을 바칠 수 있다는 것이었다.
제사를 드릴 짐승이나 곡식을 가지고
며칠씩 걸리는 먼 거리를 이동해야 한다는 것은
쉬운 일이 아니었다.
따라서 신명기 안에는 이를 위한

정책까지도 담겨 있다.
신명기의 십일조 규정을 보자.

"그러나 주 당신들의 하나님이
그의 이름을 두려고 택하신 곳이,
당신들이 있는 곳에서 너무 멀고, 가기가 어려워서,
그것을 가지고 갈 수 없거든,
당신들은 그것을 돈으로 바꿔서,
그 돈을 가지고 주 당신들의 하나님이 택하신 곳으로 가서,
그 돈으로 마음에 드는 것을 사십시오.
소든지 양이든지 포도주든지 독한 술이든지,
어떤 것이든지 먹고 싶은 것을 사서,
주 당신들의 하나님 앞에서 당신들과 당신들의 온 가족이
함께 먹으면서 즐거워하십시오."(신14:24~26)

지역 성소와 지역의 레위인을 위해 바치던 생산물의 십일조가
예루살렘 성전에서만 바칠 수 있는 예물이 되면서
먼 곳에서 찾아 올 순례객들을 위해
일단 돈으로 들고 와서 예물을 사도록 지침을 주고,
또한 어느 정도의 잔치를 위해 쓰도록 허용해주는데
심지어 '독주'를 마실 수 있게 배려해주고 있다.

이렇게 성전에서의 거래, 장사가 시작되었던 것이다.

그런데 예수께서 이 '장사'에 분노하시는 이유는 무엇인가?
혹시 이 장사에 부정이 개입된 것일까?
아니면 직접 수확한 농축산물을 가지고 오지 않고
돈을 들고 와서 제물을 사는 행위가
진정성이 없기 때문인가?
이 또한 확실하지 않다.

도대체 무엇이 문제인 것인가?
성전 자체가 문제인 것인가?

"이 성전을 허물어라.
그러면 내가 사흘 만에 다시 세우겠다."(요2:19)

성전은 제사 보다 짧은 역사를 가지고 있다.
성전은 다윗 시대에 갑자기 이스라엘의 중심이 되었다.
하나님이 언제 성전을 지으라고 했던가?
발상 자체가 다윗에게서 나왔음을 성경은 말한다.
성전이 없다는 것은 사실 이방인들과 구별되는
이스라엘 신앙의 가장 독특한 면이었다.
공간에 얽매이지 않는 하나님의 역동성과 초월성을
성전이 없다는 사실이 보여주고 있었다.

사실상 성전은 이스라엘에 있어
가장 이질적인 이방신앙의 흔적이다.
그러나 이스라엘의 역사 속에서 성전 신앙은
예언자들조차 크게 비판하지 않았다.
예언자 나단의 열광적인 환호 속에 야심차게 준비되고
솔로몬 때에 완성되어진 성전은
하나님이 함께 거한다는 공간적 상징으로서
어느덧 이스라엘 신앙의
거대한 중심이 되어 있었다.

예루살렘 성전은 거센 전쟁의 소용돌이에
두 번이나 파괴를 당하면서도
언제나 이스라엘의 회복과 함께
가장 우선적인 복구의 대상이 되었으며
예수 시대에도 로마, 헤롯의 힘을 빌어

불과 얼마 전 세 번째 복원을 한 상태였다.
성전은 이스라엘 민족과 신앙의
운명을 건 자존심이었다.
이 성전에 대해 예수께서
공격적인 언사와 행동을 보이신 것이다.

이와 같은 예수님의 의도는 무엇이었을까?
제사의 폐지였을까?
제물을 거래하는 관습의 폐지였을까?
아니면 성전 자체의 폐지였을까?

예수께서 하신 말씀은 이 장에서 두 구절이 나왔다.

"이것을 걷어치워라.
내 아버지의 집을 장사하는 집으로 만들지 말아라"(요2:16)

이 말씀은 공관복음이 모두 전하는
'내 집은 기도하는 집이 될 것이며
강도의 소굴로 만들지 말라'는
말씀과는 조금 다르다.
공관복음은 장사 행위 자체 보다는
그들이 저지르는 죄악을 공격하고 있다.
그러나 요한은 정당한 장사까지도
같이 공격하고 있다.
게다가 요한은 영적인 요소인
'기도하는 집'에 대한 이야기를 빠뜨리고 있다.
그러나 여기서 예수께서는 성전을 '아버지 집'이라 칭하면서
요한복음 14장에 나오는 말씀을 미리 준비한다.

"내 아버지의 집에는 있을 곳이 많다.

그렇지 않다면, 내가 너희가 있을 곳을 마련하러 간다고
너희에게 말했겠느냐?
나는 너희가 있을 곳을 마련하러 간다.”(요14:2)

14장에서 ‘아버지 집’은 예루살렘 성전이 아니다.
전통적으로 ‘성전’에 해당하는 단어로 ‘집’이 사용되었고
구약에서 예루살렘 성전을
‘하나님의 집’으로 표현했기에
‘아버지 집’은 예루살렘 성전으로 이해되는 것이 맞다.
그러나 요한은 14장에서 ‘아버지 집’을
예루살렘 성전이 아닌
성령을 통한 아버지-아들과의 하나 됨으로 표현한다.

이러한 의미로 본다면
예루살렘 성전에 대한 예수님의 비판은
그곳이 하나님과의 진정한 하나 됨이 이루어지는
‘아버지의 집’이 아닌
한갓 거래가 이루어지는 ‘장사하는 집’이라는 것이다.

공관복음의 성전 정화 사건은
성전을 ‘기도하는 집’으로 정의한다.
따라서 강도들의 소굴로 변질된 그곳에서
강도들이 물러나면 성전의 기능은 회복될 여지가 있다.
그래서 학자들은 이를 ‘성전 정화 사건’으로 칭하고 있다.
공관복음에 의하면 성전의 가능성은 여전히 남아 있다.
성전 자체는 잘못된 것이 아니다.

그러나 요한은 곧이어 다음과 같이 말함으로써
사실상 예루살렘 성전을 폐하고 있다.

"이 성전을 허물어라.
그러면 내가 사흘 만에 다시 세우겠다."(요2:19)

이 충격적인 말씀은 마태와 마가에 의하면
예수님의 입에 직접 담겨 있지 않다.
이 말씀은 예수께서 붙잡히신 후
예수를 고발하는 거짓 증인들의 입에서 쏟아져 나온다.
따라서 마태-마가는 이 충격적인 말씀이
예수님의 입에서 나온 말씀이 아닌 것으로 취급한다.
예수님에 대한 잘못된 고발이나 오해로 다루는 것이다.

왜 그럴 수밖에 없었을까?
마태-마가의 유대 전통적 하나님 나라 종말론에 의하면
예루살렘 성전은 여전히 하나님의 집이며
온 세상이 섬길 경배의 중심지다.
이를 무너뜨린다는 것은 복음의 취지가 아니다.
따라서 예수께서는 성전을 정결케 하려 하신 것이지
그곳을 파괴하려 하신 것이 아니다.
게다가 사흘 만에 세우겠다니 그것이 어떻게 가능한 일인가.
또 실제로 그런 일은 일어나지 않았기에
이 말씀을 예수께 돌릴 수 없었던 것이다.

"이 성전을 허물어라.
그러면 내가 사흘 만에 다시 세우겠다."(요2:19)

그러나 요한은 마태-마가가
거짓 증인들에게 돌렸던 이 말을
예수께서 직접 하신 말씀으로 만들고 있다.
즉, 요한은 공관복음이 예수님의 이 말씀을
이해하지 못했다고 생각한 것이다.

요한은 이렇게 설명한다.

"그러나 예수께서 성전이라고 하신 것은
자기 몸을 두고 하신 말씀이었다."(요2:21)

요한은 '사흘 만에' 다시 세우겠다는 표현에서
예수의 부활을 본 것이다.
그렇다면 사흘 만에 다시 세워지는 성전이란
예수의 '몸'이라는 것이다.

그런데 요한이 이 말씀을 이렇게 해석한다면
요한의 예루살렘 성전에 대한 태도가
불명확하게 느껴진다.
그도 마태-마가처럼 예루살렘 성전을 유효한 것으로 놔두기 위해
성전을 예수님의 '몸'으로 비유적으로 말하고 있는 것인가?
성전을 허물라 했던 말씀이
몸에 대한 상징으로 바뀌기 때문에
성전에 대한 요한의 태도는 마태-마가와 같이
그 유효성을 인정하는 것이 되는 것인가?
장사꾼들만 몰아낸다면 아버지 집으로서의 성전이
제 모습을 찾게 될 것인가?

우리가 이 구절에 대한 요한의 해석만 본다면
그렇게 생각할 수도 있다.
그러나 뒤이어 나오는 사마리아 여인과의 대화에서
예수께서는 다음과 같이 말씀하신다.

"예수께서 말씀하셨다.
"여자여, 내 말을 믿어라.
너희가 아버지께, 이 산에서 예배를 드려야 한다거나,

예루살렘에서 예배를 드려야 한다거나,
하지 않을 때가 올 것이다.""(요4:21)

예루살렘 성전 예배의 폐지를 선고하고 계신 것이다.

그리고 14장의 논의를 통해
아버지 집의 완성은 성령과의 하나 됨으로
나타나게 된다.
그 곳에서 눈에 보이는 성전은
더 이상 아버지 집이 아니다.

이와 같이 요한의 전체적인 취지는
성전의 폐지에 맞추어져 있다.
따라서 이 말씀,

"이 성전을 허물어라.
그러면 내가 사흘 만에 다시 세우겠다."(요2:19)

이 말씀은
예수의 몸의 죽음과 부활을 말함과 동시에
'아버지 집'으로서의 의미를 맡아오던
성전의 실제적인 폐지와,
진정한 '아버지 집'으로서의
'성령과의 하나 됨'의 완성이
예수 자신의 죽음과 부활로 이루어 질 것임을
말해주고 있다.

이와 같은 새로운 아버지 집, 성전의 개념은
성령이 우리와 함께 거하게 됨으로써
사실상 우리 안에 이루어지므로

결국 바울이 말한 바와 일치한다.

"여러분은 하나님의 성전이며,
하나님의 성령이 여러분 안에 거하신다는 것을
알지 못합니까?"(고전3:16)

아버지와 하나 됨 속에 거하는 예수께서
자신을 허물고 삼일 만에 새로 일으키신 아버지 집은
우리가 그 안으로 들어가는 것이면서도
한편으로는 우리 안에 이루어진다는 점에서
우리가 하나님의 성전이 되기 때문이다.

이와 같은 성전의 폐지는
요한복음의 영향 속에 있는
요한계시록의 종말론적 비젼에도 반영된 바,
계시록에 의하면 새로운 예루살렘에는
성전이 없다.

"나는 그 안에서 성전을 볼 수 없었습니다.
그것은 전능하신 주 하나님과
어린 양이 그 도성의 성전이시기 때문입니다."(계21:22)

이렇게 볼 때,
결국 예수님께서 성전에서 보여주신
과격한 행동과 발언은
예루살렘의 제사-거래-성전을
모두 폐지하는 발언이 된다.
그는 가장 내적이고도 거룩한 성전으로
우리를 만드시려 하는 것이다.

이는 마태-마가가 성전을 유효하게 보는 시각,
누가-사도행전이 예수님의 부활 이후에도
성전을 여전히 예배의 중심 장소로 삼고 있는 것과
확연히 대조된다.
사도행전에 의하면 성전은 여전히 신앙의 중심이며,
사도들은 이를 통해 유대인들의 호감을 얻고 있었다.

"그리고 날마다 한 마음으로
성전에 열심히 모이고,
집집이 돌아가면서 빵을 떼며,
순전한 마음으로 기쁘게 음식을 먹고,
하나님을 찬양하였다.
그래서 그들은 모든 사람에게서 호감을 샀다.
주님께서는 구원 받는 사람을 날마다 더하여 주셨다."(행2:46~47)

그러나 요한은 이러한 성전 중심의 신앙 행위가
예수님의 본연의 뜻이 아니었음을 천명하는 것이다.
요한은 사랑과 진리가 하나님의 영으로 가득 채워져
넘실거리는 세상을 꿈꾸고 있다.
그것은 특정한 장소에 구애 받을 수 없으며,
예수의 진리와 함께 우리 각자의 내면에서
이루어져야 한다.

공관복음이 후반에 위치시켰던
성전 정화 사건은
이렇게 요한에 의해 앞으로 배치되고
아버지 집으로서의 성전의 무효성이 선포됨과 함께
이를 위한 새로운 완성의 이야기로
나아가고자 한다.

정결을 위한 율법의 물이 포도주로 바뀌어
그 맛을 본 사람들의 흥분으로
결혼 잔치가 흥겨워졌듯이
예수께서는 성전을 폐지시키시고
성령의 영감을 넘치도록 부어주시려고 하신다.
이것이 진정한 하나님 나라의 축제인 것이다.

7. 위로부터의 삶

요한복음 3:1~12
1 바리새파 사람 가운데 니고데모라는 사람이 있었다. 그는 유대 사람의 한 지도자였다.
2 이 사람이 밤에 예수께 와서 말하였다. "랍비님, 우리는, 선생님이 하나님께로부터 오신 분임을 압니다. 하나님께서 함께 하지 않으시면, 선생님께서 행하시는 그런 표징들을, 아무도 행할 수 없습니다."
3 예수께서 그에게 말씀하셨다. "내가 진정으로 진정으로 너에게 말한다. 누구든지 다시 나지 않으면, 하나님 나라를 볼 수 없다."
4 니고데모가 예수께 말하였다. "사람이 늙었는데, 그가 어떻게 태어날 수 있겠습니까? 어머니 뱃속에 다시 들어갔다가 태어날 수야 없지 않습니까?"
5 예수께서 대답하셨다. "내가 진정으로 진정으로 너에게 말한다. 누구든지 물과 성령으로 나지 아니하면, 하나님 나라에 들어갈 수 없다.
6 육에서 난 것은 육이요, 영에서 난 것은 영이다.
7 너희가 다시 태어나야 한다고 내가 말한 것을, 너는 이상히 여기지 말아라.
8 바람은 불고 싶은 대로 분다. 너는 그 소리는 듣지만, 어디에서 와서 어디로 가는지는 모른다. 성령으로 태어난 사람은 다 이와 같다."
9 니고데모가 예수께 물었다. "어떻게 이런 일이 있을 수 있습니까?"
10 예수께서 대답하셨다. "너는 이스라엘의 선생이면서, 이런 것도 알지 못하느냐?
11 내가 진정으로 진정으로 너에게 말한다. 우리는, 우리가 아는 것을 말하고, 우리가 본 것을 증언하는데, 너희는 우리의 증언을 받아들이지 않는다.
12 내가 땅의 일을 말하여도 너희가 믿지 않거든, 하물며 하늘의 일을 말하면 어떻게 믿겠느냐?

한 사람이 예수를 찾아왔다.
니고데모라는 바리새인이었다.
그는 유대인들의 지도자,
그나마 있던 유대인의 정치체제라 할 수 있는
산헤드린 71명 중 한명이었던 것 같다.

그는 예수께서 나타내신 표징에 놀라 찾아 왔다.
그러나 요한이 기록한 표징은
물을 포도주로 만든 것과
성전에서 난동을 부린 것 외에는
딱히 다른 것이 없다.
그 두 가지로 공의회 지도자가
예수를 만나자고 할 일은 없을 것이다.
니고데모는 더 많은 표징을 보았거나
아니면 요한의 스토리를 이끌어갈
가상의 인물일 수도 있다.
중요한 것은 니고데모를 통해 나타내는 요한의 메시지이다.

그가 예수를 찾아 온 시점은 밤이었다.
다른 이의 눈을 피할 이유가 있어
밤에 찾아왔을 수도 있다.
그것을 포함하여 '밤'은
찾아온 이의 어둠의 상태를 암시하고 있다.
그에게는 빛이 필요하다.
그는 그가 말하는 '우리'를 대표하여 찾아왔다.
그들은 예수께서 하나님께로부터 왔음을 안다 말한다.
표징이 그것을 뒷받침하고 있기 때문이다.

많은 이들이 표징을 원하고 있다.
표징은 그것의 근본 원인인
신성의 증거이기 때문이다.
사람들은 신성을 그리워한다.
하지만 신성을 원하는 이유는
표징의 실용적인 면 때문일 경우가 대부분이다.

"예수께서 그들에게 대답하셨다.

"내가 진정으로 진정으로 너희에게 말한다.
너희가 나를 찾는 것은
표징을 보았기 때문이 아니라,
빵을 먹고 배가 불렀기 때문이다.""(요6:26)

지금도 표징이 나타나는 교회에
사람들이 북적거린다.
표징은 그 놀라움으로 인해
사람들이 예수를 받아들이게 만드는
촉진제가 되어준다.
표징을 보고 많은 이들이
지금도 예수께 돌아가고 있다.

그러나 병을 고치고 귀신을 쫓고
회개하고 성격이 변화되는 여러 표징들이
다른 종교에서도 보편적으로 일어나는
종교적 현상임이 알려지면서
진정한 표징이 무엇인지에 대해
의구심이 생기게 되었다.

현대에 있어 가장 큰 기적은
'기술'이 담당하고 있다.
놀라움에 있어서 이제는
기술을 능가할 만한 것이 없다.
간간히 일어나는 종교적 기적보다도
기술의 보편적 영향력이 더 크기에
사람들은 종교를 급속히 버리고 있다.
만약 어떤 이가 종교를 찾는다면
이제는 소위 '표징' 때문이라기보다는
기술 사회에서 얻은 상처를 치유 받고

영혼의 건강을 찾으려 하는 갈망 때문인 경우가 더 많다.
현대인은 병을 고치는 방법으로 퇴마와 축귀, 기도보다는
세련된 의료기술을 더 의지한다.
따라서 '표징'으로 나타나야 할 분야가
점점 줄어듦에 따라
표징에 열광할 만한 사람들은 많이 줄어들게 되었다.

그러나 표징이 주는 이로움에 대한 욕심을 버린다고
예수 메시지의 순수함이 더 빛나게 되는지는
현대교회의 추이를 좀 더 지켜보고
반성해 보아야 할 것이다.
표징을 위한 표징이 아닌,
예수의 가르침을 따라
성령의 충만 속에서 나타나는
자연스러운 표징의 등장은
교회의 사명이기도 하기 때문이다.

니고데모는 예수를 칭찬하는 말로
대화의 운을 뗐다.
거기에 대한 예수님의 답변은
높은 차원에서 이루어진다.
니고데모는 산 아래에서 말하고 있고
예수께서는 정상에서 말씀하신다.
니고데모는 세상에 나타난 표적을 보고 찾아왔지만
예수께서는 '위로부터 나지 않으면'
하나님 나라를 볼 수 없다 말씀하신다.
니고데모는 보았지만 본 게 아니다.
눈으로 보이는 모든 것이
나의 것이 되지 못한다.
하나님의 표징을 본 사람도

그것의 진정한 의미를 알 수는 없다.
'위로부터' 나지 않는다면.

그런데 여러분은
'위로부터'라는 말을 성경에서
발견하지 못했을 것이다.
어디에 '위로부터'라는 말이 있는가?
이는 '다시' 라고 번역되어 있는
그리스어 'anothen'의 다른 번역이다.
이 단어는 '다시'와 '위로부터'라는 뜻을 동시에 가지고 있다.
따라서 이는 번역어 선택의 문제인데
내가 보기에는 '다시'라는 번역보다
'위로부터' 난다고 번역하는 것이 더 나을 듯하다.
'다시' 난다는 것은 니고데모의 오해를
우리에게도 일으키기 때문이다.
즉, 예수께서는 성령을 통해 나야 한다고 말씀하시며
하나님을 기원으로 하는 '위로부터'의 의미로 말씀하시지만
니고데모는 어머니 뱃속으로 들어가야 한다는 의미로
그 단어의 의미를 맞받아치며 질문을 하는데
이는 그 단어를 '다시'의 의미로 생각하고 있음을 말한다.

"니고데모가 예수께 말하였다.
"사람이 늙었는데,
그가 어떻게 태어날 수 있겠습니까?
어머니 뱃속에 다시(anothen) 들어갔다가
태어날 수야 없지 않습니까?""(요3:4)

"예수께서 대답하셨다.
"내가 진정으로 진정으로 너에게 말한다.
누구든지 물과 성령으로 나지 아니하면,

하나님 나라에 들어갈 수 없다.
육에서 난 것은 육이요,
영에서 난 것은 영이다.
너희가 다시(anothen, 위로부터)
태어나야 한다고 내가 말한 것을,
너는 이상히 여기지 말아라.
바람은 불고 싶은 대로 분다.
너는 그 소리는 듣지만,
어디에서 와서 어디로 가는지는 모른다.
성령으로 태어난 사람은 다 이와 같다.""(요3:5~8)

이제 예수님의 정확한 답변이 주어진다.
'물과 성령'으로 나는 것이(요3:5)
'위로부터'(다시) 나는 것이며
그렇지 않고서는 하나님 나라에 들어갈 수 없다.
그리고 '물과 성령'으로 나는 것은 뒤이어
'성령'으로 태어나는(요3:8) 것으로 통합되고 있다.
이는 앞으로도 계속 나타날 '물-성령'의
상징관계를 이끌기 위한 암시이다.

"내가 주는 물을 마시는 사람은,
영원히 목마르지 아니할 것이다.
내가 주는 물은, 그 사람 속에서,
영생에 이르게 하는 샘물이 될 것이다."(요4:14)

"나를 믿는 사람은,
성경이 말한 바와 같이,
그의 배에서 생수가 강물처럼 흘러나올 것이다.
이것은, 예수를 믿은 사람이 받게 될
성령을 가리켜서 하신 말씀이다."(요7:38~39)

그러나 '물'과 '성령'이 같이 언급될 때,
이 물이 '세례'를 의미한다는 주장이 있다.
만약 물이 세례를 의미하는 것이라면
세례를 받고, 또 성령을 받아야
하나님 나라에 들어 갈 수 있다는 것을
말하고자 하는 것이 된다.

그러나 뒤이은 말씀은 '물'을 제거하고
"성령으로 태어난 사람"(요3:7)만을 말하고 있다.
따라서 만약 물이 '세례'를 의미한다 하더라도
'물과 성령으로'라는 표현은
'세례'로는 하나님 나라에 들어 갈 수 없으며
반드시 '성령'을 통해서만 들어 갈 수 있다는 것을
의미하게 된다.

왜인가?

"육에서 난 것은 육이요,
영에서 난 것은 영이다."(요3:6)

세례, 물에 잠김, 혹은 물의 부어짐은 육의 존재를 넘어
영으로 태어나게 할 수 없기 때문이다.
영으로 태어나는 것은 영으로만 가능하다.
그러므로 세례를 받았다 하더라도
성령으로 태어난 사람만이
하나님 나라에 들어갈 수 있다.

사도행전에는 여러 예를 통해
물 세례와 성령 세례의 사례를 보여주는데,
물 세례를 받고, 성령을 나중에 받은 사례(행8:16)

성령을 먼저 받고, 물 세례를 받은 사례(행10:47) 등을
전해주고 있다.
그렇다면 사실상 물 세례는 성령 세례의 전제가 되거나
성령 세례와 동일시 될 수 없다.

그런데 바울은 세례만으로도
그리스도와의 연합에 들어가는 것으로 표현한다.

"세례를 받아 그리스도 예수와 하나가 된 우리는
모두 세례를 받을 때에 그와 함께 죽었다는 것을
여러분은 알지 못합니까?
그러므로 우리는 세례를 통하여 그의 죽으심과 연합함으로써
그와 함께 묻혔던 것입니다."(롬6:3~4)

바울에게 '물' 세례와 '성령' 세례의 구분은 없어 보인다.

"우리는 유대 사람이든지 그리스 사람이든지,
종이든지 자유인이든지,
모두 한 성령으로 세례를 받아서 한 몸이 되었고,
또 모두 한 성령을 마시게 되었습니다.(고전12:13)

바울의 입장에서 요한을 해석하다면
'물' 세례는 '성령' 세례와 동일하므로
'물과 성령'은 '성령'으로 통합되어도 무방하며,
'물' 세례의 가치를 떨어뜨리는 것은 아니다.

그러나 앞으로도 보겠지만
요한의 전체적인 입장은 '물' 세례에 대해
아무런 의미를 부여하지 않는다.
세례 요한의 '물' 세례 또한

회개의 기능조차 없는,
단지 예수님을 세상에 드러내기 위한 수단이었다.
요한의 입장에서 '물' 세례는 세례 요한과 함께
그 기능이 사실상 끝났다.
따라서 요한복음은 세례를 주라는 명령을
따로 담고 있지 않다.

요한은 전반적으로 세례와 성만찬에 대해
냉소적인 입장을 보여주고 있다.
따라서 이 중요한 구절에서 '물'이 '세례'를 뜻하게 하여
세례의 무용성을 보여주려 했다기 보다는
뒤이어 전개될 '물-성령'의 상징적 관계에 대한
일종의 예비 작업으로 보는 것이 낫다고 생각한다.

"바람(pneuma)은 불고 싶은 대로 분다.
너는 그 소리는 듣지만,
어디에서 와서 어디로 가는지는 모른다.
성령(pneuma)으로 태어난 사람은 다 이와 같다."(요3:8)

공기의 흐름인 '바람'은 '성령'과 같은 단어이다.
언어유희가 사용되고 있다.
바람은 세상에 불고,
성령은 하나님의 사람을 태어나게 한다.
이것이 예수께서 말씀하시는
위로부터, 다시 태어나는 방법에 대한 답변이다.

"니고데모가 예수께 물었다.
"어떻게 이런 일이 있을 수 있습니까?"
예수께서 대답하셨다.
"너는 이스라엘의 선생이면서,

이런 것도 알지 못하느냐?
내가 진정으로 진정으로 너에게 말한다.
우리는, 우리가 아는 것을 말하고,
우리가 본 것을 증언하는데,
너희는 우리의 증언을 받아들이지 않는다.
내가 땅의 일을 말하여도 너희가 믿지 않거든,
하물며 하늘의 일을 말하면 어떻게 믿겠느냐?""(요3:9~12)

여기까지 예수께서 말씀하셨으면
니고데모가 알아들었어야 한다.
예레미야와 에스겔, 요엘 등
후기 유대교의 예언자들은
성령에 대한 기대에 차있었다.
니고데모는 분명 알고 있었을 것이다.
그가 유대인이고 선생이라면
그는 당연히 알고 있어야 한다.
따라서 지금 질문을 하는 니고데모는
이스라엘의 선생으로서가 아니라
무지한 독자들을 대변해주고 있다.
같은 궁금증을 가지고 있는 독자들은
이스라엘의 선생도 모르고 있는 이 사실에
더욱 궁금증을 가지게 된다.

답을 주시는 예수님도
이제 단지 예수님이 아닌,
저자와 함께 복음을 증거하는
'우리'로 나타난다.
무지한 독자들은 복음을 증거하던 그들,
'우리'의 탄식을 듣게 된다.

"우리는, 우리가 아는 것을 말하고,
우리가 본 것을 증언하는데,
너희는 우리의 증언을 받아들이지 않는다."(요3:11)

여기서 '우리'의 증언이란
구약으로부터 기대되던 성령의 활동이
예수 이후, 현 시대를 통하여
나타나고 있다는 증언이다.
즉, 종말의 도래가 이루어졌다는 것이다.

그러나 니고데모와 그에게 속한 그들에게
이렇게 '위로부터 태어나는 것',
그것은 이해할 수 없는 일이었다.
그에게 예수님을 포함한 '우리'의 증언은
의문의 대상일 뿐, 아직 믿음의 대상이 아니었다.

니고데모가 이스라엘의 선생으로서
이 사실에 의문을 달고 있는 것에 대해
예수께서 안타까움을 표시하시면서
이 대화는 미완성으로 마무리 되고 있다.

니고데모로 대표되는 바리새인들이
정말 후기 이스라엘 예언 속의 성령을
간절한 마음으로 바라고 있었다면
보다 긍정적이고 적극적인 반응이 나왔을 것이다.
그러나 하나님의 영과 소통하는 법에 대해
그들은 무지했다.
그것은 예언자들이 던져 놓은 예언을 충분히 소화하고
그 예언을 눈으로 보여 준
스승이 없었기 때문이다.

우리가 따르고 믿고 있는 예수,
그분이 바로 그 사람이다.
하나님의 성령으로 살아가는 모습을
직접 보여주신 분이 바로 예수시다.
위로부터 난 삶, 다시 태어나는 삶,
하나님의 영을 통해 그렇게 살 수 있음이
비로소 예수를 통해 우리에게 알려지게 되었다.

그리스도인은 새로운 삶을 사는 사람들이다.
단순히 상징적인 면에서가 아니라
하나님의 영인 성령을 힘입어 살기 때문이다.
창조자의 숨결, 그분의 영이 우리와 함께 하고 있다.
이것이 예수를 통해 시작되었다.
바람이 언제나 우리 주변에 함께 하듯
이를 당연시 여기고 받아들이며 믿어야 한다.

그러나 니고데모의 질문은 다시 우리의 질문이 된다.
어떻게 이것이 가능한 것인가?
지금 나의 삶이 그러한 바람을 느끼지 못하고 있는데
어떻게 이것이 가능한 것인가?

요한은 단지 믿으라고만 말하고 있다.
하나님을 향한 신뢰 속에서 그의 영의 활동은 시작된다.
우리의 내면이 준비되어야 하고
우리가 먼저 바뀌어야 한다.

당신은 위로부터, 다시 태어났는가?
당신은 내면의 물, 성령을 맛보았는가?
당신의 내면을 흐르고 있는 그 영의 생수를
느낄 수 있는가?

8. 들려 올려진 이, 예수

요한복음 3:13~21
13 하늘에서 내려온 이 곧 인자 밖에는 하늘로 올라간 이가 없다.
14 모세가 광야에서 뱀을 든 것 같이, 인자도 들려야 한다.
15 그것은 그를 믿는 사람마다 영생을 얻게 하려는 것이다.
16 하나님께서 세상을 이처럼 사랑하셔서 외아들을 주셨으니, 이는 그를 믿는 사람마다 멸망하지 않고 영생을 얻게 하려는 것이다.
17 하나님께서 아들을 세상에 보내신 것은, 세상을 심판하시려는 것이 아니라, 아들을 통하여 세상을 구원하시려는 것이다.
18 아들을 믿는 사람은 심판을 받지 않는다. 그러나 믿지 않는 사람은 이미 심판을 받았다. 그것은 하나님의 독생자의 이름을 믿지 않았기 때문이다.
19 심판을 받았다고 하는 것은, 빛이 세상에 들어왔지만, 사람들이 자기들의 행위가 악하므로, 빛보다 어둠을 더 좋아하였다는 것을 뜻한다.
20 악한 일을 저지르는 사람은, 누구나 빛을 미워하며, 빛으로 나아오지 않는다. 그것은 자기 행위가 드러날까 보아 두려워하기 때문이다.
21 그러나 진리를 행하는 사람은 빛으로 나아온다. 그것은 자기의 행위가 하나님 안에서 이루어졌음을 드러내려는 것이다."

요한복음을 읽다보면
예수님에 대해 설명하는 부분이 곳곳에 있는데
예수 자신이 말을 하고 있다고 생각하기에는 이상한
제삼자처럼 설명하는 부분들이 있다.
오늘 본문이 그렇다.
독자는 여기서 이 글이 당연히 예수님을 지칭한다는 것을 알지만
글에는 '그', '하나님의 아들', '독생자' 등
예수님 자신이 자신을 말한다고 생각하기에는
너무 이상한 삼인칭 표현들이 많다.
예수께서 말씀하셨다면
유명한 3장 16절에서

"나를 믿는 자마다 멸망치 않고"라고
말씀하셨을 것이다.
그러나 여기에서도 이 구절은 "그를"이라고
표기되어 있다.

이러한 부분을 요한의 나레이션, 해설로 본다.
이 해설이 예수님의 말씀에 이어
갑자기 나타나기 때문에
어디까지가 예수님의 말씀인지
가늠하기가 어렵다.
지금 본문에서도
3장 13절부터 해설이라는 주장과
3장 16절부터 해설이라는 주장들이 있다.
아무튼 오늘 읽은 본문 중에서 가장 유명한 말씀인
3장 16절은 예수님의 말씀이 아니라
요한의 해설임이 분명하다.

"하나님이 세상을 이처럼 사랑하사"(요3:16)

요한은 하나님의 사랑에 도취되어 있다.
그 자신이 예수의 사랑하는 제자였다고 표현하고 있다.

"제자들 가운데 한 사람,
곧 예수께서 사랑하시는 제자가
바로 예수의 품에 기대어 앉아 있었다."(요13:23)

요한은 아마도 가장 사랑받는 제자였다고
말하고 싶었을 것이다.
또 요한은 도처에서
아버지의 사랑을 말할 뿐 아니라

14~15장에서 집중적으로
아버지와 아들의 사랑에 참여하는 것을 논하고
예수께서 베드로와 사랑의 문답을 나누는 장면으로
이 복음서를 정리하고 있다.
요한은 하나님과 예수의 사랑에
흠뻑 취해있는 것이다.
이 사랑을 체험하지 못한 자는
이 복음서의 뜨거움에 동감할 수 없다.
아버지와 아들의 이 사랑에 참여하기를
갈망하지 않는 자는
이 복음서의 취지를 이해하지 못한다.

오늘 본문은 이러한 갈망 없는 상태를
심판이라 하고 있다.
이를 어둠을 좋아하는 것으로 표현한다.
악한 것이라고도 말한다.
그 예로 드는 것이 광야의 불뱀 사건이다.
그 사건은 이렇게 진행되었다.

"그들은 에돔 땅을 돌아서 가려고,
호르 산에서부터 홍해 길을 따라 나아갔다.
길을 걷는 동안에 백성들은
마음이 몹시 조급하였다.
그래서 백성들은 하나님과 모세를 원망하였다.
"어찌하여 우리를 이집트에서 데리고 나왔습니까?
이 광야에서 우리를 죽이려고 합니까?
먹을 것도 없습니다. 마실 것도 없습니다.
이 보잘것없는 음식은 이제 진저리가 납니다."
그러자 주님께서 백성들에게 불뱀을 보내셨다.
그것들이 사람을 무니, 이스라엘 백성이 많이 죽었다.

백성이 모세에게 와서 간구하였다.
"주님과 어른을 원망함으로써
우리가 죄를 지었습니다.
이 뱀이 우리에게서 물러가게 해 달라고
주님께 기도하여 주시기 바랍니다."
그리하여 모세가 백성들을 살려 달라고 기도하였다.
주님께서 모세에게 말씀하셨다.
"너는 불뱀을 만들어 기둥 위에 달아 놓아라.
물린 사람은 누구든지 그것을 보면 살 것이다."
그리하여 모세는 구리로 뱀을 만들어서
그것을 기둥 위에 달아 놓았다.
뱀이 사람을 물었을 때에, 물린 사람은
구리로 만든 그 뱀을 쳐다보면 살아났다."(민21:4~9)

실망과 회의와 불신에 빠진 이들에게
죽음과 상처와 아픔을 일으킨 뱀,
아이러니하게 그 뱀을 바라봐야 생명을 얻는 이야기가
모세의 불뱀 이야기다.
요한의 표현을 대입한다면
실망과 저주로 죽어가고 있는 이들의
기본 상태가 바로 어둠이고 심판이다.
그런데 이 뱀을 쳐다보기 위해
넘어야 할 것이 있다.
중첩되어 있는 상처와 실망의 마음이다.
이들은 실망에 실망을 더한 상태다.
더 이상 하나님께 순종할 믿음이 없다.
오직 치유와 생명에 대한 갈망만이
이 뱀을 보게 만들 수 있을 뿐이다.
갈망이 없는 자들,
그저 자신을 버려두고 죽고자 하는 자들.

그들은

"빛을 미워하며, 빛으로 나아오지 않는다.
그것은 자기 행위가 드러날까 보아
두려워하기 때문이다."(요3:20)

자신들의 죄로 인해 뱀에 물려 죽어가던 이들이
생명을 위해 자신을 죽이던 뱀의 상징을 쳐다본다는 것은
죽음을 준 대상에게 굴복하며 생명을 구하는
자기 부인의 행위이다.
생명을 위해 자신을 부인하고
어둠에 있던 자들이 빛으로 나아가
자신들의 악을 바라보고 인정하는 것,
그것은 생각보다 힘든 일이다.
실망과 상처에 빠지지 않고
자신에게 주어진 생명을 소중히 여겨
그것을 갈망하는 자만이
이 심판을 극복할 수 있다.
그러므로 이를 따르지 않는 이들은
이미 심판 중에 있는 것이다.

당신은 갈망하고 있는가?
영생이 아니더라도
자신의 변화에, 진리의 추구에,
하나님과 세계에 대해.
만약 당신에게 갈망이 없다면 그것은 어둠이다.
잠을 자고 있는 것과 같다.
그러한 갈망이 없어질수록,
그것은 죽음과 비슷해진다.

그러나 하나님의 사랑이
세상에 예수를 보냈다.
무한한 놀라움을 일으키는 자.
진리를 갈망하게 만드는 자.
하나님에게 마음을 돌리게 하는 자.
그가 영생을 가지고 왔다.
그는 생명을 주는 뱀이 높이 들리듯,
들려 올려 질 것이다.

"하나님께서 세상을 이처럼 사랑하셔서 외아들을 주셨으니,
이는 그를 믿는 사람마다 멸망하지 않고
영생을 얻게 하려는 것이다."(요3:16)

영생이 무엇인가?
마태는 천국, 하늘 나라를,
마가와 누가는 하나님 나라를 강조했다면
요한은 영생을 강조한다.
그래서 요한의 영생을
하나님 나라와 같은 개념으로 본다.

공관복음에서 하나님 나라는
세상을 심판하며 새롭게 나타나는 하나님의 통치다.
공관복음에는 이 하나님 나라에 대한 비유들이 가득하다.
그러나 어떻게 하나님 나라에 들어갈 수 있는 지에 대해서는
확실한 답변이 주어져 있지 않다.
어찌 보면 이는 너무나 당연한 것이다.
구약에서 하나님 나라는 아브라함의 자손인 유대인,
즉, 이스라엘 나라 사람들에게만 속하는 것이다.
이는 혈통적인 언약으로 보장 된 것이기에
특별히 율법의 심판을 받을 만한 죄인이 아니라면

하나님의 나라와 그 통치에 자연스럽게 참여하게 된다.
그들은 회개하며 기다리면 된다.
따라서 공관복음에 의하면
유대인들에게 말씀을 선포하시던 예수께서는
그 나라에 들어가는 것에 대해
특별히 다른 차원의 이야기를 하지 않으셨다.
어린아이와 같은 순수함과 의로움, 진실함.
그런 것이 하나님 나라에 참여하는 자들에게
요구하는 것이었기에,
사실상 예수님의 자유로운 율법 해석만 아니라면
바리새인들이 보기에도 예수님의 선포는
구약의 예언자들의 선포와 그리 달라보이지는 않았다.

그런데 앞서 니고데모와의 대화에서
예수께서는 요한복음에서 잘 사용하지 않는 단어
'하나님의 나라'를 언급하시며 이렇게 말씀하셨다.

"예수께서 대답하셨다.
"내가 진정으로 진정으로 너에게 말한다.
누구든지 물과 성령으로 나지 아니하면,
하나님 나라에 들어갈 수 없다.""(요3:5)

그리고 오늘 본문에서 이 하나님 나라의 진정한 뜻인
'영생'이 비로소 나타나게 된다.

"모세가 광야에서 뱀을 든 것 같이, 인자도 들려야 한다.
그것은 그를 믿는 사람마다 영생을 얻게 하려는 것이다"(요3:14~15)

영생은 종말의 하나님 나라가 아니다.
종말의 하나님 나라, 통치는

실재하는 이 세상 나라의 심판을 말한다.
그것은 눈에 보이는 세상의 종말 이후에 이루어진다.
하나님 나라가 현실에서 진행되어 가고 있다 할지라도
그것은 최후의 종결에 더 무게가 실려 있는 개념이다.

그러나 영생, 영원한 생명.
그것은 현재로부터 종말 이후에 까지
내면적인 면에서 완성된 것이나 다름없다.

영생이 무엇인가?
우리가 영원히 살 수 있는 신 개념의 물질적 존재로
바뀌는 것을 의미하는 것인가?
물론 영생은 부활의 개념을 포괄한다.
그러나 영생의 진정한 주인은 우리 몸이 아니다.
그것은 성령이다.
성령이 영생을 가져다주는 자이기 때문이다.
니고데모에게 말한 바,
성령으로 위로부터 태어나는 것이
곧 영생이다.

이는 고대적인 관념과도 연관이 있다.
창세기에는 영원한 생명을 거두는 장면이 나온다.

"주님께서 말씀하셨다.
"생명을 주는 나의 영이
사람 속에 영원히 머물지는 않을 것이다.""(창6:3)

고대인들에게 생명은
하나님의 영, 숨, 바람에 달려 있지
몸에 달려있지 않다.

하나님의 영만이 사람에게
호흡을, 즉, 생명을 줄 수 있다.
그런데 창세기에서 하나님은
인간의 악함으로 인해 생명을 주는 그분의 영이
영원히 사람 속에 머물지는 않을 것이라 말씀하신다.
즉, 한시적으로 머무는 그분의 생명의 영이 있는 동안만
인간의 삶은 유효하다.
고대인들에게 세속적인 생명은 없다.
인간의 호흡, 그 자체가 신의 영, 바람, 호흡이며
그가 떠나시면 인간의 삶은 사라진다.

물론 요한복음의 성령은
한갓 인간이 숨을 쉬고 있는 호흡은 아니다.
이미 고대적인 숨의 개념은 사라졌다.
그가 생각하는 영생은 단지 숨의 영원한 지속이 아닌 것이다.
그러나 그가 말하는 영생이
'하나님의 영'이 영원히 함께하는 것이라는 점에서는
여전히 창세기 이야기와 연속성을 가지고 있다.

"내가 아버지께 구하겠다.
그리하면 아버지께서
다른 보혜사를 너희에게 보내셔서,
영원히 너희와 함께 계시게 하실 것이다."(요14:16)

보혜사, 성령은 예수 그리스도를 통해
영원히 우리와 함께 거하게 된다.
생명을 주는 하나님의 영, 그것이 바로 성령이고.
그 영이 우리와 영원히 머무르게 되는 것.
다른 말로 성령으로 위로부터 태어나는 것,
그것이 바로 영생이다.

그런데 요한이 성령을 보혜사라 칭하는 것은
이 생명이 다른 차원을 가지고 있음을 보여준다.
성령은 보혜사, 즉, 대리인이다.
성령은 내용 없는 생명을 주지 않는다.
성령은 예수를 대리함으로써
예수의 말씀을 기반으로 생명을 준다.

"그러나 보혜사, 곧 아버지께서 내 이름으로 보내실 성령께서,
너희에게 모든 것을 가르쳐 주실 것이며,
또 내가 너희에게 말한 모든 것을 생각나게 하실 것이다."(요14:26)

예수의 그 말씀은 아버지의 말씀인 진리와 연결되어 있다.

"진리로 그들을 거룩하게 하여 주십시오.
아버지의 말씀은 진리입니다."(요17:17)

그러므로 성령은 아버지의 진리를 전하는
예수를 대리함으로써
신성의 풍성함과 사랑에 이르게 해준다.
이 생명의 풍성함이
인간의 호흡의 연장으로서의 영생과 다른
그리스도 안에서의 영생이다.

따라서 영생은 하나님 나라가 온 후에
시작되는 것이 아니라
바로 지금 여기서 시작된다.
성령은 종말의 하나님 나라가 오지 않았지만
바로 지금, 예수를 믿는 우리의 삶 속에
이미 살아 있는 영생의 체험을 주고 있기 때문이다.
그것이 요한의 증거이며 주장이다.

"모세가 광야에서 뱀을 든 것 같이 인자도 들려야 한다.
그것은 그를 믿는 사람마다 영생을 얻게 하려는 것이다."(요3:14~15)

인자가 들려야 한다는 것은 무슨 의미인가?
십자가 사건을 의미하는가?
부활을 의미하는가? 승천을?

그것은 포괄적으로 떠나는 것을 의미한다.

"그러나, 내가 너희에게 진실을 말하는데,
내가 떠나가는 것이 너희에게 유익하다.
내가 떠나가지 않으면,
보혜사가 너희에게 오시지 않을 것이다.
그러나 내가 가면,
보혜사를 너희에게 보내주겠다."(요16:7)

인자가 들려, 세상을 떠나 아버지께로 가면
그가 성령을 보내주시고,
그것은 곧 사람에게 영원한 생명이 된다.

들려 올려진 이, 예수는
이렇듯 생명을 갈망하는 자들에게
성령을 부어주시기 위해 보내진
하나님의 선물이다.

예수를 바라보자.
어둠 속에 있지 말고,
깊은 잠에 빠져 있지 말고
그가 부어주는 포도주의 향연
성령과 영생의 잔치로 나아가자.

9. 마르지 않는 샘

요한복음 4:5~26

5 예수께서 사마리아에 있는 수가라는 마을에 이르셨다. 이 마을은 야곱이 아들 요셉에게 준 땅에서 가까운 곳이며,

6 야곱의 우물이 거기에 있었다. 예수께서 길을 가시다가, 피로하셔서 우물가에 앉으셨다. 때는 오정쯤이었다.

7 한 사마리아 여자가 물을 길으러 나왔다. 예수께서 그 여자에게 마실 물을 좀 달라고 말씀하셨다.

8 제자들은 먹을 것을 사러 동네에 들어가서, 그 자리에 없었다.

9 사마리아 여자가 예수께 말하였다. "선생님은 유대 사람인데, 어떻게 사마리아 여자인 나에게 물을 달라고 하십니까?" (유대 사람은 사마리아 사람과 상종하지 않기 때문이다.)

10 예수께서 그 여자에게 대답하셨다. "네가 하나님의 선물을 알고, 또 너에게 물을 달라는 사람이 누구인지를 알았더라면, 도리어 네가 그에게 청하였을 것이고, 그는 너에게 생수를 주었을 것이다."

11 여자가 말하였다. "선생님, 선생님에게는 두레박도 없고, 이 우물은 깊은데, 선생님은 어디에서 생수를 구하신다는 말입니까?

12 선생님이 우리 조상 야곱보다 더 위대하신 분이라는 말입니까? 그는 우리에게 이 우물을 주었고, 그와 그 자녀들과 그 가축까지, 다 이 우물의 물을 마셨습니다."

13 예수께서 말씀하셨다. "이 물을 마시는 사람은 다시 목마를 것이다.

14 그러나 내가 주는 물을 마시는 사람은, 영원히 목마르지 아니할 것이다. 내가 주는 물은, 그 사람 속에서, 영생에 이르게 하는 샘물이 될 것이다."

15 그 여자가 말하였다. "선생님, 그 물을 나에게 주셔서, 내가 목마르지도 않고, 또 물을 길으러 여기까지 나오지도 않게 해주십시오."

16 예수께서 그 여자에게 말씀하셨다. "가서, 네 남편을 불러 오너라."

17 그 여자가 대답하였다. "나에게는 남편이 없습니다." 예수께서 여자에게 말씀하셨다. "남편이 없다고 한 말이 옳다.

18 너에게는, 남편이 다섯이나 있었고, 지금 같이 살고 있는 남자도 네 남편이 아니니, 바로 말하였다."

19 여자가 말하였다. "선생님, 내가 보니, 선생님은 예언자이십니다.

20 우리 조상은 이 산에서 예배를 드렸는데, 선생님네 사람들은 예배드려야

할 곳이 예루살렘에 있다고 합니다."

21 예수께서 말씀하셨다. "여자여, 내 말을 믿어라. 너희가 아버지께, 이 산에서 예배를 드려야 한다거나, 예루살렘에서 예배를 드려야 한다거나, 하지 않을 때가 올 것이다.

22 너희는 너희가 알지 못하는 것을 예배하고, 우리는 우리가 아는 분을 예배한다. 구원은 유대 사람들에게서 나기 때문이다.

23 참되게 예배를 드리는 사람들이 영과 진리로 아버지께 예배를 드릴 때가 온다. 지금이 바로 그 때이다. 아버지께서는 이렇게 예배를 드리는 사람들을 찾으신다.

24 하나님은 영이시다. 그러므로 하나님께 예배를 드리는 사람은 영과 진리로 예배를 드려야 한다."

25 여자가 예수께 말했다. "나는 그리스도라고 하는 메시아가 오실 것을 압니다. 그가 오시면, 우리에게 모든 것을 알려 주실 것입니다."

26 예수께서 말씀하셨다. "너에게 말하고 있는 내가 그다."

니고데모와의 대화에서 예수께서는
성령으로 위로부터, 다시 나지 않는다면
하나님 나라에 들어가지 못 할 것이라 말씀하셨다.
그리고 요한복음의 해설자는
하나님이 독생자를 주신 것은
저를 믿는 자마다 영생을 얻게 하려 하심이라는
해설을 덧붙였다.

영생이라는 말은 요한복음 3장에서
니고데모와의 대화 후
비로소 나타나기 시작했다.
그리고 영생은 단지 영원한 삶이 아닌,
생명의 무한한 연장이 아닌,
성령으로부터 위로부터 주어지는
새로운 생명임이 드러났다.

그것을 얻는 방법은
예수를 믿는 것이라고 저자는 해명한다.

믿음은 무시할 만한 것이 아니다.
단지 믿는다고?
그렇게 말할 수 있는 것이 아니다.
믿음이 모든 것이다.
우리가 아무것도 믿지 못한다면
단 한 발자국도 움직일 수 없을 것이다.
내 앞의 땅이 나를 받쳐줄 것이라 믿지 못한다면,
한 발자국도 움직일 수 없다.
내가 마시는 공기의 안전성이 의심된다면
숨도 쉴 수 없을 것이다.

우리는 수 없이 많은 믿음을
바탕으로 살아가고 있다.
단지 그것이 습관화되어
믿음이라 생각하지 못할 뿐이다.

예수를 믿는다는 것은 무엇을 의미하는가?
나의 삶에 무엇을 바꾸어 놓았을까?
그것이 3장의 후반부에서
요한의 나레이션으로 계속 다루어진다.

"위에서 오시는 이는 모든 것 위에 계신다.
땅에서 난 사람은 땅에 속하여서,
땅의 것을 말한다.
하늘에서 오시는 이는 모든 것 위에 계시고,
자기가 본 것과 들은 것을 증언하신다.
그러나 아무도 그의 증언을 받아들이지 않는다.

그의 증언을 받아들인 사람은,
하나님의 참되심을 인정한 것이다.
하나님께서 보내신 이는
하나님의 말씀을 전한다.
그것은, 하나님께서 그에게
성령을 아낌없이 주시기 때문이다.
아버지는 아들을 사랑하셔서,
모든 것을 아들의 손에 맡기셨다.
아들을 믿는 사람에게는 영생이 있다.
아들에게 순종하지 않는 사람은
생명을 얻지 못하고,
도리어 하나님의 진노를 산다."(요3:31~36)

아들을 믿는다는 것은
그의 증언을 받아들이는 것,
그리고 그에게 순종하는 것이다.
그의 증언이란 지금까지 논의된 이야기를 통해 볼 때,
아들을 믿으면 성령으로
위로부터 태어나게 될 것이라는 것,
즉, 영생을 얻게 될 것이라는 것이다.
순종은 그의 말씀에 순종하는 것이며,
요한복음의 후반부에서 결국
그것은 서로 사랑하라는 명령으로 나타난다.

예수와 이야기한 니고데모가
예수를 믿었는지 믿지 않았는지는
서술되지 않고 있다.
그러나 오늘 만나는 사마리아 여인은
예수를 믿게 된 자로서 나타난다.

10절에서 예수께서는
여인에게 두 가지를 모르고 있다고 말한다.
그것은 아마도 우리 또한 알아야 할
두 가지 주제일 것이다.

하나는, 하나님의 선물이다.
또 하나는, 물을 달라는 사람이 누구인가 하는 문제.

만약 이 두 가지를 알았다면
여인은 그에게 청하였을 것이고,
그는 살아있는 물을 주었을 것이라고 한다.

"여자가 말하였다.
"선생님, 선생님에게는 두레박도 없고,
이 우물은 깊은데,
선생님은 어디에서 생수를 구하신다는 말입니까?
선생님이 우리 조상 야곱보다
더 위대하신 분이라는 말입니까?
그는 우리에게 이 우물을 주었고,
그와 그 자녀들과 그 가축까지,
다 이 우물의 물을 마셨습니다."
예수께서 말씀하셨다.
"이 물을 마시는 사람은 다시 목마를 것이다.
그러나 내가 주는 물을 마시는 사람은,
영원히 목마르지 아니할 것이다.
내가 주는 물은, 그 사람 속에서,
영생에 이르게 하는 샘물이 될 것이다."
그 여자가 말하였다.
"선생님, 그 물을 나에게 주셔서,
내가 목마르지도 않고,

또 물을 길으러
여기까지 나오지도 않게 해주십시오.""(요4:11~15)

'영생에 이르게 하는 샘물.'
이는 저번에 말했던 주제,
곧 영생을 주는 성령에 대한 표현이다.
니고데모와의 대화에서는
'물과 성령으로 태어남'이
영생을 얻는 것으로 표현되었는데
오늘은 보다 감각적인 표현으로
'영생에 이르게하는 샘물'이 나타난다.

이는 7장에 나타나는
더 직접적인 요한의 해설을 미리 암시한다.

""나를 믿는 사람은,
성경이 말한 바와 같이,
그의 배에서 생수가
강물처럼 흘러나올 것이다."
이것은, 예수를 믿은 사람이 받게 될
성령을 가리켜서 하신 말씀이다."(요7:38~39)

그러나 여인과는 더 이상
이 문제에 대해 이야기하지 않는다.
여자는 이해하지 못하고 있기 때문이다.
아니, 당연히 이해할 수 없을 것이다.
단, 여자는 믿음 하나는 좋다.
절대로 목마르지 않는 물을
예수님의 말 그대로 믿고 달라고 하고 있다.

"예수께서 그 여자에게 말씀하셨다.
"가서, 네 남편을 불러 오너라."
그 여자가 대답하였다.
"나에게는 남편이 없습니다."
예수께서 여자에게 말씀하셨다.
"남편이 없다고 한 말이 옳다.
너에게는, 남편이 다섯이나 있었고,
지금 같이 살고 있는 남자도 네 남편이 아니니,
바로 말하였다."
여자가 말하였다.
"선생님, 내가 보니,
선생님은 예언자이십니다.""(요4:16~19)

예수께서는 그녀의 가장 핵심적인 고민인
삶의 문제를 곧장 언급하심으로써
더 이상 추상적인 논쟁을 하지 않으신다.
즉, 그녀에게 생수에 대해 설명하기 보다는
직접 이 생수의 맛을 보게 해주신다.

예수께서는 그녀의 마음을 읽고 계셨다.
마음을 알아주는 사람이 있다는 것이
얼마나 삶에 큰 위로를 주는가?
그것도 사생활을 캐내는 수준이 아닌,
그녀의 상황을 동감해주고 그녀를 인정해줄 때
지옥 같은 삶에 지쳐있던 그녀에게
새로운 생명이 비치기 시작한다.

어떤 이유에서든 남편 네 명이 지나가고
다섯째와 지내고 있다는 말을 할 때
사람들이 내비치게 되는 조소와 비웃음의 흔적을

그녀는 예수에게서 찾을 수 없었다.
예수께서는 2장의 다음 언급을
여기서 현실로 만드신다.

"그러나 예수께서는
모든 사람을 알고 계시므로,
그들에게 몸을 맡기지 않으셨다.
그는 사람에 대해서는
어느 누구의 증언도 필요하지 않으셨기 때문이다.
그는 사람의 마음속에 있는 것까지도
알고 계셨던 것이다."(요2:24~25)

예수께서는 그녀의 상황을 바꾸시지도
그녀의 고민을 근본적으로 해결해주시지도 않았다.
그러나 그녀의 마음이 이해받았을 때
그녀는 영적인 문제에 관심을 가질 만큼
충분히 치유 받게 되었다.

우리 또한 마찬가지이다.
우리는 어려운 교리를 이해했기 때문에
생명을 체험한 것이 아니었다.
아무것도 몰랐던 그 순간에도
예수께서 다가오셔서
우리 마음의 사정을 알아주신
그 생수 한 모금에
우리는 예수에게 깊이 빠지게 되었고
다른 영적인 문제와 교리적인 것들에 접근할
마음의 문을 열게 되었던 것이다.

""우리 조상은 이 산에서 예배를 드렸는데,

선생님네 사람들은 예배드려야 할 곳이
예루살렘에 있다고 합니다.""(요4:20)

갑자기 주제가 바뀌는데
이 또한 예수를 신뢰하게 된
여인의 변화를 의미한다.
그녀는 예배 장소에 대해,
근본적으로는 올바른 예배에 대한 문제로
관심을 기울인다.
또한 이는 남유다 사람으로 보이는
예수와 교류할 수 없는
자신들과의 근본적인 종교적 견해 차이에 대한
아쉬움을 표현하는 것일 수도 있다.
여인은 예수께 더 가까이 가고 싶은 것이다.

"예수께서 말씀하셨다.
"여자여, 내 말을 믿어라.
너희가 아버지께,
이 산에서 예배를 드려야 한다거나,
예루살렘에서 예배를 드려야 한다거나,
하지 않을 때가 올 것이다.
너희는 너희가 알지 못하는 것을 예배하고,
우리는 우리가 아는 분을 예배한다.
구원은 유대 사람들에게서 나기 때문이다.""(요4:21~22)

북이스라엘 사람들은
솔로몬 이후 성전 문제로 남유다와 갈라졌고
남북의 종교적 일치를 꾀했던 요시야 개혁 이후에도
성전 제사를 거부했다.
그들은 모세가 복과 저주를 선포한

지금 여기 그리심산에서 예배하며
하나님을 섬겼다.
모세는 성전을 지으라고 한 적도 없는데
무엇이 잘못됐단 말인가?

이에 예수께서는
두 진영의 예배 형태를 다 부정하시면서
새로운 길을 제시하고자 하신다.

"참되게 예배를 드리는 사람들이
영과 진리로 아버지께 예배를 드릴 때가 온다.
지금이 바로 그 때이다.
아버지께서는 이렇게 예배를 드리는 사람들을 찾으신다.
하나님은 영이시다.
그러므로 하나님께 예배를 드리는 사람은
영과 진리로 예배를 드려야 한다."(요4:23~24)

영은 우리의 내면의 상태를 말하는 것으로
주로 해석되었으나
최근에는 성령을 가리키는 것으로
보다 강하게 해석되고 있다.
다음 구절도 이를 지지한다.

"하나님의 영으로 예배하며,
그리스도 예수 안에서 자랑하며,
육신을 의지하지 않는 우리들이야말로,
참으로 할례 받은 사람입니다."(빌3:3)

진리는 앞에서 보았던 바,
아버지의 말씀이자

예수의 선포이고
그에 대한 성령의 증거이다.
진리의 말씀을 주신 예수는
더 이상 우리 가운데 안 계신다.
이제 진리는 성령으로부터 온다.

"그분 곧 진리의 영이 오시면,
그가 너희를 모든 진리 가운데로
인도하실 것이다."(요16:13)

결국 영과 진리로 드리는 예배란
성령의 함께하심 가운데 드리는 예배이다.

이 때 성령이 인도하는 진리는
이론적이고 사변적인 것이 아니다.
히브리적 진리 개념은
사변적이라기보다는
성실함, 신실함, 진실함에 가깝다.
따라서 성령이 인도하는 진리는
예수의 말씀에 대한 단순한 기억이 아닌,
말씀의 진실성, 그분의 신실함으로 인도하는 것으로
곧, 내 삶을 예수 그리스도의 신실하심과
그분의 말씀의 진실함으로 인도하는 것이다.
이는 길이고 생명이고 진리이신
예수에 대한 체험임과 동시에
성령의 인도를 통해
그분의 말씀에 대한 순종으로 나타나는
삶의 열매이다.

그러므로 영과 진리의 예배란

이미 요한복음 2장이 전하는 바
예수께서 성전에 난입해
상인들을 채찍으로 진압하신 것 같이
특정 장소에서 제물을 바침으로
이루어지는 것이 아니다.
우리에게 부어지는 성령을 통하여
우리의 삶 속에 하나님의 신실하심이 경험되고
그로 말미암아 그 신실하심에
나의 믿음이 순종으로 표출되는
삶의 현장,
그것이 곧 예배다.
그러므로 중요한 것은 삶 자체지
예배 의식이 아니다.

"형제자매 여러분,
그러므로 나는 하나님의 자비하심을 힘입어
여러분에게 권합니다.
여러분의 몸을 하나님께서 기뻐하실
거룩한 산 제물로 드리십시오.
이것이 여러분이 드릴 합당한 예배입니다."(롬12:1)

우리가 공동체 모임에서 행하는 예배 행위는
전체 삶의 예배 중 일부분에 지나지 않는다.
요한이 이 이야기 속에서 제시하는 것은 하나의 혁명이다.
하나님이 계신 곳,
하나님이 자신의 성실한 은혜를 나타내시는 곳은
나의 삶의 현장이며,
그 삶이 곧 예배다.
우리는 이러한 삶을 살고 있는가?
그러므로 문제는 다시 한 번

성령에 집중된다.
내가 성령 안에 있지 않고는 이 삶에,
이 예배에 뛰어 들어갈 수 없기 때문이다.

우리는 삶의 예배에 얼마나 집중하고 있는가?
주일과 예배당 중심의 예배를 더 귀중한 것으로
여기고 있는 것은 아닌가?
매일의 삶, 순간순간의 생활이
영과 진리로 예배하는 것이라 여기는 게
너무 부담스럽게 느껴지는가?
그러나 그럴수록 더욱
성령의 생수를 갈망해야 하지 않을까?

10. 예수와 함께 한 이틀

요한복음 4:27~42

27 이 때에 제자들이 돌아와서, 예수께서 그 여자와 말씀을 나누시는 것을 보고 놀랐다. 그러나 예수께 "웬일이십니까?" 하거나, "어찌하여 이 여자와 말씀을 나누고 계십니까?" 하고 묻는 사람이 한 사람도 없었다.

28 그 여자는 물동이를 버려 두고 동네로 들어가서, 사람들에게 말하였다.

29 "내가 한 일을 모두 알아맞히신 분이 계십니다. 와서 보십시오. 그분이 그리스도가 아닐까요?"

30 사람들이 동네에서 나와서, 예수께로 갔다.

31 그러는 동안에, 제자들이 예수께, "랍비님, 잡수십시오" 하고 권하였다.

32 그러나 예수께서는 그들에게 말씀하시기를 "나에게는 너희가 알지 못하는 먹을 양식이 있다" 하셨다.

33 제자들은 "누가 잡수실 것을 가져다 드렸을까?" 하고 서로 말하였다.

34 예수께서 그들에게 말씀하셨다. "나의 양식은, 나를 보내신 분의 뜻을 행하고, 그분의 일을 이루는 것이다.

35 너희는 넉 달이 지나야 추수 때가 된다고 하지 않느냐? 그러나 나는 너희에게 말한다. 눈을 들어서 밭을 보아라. 이미 곡식이 익어서, 거둘 때가 되었다.

36 추수하는 사람은 품삯을 받으며, 영생에 이르는 열매를 거두어들인다. 그리하면 씨를 뿌리는 사람과 추수하는 사람이 함께 기뻐할 것이다.

37 그러므로 '한 사람은 심고, 한 사람은 거둔다'는 말이 옳다.

38 나는 너희를 보내서, 너희가 수고하지 않은 것을 거두게 하였다. 수고는 남들이 하였는데, 너희는 그들의 수고의 결실에 참여하게 된 것이다."

39 그 동네에서 많은 사마리아 사람이 예수를 믿게 되었다. 그것은 그 여자가, 자기가 한 일을 예수께서 다 알아맞히셨다고 증언하였기 때문이다.

40 사마리아 사람들이 예수께 와서, 자기들과 함께 머무시기를 청하므로, 예수께서는 이틀 동안 거기에 머무르셨다.

41 그래서 더 많은 사람들이 예수의 말씀을 듣고서, 믿게 되었다.

42 그들은 그 여자에게 말하였다. "우리가 믿는 것은, 이제 당신의 말 때문만은 아니오. 우리가 그 말씀을 직접 들어보고, 이분이 참으로 세상의 구주이심을 알았기 때문이오."

요한복음 1장에서는 서론과
빛과 진리로서의 아폴론적 예수,
2장에서는 포도주 사건과
영감과 자유를 주는 디오니소스적 예수,
3장에서는 니고데모와의 대화를 통해
영생과 성령의 관계,
4장에서는 사마리아 여인과의 대화를 통해
예배와 성령의 관계가 말해졌다.

이어지는 오늘 본문에서
사마리아 여인을 통해 믿음이라는,
믿게 됨이라는 현상이 설명된다.

"이 때에 제자들이 돌아와서,
예수께서 그 여자와 말씀을 나누시는 것을 보고 놀랐다.
그러나 예수께 "웬일이십니까?" 하거나,
"어찌하여 이 여자와 말씀을 나누고 계십니까?"
하고 묻는 사람이 한 사람도 없었다."(요4:27)

제자들이 왔다.
사실 여인과 이야기할 동안
제자들은 먹을 것을 구하러
다른 곳에 가 있었다.

사마리아 여인과 이야기하는
예수의 태도는 비정상적인 행위였다.
그러나 이에 대해 아무도 예수께 묻지 않았는데
이는 제자들의 예수님에 대한
믿음의 태도 중 하나이다.

하나님의 관심은 때로는
우리가 전혀 관심을 두지 않는 영역으로
향할 수가 있다.
세계 곳곳에서 일어나는 여러 시위들과
각종 단체들의 집회와 운동들,
우리가 전혀 관심을 가지지 않는
여러 사건과 일들에 흥분하고 열심을 내는 사람들,
그 모든 것이 하나님의 관심 가운데
진행되고 있는 일들일 수 있다.
우리는 함부로 비판하는 것을 자제해야 한다.
하나님이 어떤 곳에서 어떤 방법으로
새로운 영역에 선을 일으키시는지
우리는 알지 못한다.

"그 여자는 물동이를 버려두고
동네로 들어가서, 사람들에게 말하였다.
"내가 한 일을 모두 알아맞히신 분이 계십니다.
와서 보십시오. 그분이 그리스도가 아닐까요?"
사람들이 동네에서 나와서,
예수께로 갔다."(요4:28~30)

"영과 진리로 예배해야 한다"는
여인과의 심오한 대화는
여인에게 제대로 납득이 가지는 않았을 것이다.
그러나 여인은 자신의 삶을 들여다본 예수에게서
예언자적인 면모를 보았고,
다음 말씀에 대해 몸으로 실행에 옮긴다.

"참되게 예배를 드리는 사람들이
영과 진리로 아버지께 예배를 드릴 때가 온다.

지금이 바로 그 때이다.
아버지께서는 이렇게 예배를 드리는
사람들을 찾으신다."(요4:23)

여인은 사람을 찾으신다는 이 말씀에 대해
순종을 요구받지 않았을지라도
스스로 사람들을 찾아 나서는 부지런함을 보여준다.
여인의 훌륭함과 단순한 순종의 모습이
놀랍게 나타난다.

"그러는 동안에, 제자들이 예수께,
"랍비님, 잡수십시오" 하고 권하였다.
그러나 예수께서는 그들에게 말씀하시기를
"나에게는 너희가 알지 못하는 먹을 양식이 있다" 하셨다.
제자들은 "누가 잡수실 것을 가져다 드렸을까?"
하고 서로 말하였다.
예수께서 그들에게 말씀하셨다.
"나의 양식은, 나를 보내신 분의 뜻을 행하고,
그분의 일을 이루는 것이다.""(요4:31~34)

먹을 것을 구하러 간 제자들이었기에
그들은 예수께 식사를 권한다.
그러나 예수께서는
자신의 음식은 하나님의 뜻을 행하고
그분의 일을 이루는 것이라 천명하신다.

그 분의 뜻이 무엇인가?

"나를 보내신 분의 뜻은,
내게 주신 사람을 내가 한 사람도 잃어버리지 않고,

마지막 날에 모두 살리는 일이다.
또한 아들을 보고 그를 믿는 사람은
누구든지 영생을 얻게 하시는 것이
내 아버지의 뜻이다.
나는 마지막 날에 그들을 살릴 것이다."(요6:39~40)

여기서 그분의 뜻이
마지막 날의 부활을 중심으로 설명이 됐을지라도
그 일의 시작은 한 사람, 한 사람을 모으는 것,
즉, '내게 주신 사람'을 찾는 것에서 시작된다고 볼 수 있다.
이 일을 양식, 곧 먹을 것으로 설명했다는 점에서
이 일은 예수님 자신이 성취해야 할
하나님의 말씀에 속한다고 볼 수 있다.

"사람이 먹는 것으로만 사는 것이 아니라
주님의 입에서 나오는 모든 말씀으로 산다."(신8:3)

우리의 생명은 먹는 것에 있지 않다.
우리에게 생명을 일으키는 하나님의 말씀이
우리를 살아가게 만들도록 해야 한다.
그때에야 우리가 먹는 것이 의미가 있게 되고
그것이 예배가 된다.

"너희는 넉 달이 지나야
추수 때가 된다고 하지 않느냐?
그러나 나는 너희에게 말한다.
눈을 들어서 밭을 보아라.
이미 곡식이 익어서, 거둘 때가 되었다.
추수하는 사람은 품삯을 받으며,
영생에 이르는 열매를 거두어들인다.

그리하면 씨를 뿌리는 사람과
추수하는 사람이 함께 기뻐할 것이다.
그러므로 '한 사람은 심고,
한 사람은 거둔다'는 말이 옳다.
나는 너희를 보내서,
너희가 수고하지 않은 것을 거두게 하였다.
수고는 남들이 하였는데,
너희는 그들의 수고의 결실에
참여하게 된 것이다."(요4:35~38)

"눈을 들어서 밭을 보아라."
예수의 이 말씀은 실제 장면과 관련 있어 보인다.
사마리아 여인의 열심은
사람들을 불러 모으고 있었다.
제자들이 예수의 이 말씀을 듣고
정말 눈을 들어 보았을 때
예수께 다가오고 있는
일군의 사람들을 보았을 것이다.
예수께서 불러 모은 제자들은
별 수고도 없이 이미 열매를 거두어들이고 있다.
곡식은 이미 익어 거둘 때가 된 것이다.

요한복음에는 선교에 대한
강한 요구가 나타나지 않는다.
대신 예수의 음성을 듣고 따르는
'양'들에 대한 이야기가 있다.
예수의 제자들은 그 양들을 먹이고 돌보는 일들에
주로 사명이 주어진다.
여기에는 강한 선택사상이 반영되어 있다.

"그 때에 유대 사람들은 예수를 둘러싸고 말하였다.
"당신은 언제까지 우리의 마음을 졸이게 하시렵니까?
당신이 그리스도이면 그렇다고
분명하게 말하여 주십시오."
예수께서 그들에게 대답하셨다.
"내가 너희에게 이미 말하였는데도,
너희가 믿지 않는다.
내가 내 아버지의 이름으로 하는
그 일들이 곧 나를 증언해 준다.
그런데 너희가 믿지 않는 것은,
너희가 내 양이 아니기 때문이다.
내 양들은 내 목소리를 알아듣는다.
나는 내 양들을 알고, 내 양들은 나를 따른다.""(요10:24~27)

우리는 추수에 대한 예수의 말씀에서
예수의 이름으로 모인 공동체들에 대한
소중한 인식을 느낄 수 있다.
우리와 함께 하고 있는 이들은
우리의 수고가 아닌,
예수와 하나님의 수고로 모인 이들이다.
이들이 모인 각각의 삶의 배후에는
하나님이 계신다.
우리 각각은 열매이면서 추수꾼이다.
심고 기르신 분은 하나님이시다.
우리가 예수께 처음 나아왔을 때는
열매로서 받아들여지지만
공동체에서 예수의 제자로 키워지고 나서는
열매들을 모으는 추수꾼이 된다.
이 모든 배후에 하나님이 있음을
예수께서 말씀하고 계신다.

예수에게 다가옴은
비밀이자 신비이다.

"그 동네에서 많은 사마리아 사람이
예수를 믿게 되었다.
그것은 그 여자가, 자기가 한 일을
예수께서 다 알아맞히셨다고 증언하였기 때문이다.
사마리아 사람들이 예수께 와서,
자기들과 함께 머무시기를 청하므로,
예수께서는 이틀 동안 거기에 머무르셨다.
그래서 더 많은 사람들이
예수의 말씀을 듣고서, 믿게 되었다.
그들은 그 여자에게 말하였다.
"우리가 믿는 것은, 이제 당신의 말 때문만은 아니오.
우리가 그 말씀을 직접 들어보고,
이분이 참으로 세상의 구주이심을
알았기 때문이오.""(요4:39~42)

많은 사람이 여인의 증거를 바탕으로
예수를 믿게 되었고,
이에 예수께서 이틀 동안 마을에 계시게 되자
사람들은 예수의 말을 통해
그를 직접 세상의 구주로 고백하게 된다.

우리는 단지 사람들을 예수께로 인도할 뿐이지
예수를 내 삶의, 세상의 구원자로 인식하게 되는 것은
사람의 힘이 아닌,
예수 자신의 말씀으로만 가능한 것이다.
우리는 믿음에 있어 사람의 말에
너무 의존하지 말아야 한다.

이 설교에도 너무 의존할 필요가 없다.
이것은 예수의 말씀에 대한 해석에 불과하다.
우리 각자는 예수를 내 안으로부터 모셔 받아들이고
그분으로부터 주어지는 작은 음성에
반응하는 것이 필요하다.

예수께서는 사마리아의 이 동네에 이틀을 머무셨다.
짧은 시간이고 불충분한 시간이지만
한 밤을 그들과 함께 보내신 것이다.
예수에 대한 믿음은
장기간의 시간이 필요한 것이 아니다.
뭔가 아쉬운 하룻밤이지만
그 시간을 통해서도 우리의 믿음은
비약적으로 발전할 수 있다.

문제는 우리가 예수를 하루라도
내 안에 머물도록 원하지 않는데 있다.
우리는 은혜의 시간이 지나면
부담 없이 세상과 즐길 여유를 찾아
그를 재빨리 보내버리고 싶어 한다.
많은 이들이 영적으로 성장하기를 원하지만
그리스도를 이틀 정도 내 삶 속에
강하게 붙드는 시간을 내기 원치 않는다.
하루 정도 휴가를 내고 월차를 내어
기도와 말씀 속에 들어갈 수 있다면
우리는 주님의 말씀을 스스로 듣는 가운데
그분을 새롭게 고백할 수 있게 될 것이다.

사마리아의 이틀, 주님과의 하룻밤을
당신의 삶 속에 만들어 보지 않겠는가?

11. 인자 예수

요한복음 5:19~30

19 예수께서 그들에게 말씀하셨다. "내가 진정으로 진정으로 너희에게 말한다. 아들은 아버지께서 하시는 것을 보는 대로 따라 할 뿐이요, 아무것도 마음대로 할 수 없다. 아버지께서 하시는 일은 무엇이든지, 아들도 그대로 한다.

20 아버지께서는 아들을 사랑하셔서, 하시는 일을 모두 아들에게 보여 주시기 때문이다. 또한 이보다 더 큰 일들을 아들에게 보여 주셔서, 너희를 놀라게 하실 것이다.

21 아버지께서 죽은 사람들을 일으켜 살리시니, 아들도 자기가 원하는 사람들을 살린다.

22 아버지께서는 아무도 심판하지 않으시고, 심판하는 일을 모두 아들에게 맡기셨다.

23 그것은, 모든 사람이 아버지를 공경하듯이, 아들도 공경하게 하려는 것이다. 아들을 공경하지 않는 사람은, 아들을 보내신 아버지도 공경하지 않는다.

24 내가 진정으로 진정으로 너희에게 말한다. 내 말을 듣고 또 나를 보내신 분을 믿는 사람은, 영원한 생명을 가지고 있고 심판을 받지 않는다. 그는 죽음에서 생명으로 옮겨갔다.

25 내가 진정으로 진정으로 너희에게 말한다. 죽은 사람들이 하나님의 아들의 음성을 들을 때가 오는데, 지금이 바로 그 때이다. 그리고 그 음성을 듣는 사람들은 살 것이다.

26 그것은, 아버지께서 자기 속에 생명을 가지고 계신 것 같이 아들에게도 생명을 주셔서, 그 속에 생명을 가지게 하여 주셨기 때문이다.

27 또, 아버지께서는 아들에게 심판하는 권한을 주셨다. 그것은 아들이 인자이기 때문이다.

28 이 말에 놀라지 말아라. 무덤 속에 있는 사람들이 다 그의 음성을 들을 때가 온다.

29 선한 일을 한 사람들은 부활하여 생명을 얻고, 악한 일을 한 사람들은 부활하여 심판을 받는다."

30 "나는 아무것도 내 마음대로 할 수 없다. 나는 아버지께서 하라고 하시는 대로 심판한다. 내 심판은 올바르다. 그것은 내가 내 뜻대로 하려 하지 않고, 나를 보내신 분의 뜻대로 하려 하기 때문이다."

니고데모와 사마리아 여인과의 대화를 통해
예수의 실체가 점차 밝혀지게 되었다.

니고데모와의 대화를 통해서
사람이 영생을 얻기 위해
성령으로 위로부터 태어나야 한다는 것이 알려졌다.
정말 놀라운 말씀이다.
예수의 계시가 아니라면
어떻게 이 사실을 우리가 알 수 있을까?

그렇다면 그 방법은 무엇일까?

"하늘에서 내려온 이 곧 인자 밖에는
하늘로 올라간 이가 없다.
모세가 광야에서 뱀을 든 것 같이,
인자도 들려야 한다.
그것은 그를 믿는 사람마다
영생을 얻게 하려는 것이다."(요3:13~15)

여기서 자신이 인자임이 간접적으로 나타났다.
인자가 들려야 한다고 말씀하신 것을
잠시 기억해 놓고 다음으로 넘어가도록 하자.

4장에서는 예수께서 사마리아 여인과 대화를 하신다.
거기서 예수께서는 신성한 산과 성전을 떠나
성령과 진리로 예배할 때가 왔음을 천명하신다.
이 문제에 대해 여인은 다음과 같이 말한다.

"여자가 예수께 말했다.
"나는 그리스도라고 하는 메시아가 오실 것을 압니다.

그가 오시면, 우리에게 모든 것을 알려 주실 것입니다."
예수께서 말씀하셨다.
"너에게 말하고 있는 내가 그다.""(요4:25~26)

여인은 메시아를 기다렸고
예수께서는 여인이 기다리는 메시아가
자신이라고 말씀하시지만
본인의 입으로 직접 '메시아'라는 단어를
사용하고 계시지는 않다.
사실 4복음서 어느 곳에서도 예수는
자신이 '메시아'임을 직접 말씀하지 않으신다.

니고데모와 사마리아 여인과의 대화를 통해
영생과 예배에 대한 해답이 주어졌다.
이 둘은 모두 성령에 의한 것이며
성령에 의할 때
현재의 삶이 영생이며,
팔레스타인을 떠난 어느 곳에서도
영생의 삶 가운데 예배할 수 있음이 천명되었다.
그리고 예수에 대해서
그가 인자인 것과 메시아인 것이
간접적으로 드러났다.

이제 5장에 이르러
종말에 대한 대망이 나타난다.
지금까지 현실에서의 삶이 강조되었다.
성령을 통한 바로 지금 영생의 참여와
성령 안에서의 진리의 예배,
경배의 삶이 다루어졌다.
그러나 영생의 궁극적 결과는

부활을 전제한다.
우리가 죽는다는 것은
너무나 확실하기 때문이다.

이 문제는 중풍병자를 치료하면서 제기된다.
안식일에 이루어진 이 치유 행위에 대해
사람들이 반발하자
일련의 예수의 말씀이 나타난다.

"내 아버지께서 이제까지 일하고 계시니,
나도 일한다."(요5:17)

이 후 아버지의 일에 대한
큰 전망이 나타난다.

"아버지께서는 아들을 사랑하셔서,
하시는 일을 모두 아들에게 보여 주시기 때문이다.
또한 이보다 더 큰 일들을
아들에게 보여 주셔서,
너희를 놀라게 하실 것이다."(요5:20)

아버지의 일은
죽은 사람들을 살리는 것이다.

"아버지께서 죽은 사람들을 일으켜 살리시니,
아들도 자기가 원하는 사람들을 살린다."(요5:21)

곧 영원한 생명의 문제다.

"내가 진정으로 진정으로 너희에게 말한다.

내 말을 듣고 또 나를 보내신 분을 믿는 사람은,
영원한 생명을 가지고 있고
심판을 받지 않는다.
그는 죽음에서 생명으로 옮겨갔다.
내가 진정으로 진정으로 너희에게 말한다.
죽은 사람들이 하나님의 아들의
음성을 들을 때가 오는데,
지금이 바로 그 때이다.
그리고 그 음성을 듣는 사람들은 살 것이다.
그것은, 아버지께서 자기 속에
생명을 가지고 계신 것 같이
아들에게도 생명을 주셔서,
그 속에 생명을 가지게 하여 주셨기 때문이다."(요5:24~26)

요한복음에는 미래와 현재가 겹쳐있다.
영원한 생명은 성령이 주어짐으로써
현재부터 소유하게 된다.
지금 아들의 음성을 듣는 사람들은
듣기 전에는 이미 죽은 자들이었으나
지금은 영생을 소유하고 있다.

여기까지는 이미 니고데모와 나눈 이야기 속에
어느 정도 반영이 되어 있었다.
그러나 계속 생각되는 질문이 있다.
성령을 통해 영생이 지금 주어졌다면,
성령을 소유하고도 죽은 자들은 어떻게 되는 것인가?
그들에게 이 약속이 유효하려면
결국 부활이 있어야만 한다.

이 약속은 다니엘서에서 명백하게 나타났다.

"땅 속 티끌 가운데서 잠자는 사람 가운데서도,
많은 사람이 깨어날 것이다.
그들 가운데서,
어떤 사람은 영원한 생명을 얻을 것이며,
또 어떤 사람은 수치와 함께
영원히 모욕을 받을 것이다."(단12:12)

요한복음에서 예수께서는
다니엘서와 비슷하게 이렇게 말씀하신다.

"이 말에 놀라지 말아라.
무덤 속에 있는 사람들이
다 그의 음성을 들을 때가 온다.
선한 일을 한 사람들은 부활하여 생명을 얻고,
악한 일을 한 사람들은 부활하여 심판을 받는다."(요5:28~29)

그런데 예수께서는
이 심판을 아버지가 아닌
자신의 일로 여기신다.
아버지께서 심판을 아들에게 맡기셨다는 것이다.

"아버지께서는 아무도 심판하지 않으시고,
심판하는 일을 모두 아들에게 맡기셨다."(요5:22)

왜 그러한가?

"또, 아버지께서는 아들에게
심판하는 권한을 주셨다.
그것은 아들이 인자이기 때문이다."(요5:27)

'인자'가 무엇이기에 심판하는 권한을 가지고 있는가?
인자(人子)는 '사람의 아들'이라는 뜻으로
원래 '인자 같은 이'로 표현되는
다니엘의 환상 중의 형상이다.

"내가 밤에 이러한 환상을 보고 있을 때에
'인자 같은 이'가 오는데,
하늘 구름을 타고 와서,
옛적부터 계신 분에게로 나아가, 그 앞에 섰다.
옛부터 계신 분이 그에게
권세와 영광과 나라를 주셔서,
민족과 언어가 다른 뭇 백성이
그를 경배하게 하셨다.
그 권세는 영원한 권세여서,
옮겨 가지 않을 것이며,
그 나라가 멸망하지 않을 것이다."(단7:13~14)

인자, 그에게 권세와 영광과 나라를 주기로 했던
다니엘의 이 이야기는,
그러나 뒤이은 구절에서 권세와 나라를 찾는 것이
인자가 아니라 결국 이스라엘 백성으로 다시 나타나는
묘한 상황이 이어진다.

"옛적부터 계신 분이 오셔서,
가장 높으신 분의 성도들의 권리를 찾아 주셔서,
마침내 성도들이 나라를 되찾았다."(단7:22)

따라서 구약학자들은 '인자'가
결국 이스라엘 백성을 대표하는 하나의 상징,
또는 이스라엘을 대표하는 수호 천사장

미가엘의 모습이었던 것으로 해석한다.

"그 때에 너의 백성을 지키는
위대한 천사장 미가엘이 나타날 것이다."(단12:1)

그러나 예수님 당시 이미 이 '인자'는
하나의 독립적 존재로 형태화되게 되었고
종말을 완수하는 심판자로 생각되고 있었다.
이는 후대에 나타나는 '에녹서'에
종말의 심판자로서의 '인자'가
자세히 묘사된 것으로 알 수 있으며
복음서가 기록될 당시, 이미 그 사상이 형성 중이었다.

따라서 예수께서는
자신이 심판자인 것이 인자이기 때문이라고
설명할 수 있었던 것이다.

"또, 아버지께서는 아들에게
심판하는 권한을 주셨다.
그것은 아들이 인자이기 때문이다."(요5:27)

이로써 예수께서는
니고데모와 사마리아 여인과의 대화에서
간접적으로 인자, 메시아로 나타나다가
여기에서 직접적으로
자신을 인자라고 소개하신다.

그런데 심판자로서의 예수에 대한 묘사는
사실상 요한복음에서 복잡하게 나타난다.

때로는 심판 보다 그의 구원을 더 강조할 때가 있다.

"하나님께서 세상을 이처럼 사랑하셔서 외아들을 주셨으니,
이는 그를 믿는 사람마다 멸망하지 않고
영생을 얻게 하려는 것이다.
하나님께서 아들을 세상에 보내신 것은,
세상을 심판하시려는 것이 아니라,
아들을 통하여 세상을 구원하시려는 것이다.
아들을 믿는 사람은 심판을 받지 않는다.
그러나 믿지 않는 사람은 이미 심판을 받았다.
그것은 하나님의 독생자의 이름을
믿지 않았기 때문이다."(요3:16~18)

심판하지 않겠지만
심판해도 잘못된 것은 아니라는 취지의 말씀도 있다.

"너희는 사람이 정한 기준을 따라 심판한다.
나는 아무도 심판하지 않는다.
그러나 내가 심판하면 내 심판은 참되다.
그것은, 내가 혼자 있는 것이 아니라,
나를 보내신 아버지께서 나와 함께 하시기 때문이다."(요8:15~16)

아버지께서 심판하라고 하시면 심판하겠다는
아버지의 뜻에 모든 것을 맡기는 표현도 있다.

"나는 아무것도 내 마음대로 할 수 없다.
나는 아버지께서 하라고 하시는 대로 심판한다.
내 심판은 올바르다.
그것은 내가 내 뜻대로 하려 하지 않고,
나를 보내신 분의 뜻대로 하려 하기 때문이다."(요7:30)

또한 바리새인들 앞에서는
심판을 강조하기도 하신다.

"예수께서 또 말씀하셨다.
"나는 이 세상을 심판하러 왔다.
못 보는 사람은 보게 하고,
보는 사람은 못 보게 하려는 것이다."
예수와 함께 있던 바리새파 사람들이
이 말씀을 듣고 나서 말하였다.
"우리도 눈이 먼 사람이란 말이오?"
예수께서 그들에게 말씀하셨다.
"너희가 눈이 먼 사람들이라면, 도리어 죄가 없을 것이다.
그러나, 너희가 지금 본다고 말하니,
너희의 죄가 그대로 남아 있다.""(요9:39~41)

이렇게 복잡하고 다양하게
때로는 상충되게 나타나는 심판에 대한 말씀은
전반적인 취지에서 볼 때에
심판을 최후의 날에 할 것이며
지금은 구원의 때라는 것을 말하고 있다.
단, 자신을 믿지 않는 자들은
이미 심판을 받은 것이나 다름없다는 점에서
심판의 현재성이 부각된다.

따라서 예수께서 생각하시는 인자의 역할은
심판보다는 구원을 위한 희생과 죽음으로 먼저 나타나게 된다.
여기에서 그는 당시에 가지고 있던
모든 인자에 대한 기대를 무너뜨리신다.
사람들이 기대하던 인자는
아버지께 세상의 모든 권세를 넘겨받고 심판하는

영광의 왕으로 여겨졌기 때문이다.
그러나 요한의 예수가 말하는 인자의 영광은
완전히 다르다.

"예수께서 그들에게 대답하셨다.
"인자가 영광을 받을 때가 왔다.
내가 진정으로 진정으로 너희에게 말한다.
밀알 하나가 땅에 떨어져서 죽지 않으면 한 알 그대로 있고,
죽으면 열매를 많이 맺는다.
자기의 목숨을 사랑하는 사람은 잃을 것이요,
이 세상에서 자기의 목숨을 미워하는 사람은,
영생에 이르도록 그 목숨을 보존할 것이다.""(요12:23~25)

예수께서 다른 사람에게 죽으라고 권유하는 것이 아니다.
먼저 자신이 죽을 생각을 가지고 계신 것이다.

""내가 땅에서 들려서 올라갈 때에,
나는 모든 사람을 내게로 이끌어 올 것이다."
이것은 예수께서 자기가 당하실 죽음이
어떠한 것인지를 암시하려고 하신 말씀이다.
그 때에 무리가 예수께 말하였다.
"우리는 율법에서 그리스도는
영원히 살아 계시다는 것을 배웠습니다.
그런데 어떻게 당신은 인자가 들려야 한다고 말씀하십니까?
인자가 누구입니까?""(요12:32~34)

예수께서는 이 마지막 질문에
확실한 답변을 하지 않으신 채
군중을 피해 숨으신다.
요한은 이 질문에 독자가 답해주기를 기다린다.

사실상 오늘 읽은 본문에
이 질문에 대한 답이 그대로 노출되어 있다.
그 답은 예수에게로 집중된다.

예수는 하나님의 비밀이요, 신비다.
그는 당대의 모든 인자에 대한 기대를 저버리고
십자가로 죽음을 향해 나가셨다.
부활을 일으켜야 할 인자가,
죽음에 정복당한 자가 되었다.
심판해야 할 인자가 심판을 받았다.
그러나 그의 부활이 이 모든 것을 이겨내고 승리하게 된다.

이미 해답이 주어졌음에도
질문이 다시 재기된 것은
기존의 개념을 제거하고 다시 정의하기 위함이다.

이제 당신이 스스로 답해 보라.
"인자가 누구입니까?"

이 질문은 영원한 질문이다.
이 질문은 우리의 삶 속에서 계속 울려 퍼져야 한다.
십자가의 죽음과 부활로 이 질문의 완벽한 해답이
예수 그리스도 자신임을 보여주셨을지라도
이 질문은 우리의 신앙과 삶 속에서
계속적인 답변과 고백을 원하며
믿음과 찬양으로 승화되기를 바라고 있다.

12. 생명의 체험

요한복음 5:31~42

31 "내가 내 자신을 위하여 증언한다면, 내 증언은 참되지 못하다.

32 나를 위하여 증언하여 주시는 분은 따로 있다. 나를 위하여 증언하시는 그 증언이 참되다는 것을 나는 안다.

33 너희가 요한에게 사람을 보냈을 때에 그는 이 진리를 증언하였다.

34 내가 이 말을 하는 것은, 내가 사람의 증언이 필요해서가 아니다. 그것은 다만 너희로 하여금 구원을 얻게 하려는 것이다.

35 요한은 타오르면서 빛을 내는 등불이었다. 너희는 잠시 동안 그의 빛 속에서 즐거워하려 하였다.

36 그러나 나에게는 요한의 증언보다 더 큰 증언이 있다. 아버지께서 나에게 완성하라고 주신 일들, 곧 내가 지금 하고 있는 바로 그 일들이, 아버지께서 나를 보내셨다는 것을 증언하여 준다.

37 또 나를 보내신 아버지께서 친히 나를 위하여 증언하여 주셨다. 너희는 그 음성을 들은 일도 없고, 그 모습을 본 일도 없다.

38 또 그 말씀이 너희 속에 머물러 있지도 않다. 그것은 너희가, 그분이 보내신 이를 믿지 않기 때문이다.

39 너희가 성경을 연구하는 것은, 영원한 생명이 그 안에 있다고 생각하기 때문이다. 성경은 나에 대하여 증언하고 있다.

40 그런데 너희는 생명을 얻으러 나에게 오려고 하지 않는다.

41 나는 사람에게서 영광을 받지 않는다.

42 너희에게 하나님을 사랑하는 마음이 없는 것도, 나는 알고 있다.

예수는 지금까지
1장에서 하나님이자 하나님의 말씀인 로고스,
인간에게 생명을 주는 빛,
그리고 세례 요한을 통해
성령으로 세례를 주시는 분으로 증거 되었다.

2장에서는 축제의 포도주를 만드는

디오니소스적인 존재이면서도
성전 난동을 통해 한 말,
"이 성전을 헐라 내가 사흘 안에 일으키리라"는 말을 통해
부활을 예고하는 존재로 나타났다.

3장에서는 니고데모와의 대화를 통해
영생을 위해 성령으로, 위로부터 태어나게 하는 존재이나
이를 위해서는 인자로서 모세의 뱀처럼 들려야 하는,
즉, 십자가의 고난과 부활을 거쳐야 할 자로 예고되었다.
그리고 보다 명확히,
하나님이 독생자를 보낸 것은 저를 믿는 자마다
영생을 얻게 하려 하심이라는 것이 나타났다.
믿음은 곧 신뢰와 순종이며,
영생은 그가 주시는 성령을 통해서 주어진다.

4장에서는 사마리아 여인과의 대화를 통해
예수가 영생하도록 솟아나는 성령을 주시는 분임이 다시 선포되며
이 성령이 구체적으로 우리의 삶에서 어떤 역할을 하는지에 대해
예배에 적용이 되어 나타났다.
하나님을 향한 경배의 삶인 예배는
하나님을 만났던 전통적인 특정 장소를 기념하며
현실에도 역사해 주시기를 바라는 제사가 아닌,
성령과 그가 증거 하는 진리로 이루어질 것이라는
극히 영적인 차원으로 새롭게 나아가게 된다.

5장에서는 영생이 궁극적으로 지향하는 바
부활과 부활시의 심판의 문제를 다루며
이것이 '인자 예수'를 통해 이루어질 것임이 나타난다.
그러나 자신이 인자임을 주장하는 예수는
심판자가 될 것이지만

먼저 자신이 한 알의 밀알처럼
썩어질 것을 준비하는
고난과 죽음을 기다리는 인자였다.

여기까지 보았을 때
예수는 당신에게 어떠한 존재인가?
인류의 역사가 자기 자신에게 집중됨을 느끼며,
창조주의 영을 불어넣어 주고
부활과 심판의 갈림길이자 척도가 되는 존재가
바로 자신이라고 생각하고 있는 한 사람, 예수.
당신은 이 사람을 따를 준비가 되어 있는가?

만약 그렇다면 당신에게 무슨 증거가 주어졌기에
이 사람의 말을 믿고 따르려 하는가?
오늘 본문에서 예수는 이렇게 말씀하신다.

"내가 내 자신을 위하여 증언한다면,
내 증언은 참되지 못하다."(요5:31)

그렇다면 다른 증거도 있는가?

"나를 위하여 증거하시는 이가 따로 있으니
나를 위하여 증거하시는 그 증거가 참인줄 아노라"(요5:32)

따로 있다는 이 증거는 혹시 다른 사람의 증거인가?
세례 요한의 증거 같은?

"그러나 나는 사람에게서 증거를 취하지 아니하노라"(요5:34)

그렇다면 무슨 증거가 있다는 것인가?

"내게는 요한의 증거보다 더 큰 증거가 있으니
아버지께서 내게 주사 이루게 하시는 역사
곧 나의 하는 그 역사가
아버지께서 나를 보내신 것을 나를 위하여 증거하는 것이요
또한 나를 보내신 아버지께서
친히 나를 위하여 증거하셨느니라"(요5:36~37)

예수를 증거 하는 것은 두 가지로 제시된다.
예수의 하는 일 자체와
아버지.

요한복음은 예수의 일을 무엇이라 말하는가?

"하나님께서 세상을 이처럼 사랑하셔서 외아들을 주셨으니,
이는 그를 믿는 사람마다 멸망하지 않고
영생을 얻게 하려는 것이다."(요3:16)

"그것은, 내가 내 뜻을 행하려고 하늘에서 내려온 것이 아니라,
나를 보내신 분의 뜻을 행하려고 왔기 때문이다.
나를 보내신 분의 뜻은,
내게 주신 사람을 내가 한 사람도 잃어버리지 않고,
마지막 날에 모두 살리는 일이다.
또한 아들을 보고 그를 믿는 사람은
누구든지 영생을 얻게 하시는 것이 내 아버지의 뜻이다.
나는 마지막 날에 그들을 살릴 것이다."(요6:38~40)

예수의 일은 영원한 생명을 주는 것이다.
사망에서 생명으로 옮기는 것이다.
그런데 이 옮김은 반드시 체험을 일으킨다.
생명의 체험이다.

말로 형언할 수 없는 이 체험은 기독교의 가장 큰 신비이다.
당대의 유대인들도 영생을 가장 소중한 것으로 여겼다.

"너희가 성경을 연구하는 것은,
영원한 생명이 그 안에 있다고 생각하기 때문이다.
성경은 나에 대하여 증언하고 있다.
그런데 너희는 생명을 얻으러
나에게 오려고 하지 않는다."(요5:39~40)

유대인들이 영생을 얻기 위해 성경,
즉, 모세 오경의 율법서를 탐독했다면
아마도 다음 구절을 가장 좋아했을 것이다.
신명기의 다음 구절은 아마도
구약 전체를 대변하는 말씀일 것이다.

"보십시오. 내가 오늘 생명과 번영, 죽음과 파멸을
당신들 앞에 내놓았습니다.
내가 오늘 당신들에게 명하는 대로,
당신들이 주 당신들의 하나님을 사랑하고,
그의 길을 따라가며, 그의 명령과 규례와 법도를 지키면,
당신들이 잘 되고 번성할 것입니다.
또 당신들이 들어가서 차지할 땅에서,
주 당신들의 하나님이 당신들에게 복을 주실 것입니다."(신30:15~16)

그런데
요한복음은 영생을 목표로 하고 있지만
생명의 풍성함에 대하여도 잘 알고 있다.

"내가 온 것은 양으로 생명을 얻게 하고
더 풍성히 얻게 하려는 것이라"(요10:10)

이미 얻은 생명이 아닌,
더 풍성한 생명을 얻는 다는 것이 무엇일까?
이 풍성함은 단지 생명의 연장이 아닌
생명의 체험을 의미하는 것이다.

생명은 무한한 능력이다.
생명은 나에게 한없이 부어질 수 있다.
그러나 생명은 이기적이지 않다.
한 존재를 가득 채울 정도로 부어진 생명은
만약 그것이 더 부어진다 해도
그 존재만을 계속 키우는데 사용되지 않고
반드시 열매로 주변으로 확산되게 만든다.
식물은 풍성한 과일을 만들어
그 생명력을 주변으로 확신시키고
인간은 충만한 생명력으로
사회에 강력한 영향력을 행사하여
다른 많은 이들에게 놀라운 생명력을 공급한다.
바로 예수께서 그와 같은 놀라운 생명을
인류에게 2천년 이상 공급해주고 계신다.

예수를 믿는 우리에게 있어
생명은 하나님의 구원과 영생이라는
종말론적 믿음의 교리로 굳어져서는 안 된다.
사마리아 여인과의 대화에서 예수께서는
목마르지 않는 물을 언급하셨다.
그것은 끊임없이 솟아 나오는 생명,
곧 성령을 의미했다.
그 풍성함이 우리에게 생명의 체험을 일으키고
그 생명이 다른 곳으로 흘러가게 만든다.

어떤 면에서 기독교인은 약하다.
그것은 약하기 때문에 기독교인이 된다는
상투적인 기독교에 대한 비판을 인정하는 것이 아니다.
우리는 예수의 사람이 되기 전에는
예수 없이,
예수의 생명 없이,
성령의 생수 없이
독자적으로 살아왔다.
그때는 예수 없이 홀로였지만
사실 예수를 믿고 있는 지금의 우리 보다 강했다.
왜인가?

우리는 이제 예수에, 성령에 의해
힘을 얻고 있기 때문이다.
여기에서 떨어진다면 우리는 살 수 없다.
이 생명의 체험을 한 이상
이 생명에서 떨어져 나간다면
우리는 아무것도 아니게 된다.
더 심하게 약해진다. 더 굳어진다.

요한복음 15장에 나타나는 포도나무의 비유를 보라.
가지에서 떨어져 나간 가지는 말라버린다.
그 가지는 포도나무에 접붙임 되기 전에는
자신의 삶을 스스로 영위할 수 있었다.
그러나 포도나무에 붙어
새로운 생명을 얻게 된 그 가지는
이제 그곳을 떠나면 아무 것에서도
그와 같은 생명을 얻을 수 없다.
말라 굳어질 뿐이다.

우리는 끝없는 생명의 체험을 누려야 한다.
이는 성령을 통해 주어진다.
결코 지금에 만족해서는 안 된다.
풍성한 생명의 체험을 누리며
이 생명의 풍성함을 나누어야 한다.
우리가 가진 작은 생명이라도
그것을 필요로 하는 이들이 있다.
우리는 그들을 위해서라도
생명의 풍성함을 영위해야 한다.

예수의 생명은
우리에게서 완결된 것이 아니다.
우리는 이 생명을
더 풍성히 누릴 뿐만 아니라
열매로서 풍성히 나누어야 한다.

13. 참된 양식, 참된 음료

요한복음 6:48~66

48 나는 생명의 빵이다.

49 너희의 조상은 광야에서 만나를 먹었어도 죽었다.

50 그러나 하늘에서 내려오는 빵은 이러하니, 누구든지 그것을 먹으면 죽지 않는다.

51 나는 하늘에서 내려온 살아 있는 빵이다. 이 빵을 먹는 사람은 누구나 영원히 살 것이다. 내가 줄 빵은 나의 살이다. 그것은 세상에 생명을 준다."

52 그러자 유대 사람들은 서로 논란을 하면서 말하였다. "이 사람이 어떻게 우리에게 [자기] 살을 먹으라고 줄 수 있을까?"

53 예수께서 그들에게 말씀하셨다. "내가 진정으로 진정으로 너희에게 말한다. 너희가 인자의 살을 먹지 아니하고, 또 인자의 피를 마시지 아니하면, 너희 속에는 생명이 없다.

54 내 살을 먹고, 내 피를 마시는 사람은 영원한 생명을 가지고 있고, 마지막 날에 내가 그를 살릴 것이다.

55 내 살은 참 양식이요, 내 피는 참 음료이다.

56 내 살을 먹고, 내 피를 마시는 사람은 내 안에 있고, 나도 그 사람 안에 있다.

57 살아 계신 아버지께서 나를 보내셨고, 내가 아버지 때문에 사는 것과 같이, 나를 먹는 사람도 나 때문에 살 것이다.

58 이것은 하늘에서 내려온 빵이다. 이것은 너희의 조상이 먹고서도 죽은 그런 것과는 같지 아니하다. 이 빵을 먹는 사람은 영원히 살 것이다."

59 이것은 예수께서 가버나움 회당에서 가르치실 때에 하신 말씀이다.

60 예수의 제자들 가운데서 여럿이 이 말씀을 듣고 말하기를 "이 말씀이 이렇게 어려우니 누가 알아들을 수 있겠는가?" 하였다.

61 예수께서, 제자들이 자기의 말을 두고 수군거리는 것을 아시고, 그들에게 말씀하셨다. "이 말이 너희의 마음에 걸리느냐?

62 인자가 전에 있던 곳으로 올라가는 것을 보면, 어떻게 하겠느냐?

63 생명을 주는 것은 영이다. 육은 아무 데도 소용이 없다. 내가 너희에게 한 이 말은 영이요 생명이다.

64 그러나 너희 가운데는 믿지 않는 사람들이 있다." 처음부터 예수께서는, 믿지 않는 사람이 누구이며, 자기를 넘겨줄 사람이 누구인지를, 알고 계셨던 것

이다.

65 예수께서 또 말씀하셨다. "그러므로 내가 너희에게 이르기를, 아버지께서 허락하여 주신 사람이 아니고는 아무도 나에게로 올 수 없다고 말한 것이다."
66 이 때문에 제자 가운데서 많은 사람이 떠나갔고, 더 이상 그와 함께 다니지 않았다.

요한복음 6장 전반부에서
예수께서는 물고기 두 마리와 보리빵 다섯 개로
5천명을 먹이시는 이적을 보여주신다.
4복음서에 모두 나오는 유일한 이적인 오병이어 사건.
이 이적 후에 보인 사람들의 반응을 두 가지로 요약할 수 있다.

첫째, 사람들은 이 사건을 통해서
모세의 만나 사건을 기억해 내었고,
따라서 이 사건을 일으킨 예수님을
모세가 말한 그 예언자로 보았다.

"사람들은 예수께서 행하신 표징을 보고
"이분은 참으로 세상에 오시기로 된 그 예언자이다"
하고 말하였다."(요6:14)

이와 같은 반응은 신명기의 다음과 같은
예언적 말씀에 대한 기대 때문에 일어난 것이다.

"주 당신들의 하나님은 당신들의 동족 가운데서
나와 같은 예언자 한 사람을 일으켜 세워 주실 것이니,
당신들은 그의 말을 들어야 합니다."(신18:15)

둘째, 사람들은 예수님을 왕으로서의 메시아로 보기 시작했다.

"예수께서는, 사람들이 와서 억지로 자기를 모셔다가
왕으로 삼으려고 한다는 것을 아시고,
혼자서 다시 산으로 물러가셨다."(요6:15)

단지 빵을 만들어내는 마술사에 불과하다면
그 사람을 메시아로 생각하지 않았을 것이다.
예수께서 행하신 하나님과의 관계 속에 나타난
이적의 현장 속에서 사람들은 그분을
종말의 예언자, 모세와 같은 지도자로 보았기에
메시아로서 인정할 수 있었다.

그러나 사람들의 이러한 태도에 대해
예수께서는 어떤 반응을 보이셨는가?

"예수께서 그들에게 대답하셨다.
"내가 진정으로 진정으로 너희에게 말한다.
너희가 나를 찾는 것은 표징을 보았기 때문이 아니라,
빵을 먹고 배가 불렀기 때문이다.""(요6:26)

그분은 그들의 시각을 부정적으로 보신다.
이에 예수의 말씀은 메시아-왕 이라는 정치적 논의에서
생명에 대한 논의로 가고자 한다.

"너희는 썩어 없어질 양식을 얻으려고 일하지 말고,
영생에 이르도록 남아 있을 양식을 얻으려고 일하여라.
이 양식은, 인자가 너희에게 줄 것이다.
아버지 하나님께서 인자를 인정하셨기 때문이다."(요6:27)

그런데 영생을 주는 이 양식이
이제는 예수님 자신으로 표현된다.

"예수께서 그들에게 말씀하셨다.
"내가 생명의 빵이다.
내게로 오는 사람은 결코 주리지 않을 것이요,
나를 믿는 사람은 다시는 목마르지 않을 것이다.""(요6:35)

"나는 생명의 빵이다.
너희의 조상은 광야에서 만나를 먹었어도 죽었다.
그러나 하늘에서 내려오는 빵은 이러하니,
누구든지 그것을 먹으면 죽지 않는다."(요6:48~50)

그리고 더 나아가, 이제 빵은 '살'로, '피'로 표현된다.

"나는 하늘에서 내려온 살아 있는 빵이다.
이 빵을 먹는 사람은 누구나 영원히 살 것이다.
내가 줄 빵은 나의 살이다. 그것은 세상에 생명을 준다."(요6:51)

"예수께서 그들에게 말씀하셨다.
"내가 진정으로 진정으로 너희에게 말한다.
너희가 인자의 살을 먹지 아니하고,
또 인자의 피를 마시지 아니하면,
너희 속에는 생명이 없다.
내 살을 먹고, 내 피를 마시는 사람은
영원한 생명을 가지고 있고,
마지막 날에 내가 그를 살릴 것이다.
내 살은 참 양식이요, 내 피는 참 음료이다.
내 살을 먹고, 내 피를 마시는 사람은
내 안에 있고, 나도 그 사람 안에 있다.""(요6:53~56)

논의가 여기에까지 이르자
'빵-예수'를 하나님의 말씀을 선포하는 사람에 대한

은유로 받아들일 수 있던 사람들에게까지
이제는 부정적인 이미지를 주게 된다.

"예수의 제자들 가운데서 여럿이 이 말씀을 듣고 말하기를
"이 말씀이 이렇게 어려우니
누가 알아들을 수 있겠는가?" 하였다."(요6:60)

"이 때문에 제자 가운데서 많은 사람이 떠나갔고,
더 이상 그와 함께 다니지 않았다."(요6:65~66)

60절의 '어려우니'라는 단어는
이해할 수 없다는 뜻이 아닌,
'거리끼다'라는 헬라어가 사용되었다.
즉, 예수의 이 말씀을 받아들일 수 없다는 거부의 뜻이다.
그래서 많은 자들이 예수를 떠나갔다.

사실상 '살'과 '피'가 언급된 이 말씀은
예수님과 제자들의 '최후의 만찬'으로 알려진 유월절 식사와
이를 기념하는 초대교회의 성만찬의 의미가 반영되어 있다.
그리고 예수님을 떠나간 제자들의 모습에도
당시 초대교회의 성만찬을 인간의 '살'과 '피'를 먹는
야만인들의 잔치로 오해했던 로마인의 태도가 반영되어 있다.

오병이어의 사건을 통해
'살'과 '피'를 나누는
성만찬의 의미에 다가가는 요한의 서술은
우리에게 무엇을 말하고자 하는 것인가?

사실 요한은 예수께서 돌아가시기 전 행했던
제자들과의 유월절 식사 장면을 우리에게 전하고 있지 않다.

요한은 마태, 마가, 누가복음이 증거하듯,
예수께서 돌아가신 날이 금요일인 것은 맞지만
그 날이 유월절이라는 것은 부정하고 있다.
그는 유월절을 하루 늦춘다.

공관복음에 의하면 목요일은 유월절 예비일로서,
그 날에는 낮 12시부터 양을 잡는 의식을 거행하고
저녁에 모여 유월절 식사를 하다.
따라서 예수님과 제자들은 목요일 저녁에 유월절 식사를 한다.
그리고 예수께서는 금요일 9시에 십자가에 달리시고
3시에 돌아가신다.

그러나 요한에 의하면 금요일,
곧 예수께서 십자가에 달리신 그날이
유월절 예비일로 나타나는데,
따라서 요한의 주장에 의하면
예수는 유월절 예비일 12시에
십자가에 달려 죽임을 당하는 '유월절 어린 양'이다.

이렇게 유월절 예비일에 돌아가셨기 때문에
요한에 의하면 예수께서는 제자들과
그 날 저녁에 있는 유월절 식사를 하지 못하신다.
따라서 성만찬의 유래가 되는 유월절 식사 이야기는
요한복음에서 사라지고,
대신 교회 공동체의 성만찬에서 나누어지는
빵과 포도주, 즉 살과 피가 어떤 의미인지
오병이어라는 식사 사건을 통해 말해지게 된다.

요한에 있어 오병이어 사건은
단순히 군중들의 배를 채우기 위한 사건이 아니라

예수 자신이 하늘의 양식이라는 것을
나타내기 위한 표적이다.
오병이어 사건에 비록 포도주가 등장하지는 않지만,
요한은 이 사건을 살과 피의 해석과 맞물리게 함으로써
교회에서 이미 실행되고 있는 성만찬의 의미를
'영생'에 대한 것으로 풀어내려 한다.

그런데 요한의 예수께서 감행하고 있는
'살'과 '피'에 대한 해석은
공관복음의 유월절 식사에서
빵과 포도주를 살과 피로 언급하시며 제자들과 나누시던
그 때와 어떤 차이가 있을까?

먼저 다음 말씀을 통해 요한은
예수의 살과 피를 먹는다는 것은
'빵'과 '포도주'를 먹는 성찬의 행위와
아무 상관이 없다는 것을 말해주고 있다.

"생명을 주는 것은 영이다. 육은 아무 데도 소용이 없다.
내가 너희에게 한 이 말은 영이요 생명이다."(요6:63)

이 말씀은 니고데모와의 대화 중
'물과 성령'에 대한 언급에서
'물'이 물 세례를 뜻하는 것으로 생각할 만한 시점에서
곧이어 나왔던 다음 말씀과 비슷하다.

"육에서 난 것은 육이요, 영에서 난 것은 영이다."(요3:6)

따라서, 성령으로 태어남을
'물' 세례가 가능케 할 수 없음을 말했듯이

이 말씀은 우리를 육적인 빵과 포도주로부터 멀어지게 한다.
이 말씀을 통해 우리는 인자의 살을 먹고 피를 마신다는 것이
성만찬의 물질적, 혹은 형식적 행위와
아무 상관이 없다는 것에 도달할 수밖에 없다.
생명은 예수의 말씀이자 영, 곧 성령에 의한 것이지
육을 통해서 이루어지는 것이 아니기 때문이다.

이는 성만찬의 빵과 포도주 자체에 구원의 의미를 부여하려는
공동체들의 신앙을 비판하는 것이다.
사람들은 물질적인 것에서 영적인 효력을 얻으려는
종교성, 혹은 우상화의 유혹에 쉽게 빠지곤 한다.
교회들은 이러한 유혹을 이기기 위해 많은 노력을 기울여왔다.
요한 또한 생명을 얻는 수단으로 성만찬을 다루려는 시도에 대해
한계를 설정하고 있다.

"너희가 인자의 살을 먹지 아니하고, 또 인자의 피를 마시지 아니하면,
너희 속에는 생명이 없다.(요6:53)

"생명을 주는 것은 영이다. 육은 아무 데도 소용이 없다.
내가 너희에게 한 이 말은 영이요 생명이다."(요6:63)

이 두 말씀은 인자의 살과 피를 빵과 포도주가 아닌
예수의 말씀과 성령으로 인도한다.
예수의 말씀이 성령과 함께 한다는 것은 이후에도 나타난다.

"그러나 보혜사, 곧 아버지께서 내 이름으로 보내실 성령께서,
너희에게 모든 것을 가르쳐 주실 것이며,
또 내가 너희에게 말한 모든 것을 생각나게 하실 것이다."(요14:26)

예수의 말씀과 성령은 동일한 역할을 한다.

예수의 말씀은 영, 그리고 생명을 준다.
성령 또한 예수의 말씀을 생각나게 하고
영원한 생명을 부여한다.
성령이 영원한 생명을 주는 것은
이미 니고데모와 사마리아 여인과의 대화에서 등장한 주제이다.

성령은 바람과 같다. 그것은 붙잡을 수 없다.
그러나 예수의 말씀은 기억으로, 깨달음으로,
믿음으로, 삶으로, 행동으로 우리와 함께한다.
그러므로 우리가 예수의 살과 피를 먹는다는 것은
곧 그의 말씀을 받아들이는 것,
믿음을 통해 그분을 따르는 것,
이를 통해 성령과 함께하는 것을 의미한다.

"내 살을 먹고, 내 피를 마시는 사람은
내 안에 있고, 나도 그 사람 안에 있다."(요6:56)

성만찬 자체는 이를 이루어지게 할 수 없다.
따라서 요한은 교회가 성만찬을 하게 된다면
그 행위를 통해 예수와의 하나 됨을 상기하도록
이 말씀을 기록하고 있다.
성만찬의 살과 피를 마시는 행위의 내면적 의미,
즉, 성령과의 하나 됨에 집중하도록 만드는 것이다.

참된 양식, 참된 음료가 무엇인가?
그것은 성찬의 행위 자체가 아니다.
그것은 예수의 말씀을 받아들이고 실행하며
성령을 내 안에 모시는 것이다.
그것이 영생의 삶이며, 그리스도인의 비밀이고
우리가 이루어야 할 내면적인 사역의 모든 것이다.

14. 예수의 비판적 자세

요한복음 7:14~24

14 명절이 중간에 접어들었을 즈음에, 예수께서 성전에 올라가서 가르치셨다.

15 유대 사람들이 놀라서 말하였다. "이 사람은 배우지도 않았는데, 어떻게 저런 학식을 갖추었을까?"

16 예수께서 그들에게 대답하셨다. "나의 가르침은 내 것이 아니라, 나를 보내신 분의 것이다.

17 하나님의 뜻을 따르려는 사람은 누구든지, 이 가르침이 하나님에게서 난 것인지, 내가 내 마음대로 말하는 것인지를 알 것이다.

18 자기 마음대로 말하는 사람은 자기의 영광을 구하지만, 자기를 보내신 분의 영광을 구하는 사람은 진실하며, 그 사람 속에는 불의가 없다.

19 모세가 너희에게 율법을 주지 않았느냐? 그런데 너희 가운데 그 율법을 지키는 사람은 한 사람도 없다. 어찌하여 너희가 나를 죽이려고 하느냐?"

20 무리가 대답하였다. "당신은 귀신이 들렸소. 누가 당신을 죽이려고 한다는 말이오?"

21 예수께서 그들에게 말씀하셨다. "내가 한 가지 일을 하였는데, 너희는 모두 놀라고 있다.

22 모세가 너희에게 할례법을 주었다. - 사실, 할례는 모세에게서 비롯한 것이 아니라, 조상들에게서 비롯한 것이다. - 이 때문에 너희는 안식일에도 사람에게 할례를 준다.

23 모세의 율법을 어기지 않으려고, 사람이 안식일에도 할례를 받는데, 내가 안식일에 한 사람의 몸 전체를 성하게 해주었다고 해서, 너희가 어찌하여 나에게 분개하느냐?

24 겉모양으로 심판하지 말고, 공정한 심판을 내려라."

7장은 초막절을 배경으로 이야기가 진행되고 있다.

초막절은 7월 추수가 끝난 뒤, 일주일간 진행되는 절기로

사실상 유대교에서 가장 큰 절기로 여겨지고 있었다.

유월절이 과거를 회상하는 절기라면,

초막절은 매해의 추수에 대한

기쁨과 감사를 표현하는 것이기에
현실적인 기쁨이 넘쳤으며,
매우 큰 축제로 진행되었다.

이 때 예수의 친동생들이 나타나서 말한다.

"예수의 형제들이 예수께 말하였다.
"형님은 여기에서 떠나 유대로 가셔서,
거기에 있는 형님의 제자들도 형님이 하는 일을 보게 하십시오.
알려지기를 바라면서 숨어서 일하는 사람은 없습니다.
형님이 이런 일을 하는 바에는,
자기를 세상에 드러내십시오.""(요7:3~4)

공관복음에서 예수의 형제들은 예수의 지지자들이 아니었다.
여기에서의 말도 지지 발언으로 들리지는 않는다.
예수의 행동에 대한 자신들의 답답함을 쏟아내는
의구심의 발언으로 들릴 뿐이다.
따라서 예수께서는 이러한 인간적인 요구에 불응하신다.

""너희는 명절을 지키러 올라가거라.
나는 아직 내 때가 차지 않았으므로,
이번 명절에는 올라가지 않겠다."
이렇게 그들에게 말씀하시고,
예수께서는 갈릴리에 그냥 머물러 계셨다.
그러나 예수의 형제들이 명절을 지키러 올라간 뒤에,
예수께서도 아무도 모르게 올라가셨다."(요7:8~10)

예수께서 자신의 형제들을 보기 좋게 속이신 모습에
독자들은 약간 당황할 수밖에 없다.
그런데, 13절에 보면 유대 땅에서는 이미

예수를 죽일 음모가 진행되고 있었다는 것을 알 수 있는데,
어찌 보면 예수께서 자신의 형제들을
이러한 위험으로부터 보호하기 위해 그러셨을 수도 있다.

"유대 사람들이 무서워서,
예수에 대하여 드러내 놓고 말하는 사람은 아무도 없었다."(요7:13)

그러나 요한복음의 전체 이야기를 통해 볼 때,
예수께서는 인간의 요구에 대해 일단은 거절하시고
하나님의 요구에 부합하는 것을 확인하신 후,
이를 행하시는 것을 보게 된다.
물로 포도주로 만들 때에도 마리아의 요구를 거절했다가
이를 행하신 것에서 이런 태도가 나타난다.

이는 그리스도인들이 따라야 할
모범적인 태도일 수도 있다.
세상은 예수, 그리고 그리스도인과 대치된다.

"예수께서 그들에게 말씀하셨다.
"너희는 아래에서 왔고, 나는 위에서 왔다.
너희는 이 세상에 속하여 있지만,
나는 이 세상에 속하여 있지 않다.""(요8:23)

"너희가 세상에 속하여 있다면,
세상이 너희를 자기 것으로 여겨 사랑할 것이다.
그러나 너희는 세상에 속하지 않았고
오히려 내가 너희를 세상에서 가려 뽑아냈으므로,
세상이 너희를 미워하는 것이다."(요15:19)

따라서 그리스도인의 세상에 대한 근본 태도는,

세상의 요구에 대해 일단
비판적인 자세를 취하는 것일 수 있다.
예수께서는 사람들이 지키라 명하는 모든 율법조차도
세상의 요구와 뒤섞여 있는 혼탁한 것으로 보셨고
따라서 그것을 비판적으로 재해석하시거나
더 깊은 본질적인 의미를 캐내어 그것을 요구하셨다.
그것은 탐욕을 일으키는 세상적인 요구에 대한 철저한 배격과
외식적이고 형식적인 모든 것에 대한 거부였다.

우리는 세상의 요구에 대해 어떤 자세를 보이는가?
왜 그 요구를 따르지 못해 전전긍긍하는가?
예수님의 비판적인 자세를 우리도 지녀야 한다.
그것을 하나님의 빛에 비쳐보기 위해서라도
일단 비판적으로 보아야 한다.

"내가 세상에 있는 동안, 나는 세상의 빛이다."(요9:5)

"예수께서 또 말씀하셨다.
"나는 이 세상을 심판하러 왔다.
못 보는 사람은 보게 하고,
보는 사람은 못 보게 하려는 것이다.""(요9:39)

세상을 보는 자, 진리를 못 볼 것이다.
세상을 못 보는 자, 진리를 보게 될 것이다.

이렇게 형제들의 요구를 거부한 후
예루살렘에 올라간 예수께서는
사람들을 가르치시다가 안식일 논쟁에 빠져드신다.
여기에서 예수께서는 자신의 모든 발언을
아버지께 돌리시며

그분의 영광을 구하신다.

"예수께서 그들에게 대답하셨다.
"나의 가르침은 내 것이 아니라,
나를 보내신 분의 것이다.""(요7:16)

"자기 마음대로 말하는 사람은 자기의 영광을 구하지만,
자기를 보내신 분의 영광을 구하는 사람은 진실하며,
그 사람 속에는 불의가 없다."(요7:18)

세상에 대한 그의 비판적 태도의 근원은
'자신을 보내신 분'의 말씀에 바탕하고 있다.
그리고 그의 근본 자세는
'자기를 보내신 분의 영광'을 구하는 것이다.
이렇듯 요한복음은 예수의 마음 안으로까지 들어가려 애쓰고 있다.
그를 움직이고 있는 열정이 무엇인가를 탐구하고 있는 것이다.

우리는 예수와 같이
이 땅에 나를 보내신 분의 말씀에 바탕하여 살고 있는가?
우리는 예수와 같이
이 땅에 나를 보내신 분의 영광을 위하여 살고 있는가?

이제 예수께서는 지금 자신을 비판하고 있는 자들의
안식일 법에 대한 해석을 새롭게 해주신다.

"모세가 너희에게 할례법을 주었다.
사실, 할례는 모세에게서 비롯한 것이 아니라,
조상들에게서 비롯한 것이다.
이 때문에 너희는 안식일에도 사람에게 할례를 준다.
모세의 율법을 어기지 않으려고,

사람이 안식일에도 할례를 받는데,
내가 안식일에 한 사람의 몸 전체를 성하게 해주었다고 해서,
너희가 어찌하여 나에게 분개하느냐?
겉모양으로 심판하지 말고,
공정한 심판을 내려라."(요7:22~24)

할례 명령은 창세기 17장에서 아브라함에게 주어졌는데
태어난 지 8일째에 받도록 규정되어졌다.
그런데 모세의 안식일과 할례를 행할 날이 겹친다면
과연 무엇을 지켜야 할 것인가?
사람들은 모세의 법보다 아브라함의 할례에 더 권위를 주어
할례를 행해 왔었다.
할례가 더 오래된 규정이기도 하거니와
이스라엘 민족과 하나님과의 언약에 속하게 되는
중요한 의식이었기 때문이다.

그렇다면 예수의 치유 행위는?
한 사람의 몸 전체를 성하게 해주는 것이
안식일보다 혹은 할례보다 못한 이유는 무엇인가?

공관복음의 예수 말씀도 이와 같다.

"예수께서 그들에게 말씀하셨다.
"너희 가운데 어떤 사람에게 양 한 마리가 있다고 하자.
그것이 안식일에 구덩이에 빠지면,
그것을 잡아 끌어올리지 않을 사람이 어디에 있겠느냐?
사람이 양보다 얼마나 더 귀하냐?
그러므로 안식일에 좋은 일을 하는 것은 괜찮다.""(마12:11~12)

그런데 마가복음의 언사는

사실상 요한의 말씀보다도 더 앞으로 나아간다.

"그리고 예수께서는 그들에게 말씀하셨다.
"안식일이 사람을 위하여 생긴 것이지,
사람이 안식일을 위하여 생긴 것이 아니다.""(막2:27)

안식일에 좋은 일을 하는 것은
바리새인들의 눈에는 안좋게 보였을지라도
일반인들에게는 호감을 얻었을 것이다.
그러나 마가복음의 말씀,
안식일이 사람을 위하여 생겼다는 것은
사실상 구약 본문의 취지를 넘어서는 말씀이다.
구약의 어디에서도 안식일의 쉼이
사람을 '위해서' 생긴 것으로 말하지 않기 때문이다.

지금 우리 주변에 있는,
주일을 예전의 안식일을 지킨다는 유사한 믿음으로
열심히 교회에 나가고 있는 모든 사람들은
사실상 바리새인들과 예수님 모두에게 질타의 대상이 된다.
교회에서 진행되는 엄청난 프로그램들에 의해
제대로 쉬지도 못할뿐더러
생명을 건지는 다급한 일을 하고 있는 것도 아니기 때문이다.

안식일은 구약에 있어서는
예배하는 날이 아니다.
그냥 쉬는 날이다.
신의 평안과 쉼에 인간이 참여하는 것,
그것은 가장 오래된 고대의 신화들에도 나타나는
이상적인 삶의 모습이었다.
아무것도 하지 않는 자연 상태의 쉼.

사실상 쉼의 회복이 현대인에게 있어
가장 필요한 영성 회복의 목표가 될 필요가 있다.
안식일의 의미는 쉼 그 자체이자
모든 욕망을 내려놓게 하는 훈련이기도 하다.

가만히 쉬는 게 안식일의 취지다.
만약 교회가 이 취지를 살리기 위해서는
평일에 기도회와 모임을 갖고
주일은 모든 것을 최소화 한 상태의 예배와 모임으로
최대한의 쉼을 누리도록 하는 것이 맞을 것이다.
그러나 지금은 모든 것이 뒤섞여 있고
안식일의 취지는 사라진지 오래다.
오직 주'일'을 지켜야 한다는 의식만이 팽배하다.
쉼은 사라지고,
오락과 유흥, 여행을 즐겨야 한다는 강박에 싸여있거나,
예배와 공부, 봉사, 각종 프로그램으로
교회를 돌려야 부흥한다는 압박이 모두를 지배하고 있다.
주일 교회 중심의 신앙생활이 과연 옳은 것일까?
기독교인들에게 안식일은 필요 없는 것일까?

유대 지도자들을
예수라는 인물이 이 쉼을 깨뜨리고
사람들의 욕망을 부채질하여
하나님의 휴식 계명을 어기는 것이 두려웠을 것이다.
안식일은 모세의 시내산 계약에 있어 가장 중요한
계약의 표징이기 때문에
안식일을 깨뜨린다는 것은
하나님과 이스라엘 민족의 계약을 깨뜨리는
가장 위험한 행위 중의 하나였다.

"너는 이스라엘 자손에게 일러라.
너희는 안식일을 지켜라.
이것이 너희 대대로 나와 너희 사이에 세워진 표징이 되어,
너희를 거룩하게 구별한 이가 나 주임을 알게 할 것이다."(출31:13)

그런데 예수께서는 이렇게 민감한 계명에 있어서도
비판적인 태도를 견지하심으로써,
중요한 계명일수록 사람들이 그것에 부과하는
어둡고 두려운 회피의 욕망을 찾아내어 파괴하신다.

사람들이 하나님의 계명에 대해 가지고 있는
원초적 두려움을 포착해주는 창세기의 선악과 이야기에서
하와는 선악과를 먹지 말라는 하나님의 명령에
그것을 '만지지도 말라'는(창3:3)
자신만의 계명을 추가하고 이를 신격화했다.

이와 같이 사람들은 율법의 규정 앞에서
이를 지키지 못할 자신에 대한 두려움 때문에
새로운 규정들을 덧입혀 왔던 것이다.
이로 인해 축복의 계명마저
인간에게는 두려움의 대상이 되었다.

안식일의 '쉼 계명'이 하나님을 위한 쉼이던가?
인간의 쉼이 하나님을 위해 무엇을 할 수 있기에.
그렇다면 안식일의 휴식 계명은 분명
사람을 위한 것이리라.

"안식일이 사람을 위하여 생긴 것이지,
사람이 안식일을 위하여 생긴 것이 아니다."(막2:27)

사람을 위한 계명이라면
더 사람을 위한 것,
그들의 생명을 살리고 치유를 완성하는 일이
안식일에 행해지는 게
어찌 잘못된 것이라 할 수 있겠는가?

"내가 안식일에 한 사람의 몸 전체를 성하게 해주었다고 해서,
너희가 어찌하여 나에게 분개하느냐?
겉모양으로 심판하지 말고,
공정한 심판을 내려라."(요7:23~24)

예수께서는 이렇게 안식일 계명뿐만 아니라
율법을 바라보는 모든 인간적 잣대에 대해서도
비판적 태도를 견지하셨던 것이다.

이렇게 예수의 빛이
세상의 요구를 비판한다면
우리는 어떻게 해야 할 것인가?

15. 진리와 자유

요한복음 8:1~11
1 예수께서는 올리브 산으로 가셨다.
2 이른 아침에 예수께서 다시 성전에 가시니, 많은 백성이 그에게로 모여들었다. 예수께서 앉아서 그들을 가르치실 때에
3 율법학자들과 바리새파 사람들이 간음을 하다가 잡힌 여자를 끌고 와서, 가운데 세워 놓고,
4 예수께 말하였다. "선생님, 이 여자가 간음을 하다가, 현장에서 잡혔습니다.
5 모세는 율법에, 이런 여자들을 돌로 쳐죽이라고 우리에게 명령하였습니다. 그런데 선생님은 뭐라고 하시겠습니까?"
6 그들이 이렇게 말한 것은, 예수를 시험하여 고발할 구실을 찾으려는 속셈이었다. 그러나 예수께서는 몸을 굽혀서, 손가락으로 땅에 무엇인가를 쓰셨다.
7 그들이 다그쳐 물으니, 예수께서 몸을 일으켜, 그들에게 말씀하셨다. "너희 가운데서 죄가 없는 사람이 먼저 이 여자에게 돌을 던져라."
8 그리고는 다시 몸을 굽혀서, 땅에 무엇인가를 쓰셨다.
9 이 말씀을 들은 사람들은, 나이가 많은 이로부터 시작하여, 하나하나 떠나가고, 마침내 예수만 남았다. 그 여자는 그대로 서 있었다.
10 예수께서 몸을 일으키시고, 여자에게 말씀하셨다. "여자여, 사람들은 어디에 있느냐? 너를 정죄한 사람이 한 사람도 없느냐?"
11 여자가 대답하였다. "주님, 한 사람도 없습니다." 예수께서 말씀하셨다. "나도 너를 정죄하지 않는다. 가서, 이제부터 다시는 죄를 짓지 말아라."

원래 이 본문은 요한복음에 속한 것이 아니었다.
그렇게 여겨지고 있는 이유는
요한복음의 가장 오래된 사본들 속에
이 이야기가 빠져 있기 때문이다.
즉, 원래 요한복음 원본에는 없었으나
어떤 이유로 인해 이 이야기가 나중에 추가되어
보다 새로운 사본들 속에 반영되어 전해졌다.

그렇다면 왜 이 이야기가 추가 편집 될 정도의
중요성을 가지고 있는 것일까?
이 이야기의 어떤 면이 요한복음에 필요하다 판단되었을까?

먼저 이 이야기를 살펴보자.
예수께서 성전에서 군중들을 가르치실 때에
율법학자들과 바리새인들이 어떤 여인을 데리고 왔다.
그 여인은 간음한 여인으로서
율법에 의하면 죽음을 피할 수 없는 중죄인이었다.

"어떤 남자가 남의 아내와 정을 통하다가 들켰을 때에는,
정을 통한 남자와 여자를 다 죽여서,
이스라엘에서 이런 악의 뿌리를 뽑아야 합니다."(신22:22)

그런데 죽여야 할 남자는 어디 있는가?
왜 여자만 있는가?
남녀차별에 대한 문제도 문제거니와
상황을 보아하니 이는 예수를 시험하기 위한
함정임이 분명했다.

그들은 도전했다.

"모세는 율법에, 이런 여자들을
돌로 쳐죽이라고 우리에게 명령하였습니다.
그런데 선생님은 뭐라고 하시겠습니까?"(요8:5)

말 잘하기로 소문났을 뿐만 아니라
율법을 요리조리 피해가며
자유분방하게 살아가는 예수에게
이들은 치명적인 한방을 먹이고 싶었다.

예수님은 어떻게 처신해야 하는가?
만일 연민을 느껴 죽이지 말라하면 율법을 범하게 되고
그렇다고 죽이라고 하면
다른 이들과 하등 다를 바 없는 스승이 된다.
또한 형사상 사형 집행의 권한은 법적으로 로마에 귀속되어 있는 바
사형을 두둔하면 정치범이 될 수도 있으며
한편으로는 민족의 야훼 신앙 수호를 위해 로마에 대항하는
민족의 영웅이 될 수도 있다.
무엇을 택해야 하는가?

복음서 저자는 그들의 의도를 간파해서 설명해준다.

"그들이 이렇게 말한 것은, 예수를 시험하여
고발할 구실을 찾으려는 속셈이었다."(요8:6)

그들은 예수의 신앙적 열심이 이 여인을 정죄하여
사람들이 돌을 던지게 만들기를 원하고 있다.
그러면 고발 가능한 사건이 꾸며지는 것이다.

그런데, 그 때 예수께서 이상한 행동을 하시기 시작한다.

"그러나 예수께서는 몸을 굽혀서,
손가락으로 땅에 무엇인가를 쓰셨다."(요8:6)

도대체 무엇을 하시는 것일까?
복음서 저자는 왜 무엇을 쓰는지 알려주지 못하는 것일까?
여러 고대 사본들 중에는 이 부분을
'그들 각자의 죄목'을 쓰신 것으로 전하는 것도 있다.
아마도 필사자들이 이 부분을 이해 가능하게 하기 위해
첨가한 문구일 것이다.

나는 이렇게 생각한다.
예수께서는 딴청을 피우고 계신 것이라고.
그는 낙서를 즐기고 있는 중이다.

한 여인의 목숨이 왔다 갔다 하는 판에
예수님의 태도를 이렇게 무성의하게 해석해도 되는 것인가?
무성의한 해석이 아니라,
그는 자신의 태도가 무성의하게 보이기를 원한다.
왜인가?
그들이 원하는 바 이 여인을 정죄, 혹은 심판하는 일은
도무지 자신이 할 수 있는,
아니 절대로 하고자 하는 일이 아니기 때문이다.

"그들이 다그쳐 물으니,
예수께서 몸을 일으켜, 그들에게 말씀하셨다.
"너희 가운데서 죄가 없는 사람이 먼저
이 여자에게 돌을 던져라."
그리고는 다시 몸을 굽혀서, 땅에 무엇인가를 쓰셨다."(요8:7~8)

신약 판 솔로몬의 판결이라고도 할 수 있는 이 멋진 대목은
비단 신앙인이 아니라도 탄복할 수밖에 없는
심리학적 깊이의 정수를 보여주고 있다.

죄인들이 하는 심판은 진정한 심판이 될 수 없다.
죄와 상처가 있는 자들이 타인을 향해 뿜어내는 분노는
자기 자신의 숨은 죄와 죄의식, 상처를 향한
실망과 분노, 부끄러움과 억압의 반작용일 뿐이며
정의라는 이름으로 포장하려는
상처 입은 양심의 자존심 회복을 위한 낯 뜨거운 시위이다.

"이 말씀을 들은 사람들은,
나이가 많은 이로부터 시작하여,
하나하나 떠나가고,
마침내 예수만 남았다.
그 여자는 그대로 서 있었다."(요8:9)

예수는 사람의 빛, 생명의 빛이다.
그의 빛이 왜곡된 분노로 어두워진 군중의 마음을 비추자
그들은 어둠과 함께 사라져간다.

그러나 이들의 사라짐에는
예수의 말 한마디만 작용한 것이 아니다.
그의 태도. 그의 무심한 태도.
죄인을 정죄하는데 대한 그의 무관심.
그러면서도 인간의 죄를, 군중의 죄를
실오라기 하나 걸치지 않은 벌거숭이 아담을 이해하는
야훼의 그 심정으로 파악하고 있는 예수.
그러한 그가 정죄에 무성의한 채 낙서에 열중이다.
그 누가 이 사람 앞에서 심판을 가능케 할 것인가?

"예수께서 몸을 일으키시고, 여자에게 말씀하셨다.
"여자여, 사람들은 어디에 있느냐?
너를 정죄한 사람이 한 사람도 없느냐?"
여자가 대답하였다. "주님, 한 사람도 없습니다."
예수께서 말씀하셨다.
"나도 너를 정죄하지 않는다.
가서, 이제부터 다시는 죄를 짓지 말아라.""(요8:10~11)

예수는 빛이다.
더 이상 무슨 말을 할 수 있을까?

"나는 세상의 빛이다.
나를 따르는 사람은 어둠 속에 다니지 아니하고,
생명의 빛을 얻을 것이다."(요8:12)

아멘!

그러나,
왜 예수는 이 여인을 정죄하지 않았는가?
죄인들은 못할지라도, 예수는 할 수 없었던가?
그도 죄인인가?

"너희는 사람이 정한 기준을 따라 심판한다.
나는 아무도 심판하지 않는다."(요8:15)

비로소 우리는 요한복음 1장에서 나타났던 말씀의 한 예시를
이 여인의 이야기가 보여준다는 것을 깨닫게 된다.

"율법은 모세를 통하여 받았고,
은혜와 진리는 예수 그리스도로 말미암아 생겨났다."(요1:17)

이 구절을 방금 읽었던 구절과 비교해보자.

"너희는 사람이 정한 기준을 따라 심판한다."(요8:15)
"율법은 모세를 통하여 받았고,"(요1:17)

"나는 아무도 심판하지 않는다."(요8:15)
"은혜와 진리는 예수 그리스도로 말미암아 생겨났다."(요1:17)

구약을 하나님의 말씀이라고 할 때에,
당연히 율법도 하나님의 말씀이 아닌가 하고

대부분의 사람들이 생각할 것이다.
따라서 여기서 예수께서 하고 계신 말씀,
모세의 율법을 '사람이 정한 기준'이라 평가하시는
예수의 이 말씀은 상당히 충격적인 말씀이다.
예수께서 정말 이렇게 생각하고 계셨다면
그는 현대의 역사 비평적 성서 연구의 선구자다.

그런데 이러한 발언은 마가복음에도 있다.

"모세는 너희의 완악한 마음 때문에,
이 계명을 써서 너희에게 준 것이다."(막10:5)

이혼에 대한 계명에 대해
예수께서는 모세가 진정한 하나님의 뜻을 대변하기 보다는
완악한 대중들의 뜻에 굴복한 듯이 말씀하신다.
예수께서는 율법에 대해
모세의 생각이 많이 반영되었다고 여기신 것이 분명하다.
마태복음 5장의 산상수훈에서도
예수께서는 율법과 전통을 넘어서
더 순수한 '말씀'으로 돌아가려 하셨다.

"그러나 나는 너희에게 말한다.
자기 형제나 자매에게 성내는 사람은, 누구나 심판을 받는다.
자기 형제나 자매에게 얼간이라고 말하는 사람은,
누구나 공의회에 불려갈 것이요,
또 바보라고 말하는 사람은 지옥 불 속에 던져질 것이다."(마5:22)

"그러나 나는 너희에게 말한다.
여자를 보고 음욕을 품는 사람은
이미 마음으로 그 여자를 범하였다."(마5:28)

"그러나 나는 너희에게 말한다.
악한 사람에게 맞서지 말아라.
누가 네 오른쪽 **뺨**을 치거든,
왼쪽 **뺨**마저 돌려 대어라."(마5:39)

"그러나 나는 너희에게 말한다.
너희 원수를 사랑하고,
너희를 박해하는 사람을 위하여 기도하여라."(마5:44)

그러나 마태-마가가
예수께서 율법을 반대한다기보다
그 본연의 정신을 강화하려 했다는 데에
초점을 두고 있는 반면,
요한은 완전히 새로운 것을 말한다.
율법과 예수의 말씀은 완전히 다르다.

"율법은 모세를 통하여 받았고,"(요1:17)
"너희는 사람이 정한 기준을 따라 심판한다."(요8:15)

"은혜와 진리는 예수 그리스도로 말미암아 생겨났다."(요1:17)
"나는 아무도 심판하지 않는다."(요8:15)

요한은 예수에게서 완전히 새로운 것을 본 것이다.
예수의 삶과 말씀을 통해 요한은
과거의 것으로 설명할 수 없고 해명할 수도 없는
완전히 새로운 세계를 보게 되었다.
그것의 표현이 이것이다.
「은혜와 진리」.
그것은 "예수 그리스도로 말미암아 생겨났다."
그리고 그것은 "아무도 심판하지 않는다."

서구 철학에 물든 우리는
보통 진리라고 하면 논리적이고 냉정한
오류가 없는 논리적 진리를 떠올리게 된다.
당시의 이스라엘 사람들에게 진리란
모세의 율법, 즉 죄와 의를 분별하고 심판하는
엄중한 하나님의 명령을 뜻했을 것이다.

그러나 예수의 빛은
이 세상에 다른 진리를 가지고 왔다.
곧, 「은혜와 진리」인 진리다.
'은혜'와 '진리'를 따로 떼어 놓을 수 없는 진리다.
차라리 이렇게 말하고 싶다.
그것은 「은혜의 진리」이다.
이로써 세상에 빛이 비추인다.
죄와 심판으로 얼룩진 어두운 세상에
강력한 섬광이 타오르듯 비취게 되었다.
「은혜의 진리」라는 빛이다.

"하나님께서 아들을 세상에 보내신 것은,
세상을 심판하시려는 것이 아니라,
아들을 통하여 세상을 구원하시려는 것이다."(요3:17)

"어떤 사람이 내 말을 듣고서
그것을 지키지 않는다 하더라도,
나는 그를 심판하지 아니한다.
나는 세상을 심판하러 온 것이 아니라
구원하러 왔다."(요12:47)

이 진리를 전하는 예수는
세상을 심판하지 않는 자로서 오셨다.

그는 여인을 심판하지 않는다.
그는 여인을 정죄하지 않는다.
그는 심지어 여인을 용서하지 않는다.
용서는 정죄가 전제되어 있다.
그러나 정죄가 없으니 용서도 없다.
예수는 여인을 용서해주거나
죄를 사해준 후 돌려보내신 것이 아니다.
그는 정죄와 심판 없는 은혜로 여인을 보내셨다.

요한복음 전체에서
예수께서는 그 어떤 누구도 용서하지 않으신다.
그 어느 누구도 정죄하지 않으신다.
한 번도 회개라는 단어 조차 나오지 않는다.
그의 진리는 「은혜의 진리」인데
용서하는 은혜가 아닌,
용서를 뛰어넘는 은혜이기 때문이다.

그러나 그것은 진리이기에, 빛이기에
여인에게 '죄를 짓지 말라'고 명할 수 있는 진리이다.
정죄도 용서도 심판도 없지만
그 모든 것을 초월하는 사랑이 감싸고 있는
「은혜의 진리」이다.
요한은 이것이 바로
예수로 말미암아 비로소 세상에 시작된
「은혜와 진리」라고 설명하고 있는 것이다.

이는 공관복음에서
회개를 외치고, 사람들의 죄를 사하던
그 예수와는 확실히 다른 예수이다.
그러나 요한은 예수의 진정한 복음의 취지는

바로 이것이라고 확신하고 있다.

그렇다면,
이 「은혜의 진리」는 우리들에게 무엇을 주는가?
예수는 생명의 빛이므로 생명을 줄 것이다.
그러나 오늘 8장에서만 나오는 특유의 표현으로
예수께서는 다음과 같이 말씀하신다.

"너희가 나의 말에 머물러 있으면,
너희는 참으로 나의 제자들이다.
그리고 너희는 진리를 알게 될 것이며,
진리가 너희를 자유롭게 할 것이다."(요8:31~32)

「자유」
생각만 해도 가슴 뛰는 단어이다.
이는 「은혜와 진리」를 세상에 알리신
예수로부터 오는 선물이다.

"아들이 너희를 자유롭게 하면,
너희는 참으로 자유롭게 될 것이다."(요8:36)

예수로부터 세상에 들어온 빛
「은혜의 진리」가 「자유」를 가져다준다.
이 모든 것은 생명에 대한 문제이기에
오직 체험을 통해서만 경험될 수 있다.
따라서 요한은, 혹은 이 이야기를 추가한 이들은
이 생명의 체험, 진리와 자유의 체험을
간음한 여인의 현장을 통해
우리에게 알려주려 한다.

예수는 놀라운 존재다.
그의 빛은 너무나 밝아 우리를 밝히 보여준다.
그의 은혜는 너무나 따뜻해 우리를 감동케 한다.
그의 진리는 너무나 관대해 우리를 자유케 한다.
정죄하지 않는 은혜와 진리.
이를 세상에 뿌리신 예수 그리스도.
그는 진정 하나님의 아들이 아닌가.

16. 나는 세상의 빛이다

요한복음 9:1~7
1 예수께서 가시다가, 날 때부터 눈먼 사람을 보셨다.
2 제자들이 예수께 물었다. "선생님, 이 사람이 눈먼 사람으로 태어난 것이, 누구의 죄 때문입니까? 이 사람의 죄입니까? 부모의 죄입니까?"
3 예수께서 대답하셨다. "이 사람이 죄를 지은 것도 아니요, 그의 부모가 죄를 지은 것도 아니다. 하나님께서 하시는 일들을 그에게서 드러내시려는 것이다.
4 우리는 나를 보내신 분의 일을 낮 동안에 해야 한다. 아무도 일할 수 없는 밤이 곧 온다.
5 내가 세상에 있는 동안, 나는 세상의 빛이다."
6 예수께서 이 말씀을 하신 뒤에, 땅에 침을 뱉어서, 그것으로 진흙을 개어 그의 눈에 바르시고,
7 그에게 실로암 못으로 가서 씻으라고 말씀하셨다. ('실로암'은 번역하면 '보냄을 받았다'는 뜻이다.) 그 눈먼 사람이 가서 씻고, 눈이 밝아져서 돌아갔다.

지난 시간에 우리는
간음한 여인의 이야기를 통해 은혜와 진리에 대하여 다루었다.
모세의 율법은 간음한 여인을 죽이라고 요구했지만
예수께서는 은혜와 진리로 답하셨다.

그런데 이 문제를 현실의 모든 죄인들에게 적용할 수 있을까?
예수는 정말 모든 죄인들을 풀어줄 것을 명하고 있는 것인가?

2014년 4월 29일 미국 오클라호마에서
과거에 19살 소녀를 납치,
총으로 죽이고 땅에 묻은 클레이튼 로켓이
사형 집행 도중 사고로 죽어 파문을 일으켰다.
원래는 약물 투입 후 10분정도 수면 상태에서 사망해야 하나
쇼크와 고통 속에서 43분 만에 심장마비로 사망한 것이다.

이에 5월 오바마 대통령은 사형제도에 대해 말하면서
'무죄'일 수도 있는 사람에게
사형을 부과하는 일에 문제점이 있다며
사형반대론자들에게 힘을 실어주었다.
현재 미국의 50개주 중 18개 주에서 사형 제도가 폐지되어 있다.

세계 사형 반대의 날은 11월 30일로
2001년부터 이태리 로마에서 시작되어 지금에 이르고 있는데
우리나라에서는 천주교 주교회의 정의평화위원회에서 주관하여
매년 행사를 열고 있다.
세계 사형반대의 날의 슬로건은 이것이다.
"No Justice Without Life, 생명 없이 정의 없다."

우리나라는 1989년 종교계와 시민운동단체의
계속적인 사형폐지 운동으로
1997년 이후 사형이 집행되고 있지 않아
인권단체 엠네스티로부터 준사형폐지국으로 지정되어 있다.

이 반대 운동의 중심 사상에
예수와 이 여인의 일화가 한 자리를 차지하고 있기도 하다.

요한복음은 예수님을 길-진리-생명으로 나타내고 있다(요14:6).
여기서 가장 중요한 것은 바로 생명이다.
길과 진리는 바로 생명의 길, 생명의 진리이기 때문이다.
생명보다 더 소중한 것은 없으며
세상 모든 이들이 부활할 것을 선포하는 복음은
모든 생명이 얼마나 소중한가를 말해주고 있다.
심판도 생명보다 선행할 수는 없는 것이다.

하나님이 심판보다는 생명을, 그리고 은혜를 원하신다는 것.

바로 이 진리가 당시 사람들에게 감추어져 있었고
알려지지 않은 것이었다.
따라서 이를 나타낼 또 하나의 예가 오늘 본문에 나온다.

예수께서 길을 가시다가 날 때부터 눈이 보이지 않는
장애인을 만나게 되었다.
이때 평소에 궁금했을 만한 질문이 제자들에게 떠올랐다.
날 때부터 눈이 보이지 않는 이 장애는
과연 누구의 죄로 말미암은 것인가?

인생의 모든 제반 현상을 의와 죄, 복과 저주로 풀던 이들에게
사실상 눈이 보이지 않는 남자의 문제는
따질 것도 없이 하나님의 저주였다.
그런데 궁금한 것은 과연 이 저주가
누구 때문이었을까라는 문제였다.
날 때부터 보이지 않았으니
아기였던 이 남자의 죄는 아니었을 것이다.
그러면 부모의 죄 때문일 텐데
그렇게 되면 에스겔의 예언과 상충되게 된다.

"죄를 지은 영혼 바로 그 사람이 죽을 것이며,
아들은 아버지의 죄에 대한 벌을 받지 않을 것이며,
아버지가 아들의 죄에 대한 벌도 받지 않을 것이다.
의인의 의도 자신에게로 돌아가고,
악인의 악도 자신에게로 돌아갈 것이다."(겔18:20)

가히 흥미로운 주제가 아닐 수 없다.
예수께서는 제자들의 호기심과 궁금증에 대하여
이는 죄의 문제가 아니라며 이렇게 답변하셨다.

"하나님께서 하시는 일들을
그에게서 드러내시려는 것이다."(요9:3)

이를 어떤 사람들은
하나님께서 이 사람을 통해
하나님의 치유의 능력과 영광을 보여주시려고
일부러 장애를 가지도록 태어나게 한 것으로 말하곤 한다.

그러나 나의 생각에 제자들의 질문에 대한 예수님의 답변은
평범한 일상을 살아가는 우리에게도 적용될 수 있는
보편적인 말씀이다.
모든 인간의 삶은 하나님이 하시는 일이 그려지는 화폭과 같다.
그것은 삶의 특징적인 어떤 부분을 말하는 게 아니라
우리의 인생 전체가 하나님의 '일들' 속에
엮여져 있음을 말하는 것이다.

그런데 예수께서 나타나신 그 때,
하나님의 일은 특별한 전환기를 맞고 있었다.
의와 죄, 축복과 저주로 한 사람의 삶을
평가할 수밖에 없던 시대에
은혜와 진리가 나타나기 시작한 것이다.
세상의 빛, 사람의 빛 예수가 오신 후
인간이 경험하게 되는 하나님의 일은
은혜와 진리, 치유와 생명이다.
그것은 눈을 보게 된 그 사람만이 경험한 것이 아닌
곁에 있던 제자들도, 반대하던 바리새인들도,
지금의 우리 또한 경험하고 있는
예수로부터 시작된 놀라운 하나님의 일이다.
그래서 예수께서 하신 말씀은
보편적으로 적용될 수 있는 말씀이면서도 특별한 것이다.

"하나님께서 하시는 일들을
그에게서 드러내시려는 것이다."(요9:3)

따라서 예수께서는 이제부터 일어날 하나님의 일을
보지 못하는 자의 입장에서
이 어두운 세상에 선포하신다.

"내가 세상에 있는 동안, 나는 세상의 빛이다."(요9:5)

그리고 이 말씀에 대한 표징으로
앞을 못 보는 그 남자의 눈을 뜨게 해주신다.
예수께서는 보지 못하는 이의 눈에
자신의 침으로 엉긴 진흙을 바르시며
실로암, 보냄을 받았다는 뜻의 실로암 연못에 가서
씻으라 명하신다.
그는 예수의 침으로 엉겨진 진흙을 눈에 바른 채
말씀대로 실로암 연못에 가서 씻은 후
이제는 볼 수 있게 되어 돌아온다.
예수가 세상의 빛임을 그는 몸으로 깨닫게 된다.

그러나 그를 기다리고 있던 것은
그의 회복을 축하하는 축제가 아닌
자신을 저주받은 자로 취급하던 이들의
냉소적인 논쟁이었으니
지금 보기에도 종이가 아까울 정도의 길고 지루한
그 논쟁의 결과는 예수가 죄인이라는 것이었다.

"바리새파 사람들은 눈멀었던 그 사람을
두 번째로 불러서 말하였다.
"영광을 하나님께 돌려라.

우리가 알기로, 그 사람은 죄인이다.""(요9:24)

그들은 영광이 예수께 돌려질까 전전긍긍한다.
바리새인들은 죄인 예수가 저주받은 자의 저주를 풀어버린
용납할 수 없는 이 상황에
크게 자존심을 상했다.
그 때는 안식일 이었는데
예수는 안식일 규정에 대한 바리새인의 세부 부칙인
진흙을 이기거나, 침을 몸에 바르는 행위를 금하는 전통을
보란 듯이 무시하며 마술적 행위로 치유행각을 벌여
사람들에게 칭송을 들었으니 말이다.

그들은 오늘 새로운 생명의 단계에 오른 한 남자에게서
생명과 빛, 은혜와 진리를 보지 못하고 있다.
그렇다면 누가 보지 못하는 자인가?
누가 장님인가?

"예수께서 또 말씀하셨다.
"나는 이 세상을 심판하러 왔다.
못 보는 사람은 보게 하고, 보는 사람은 못 보게 하려는 것이다."
예수와 함께 있던 바리새파 사람들이
이 말씀을 듣고 나서 말하였다.
"우리도 눈이 먼 사람이란 말이오?"
예수께서 그들에게 말씀하셨다.
"너희가 눈이 먼 사람들이라면, 도리어 죄가 없을 것이다.
그러나, 너희가 지금 본다고 말하니,
너희의 죄가 그대로 남아 있다.""(요9:39~41)

이 이야기는
우리 모두가 새로운 눈을 떠야 한다는 것을 말하고 있다.

새로운 눈을 가져야 한다.
지금 이 세상에 참 빛이 쏟아져 내려오고 있는데
이 빛을 볼 눈이 없기 때문이다.

"참 빛이 있었다.
그 빛이 세상에 와서 모든 사람을 비추고 있다.
그는 세상에 계셨다.
세상이 그로 말미암아 생겨났는데도,
세상은 그를 알아보지 못하였다."(요1:9~10)

주님은 세상의 빛이다.

"내가 세상에 있는 동안, 나는 세상의 빛이다."(요9:5)

이 빛은 더 이상 '죄'에 대한 논쟁으로는 파악될 수 없는 빛이다.
죄와 저주와 심판의 범주로서는 이해될 수 없는 빛이다.
오직 빛과 생명, 은혜와 진리, 그리고 자유라는 경험만이
예수라는 빛을 보게 할 수 있다.
그 빛을 본다면,
우리에게 새로운 생명의 단계가 열리게 될 것이다.

당신에게는 무엇이 보이는가?
죄와 의, 축복과 저주가 인생을 판단하는 잣대인가?
당신은 그 잣대로 자신과 남을 평가하고 있지는 않은가?
주님의 은혜와 진리가 세상을 너무 방만하게 하는 것 같은가?
당신은 혹시 주님보다 더한 기준으로
세상을 판단하고 있지는 않은가?

17. 구원의 문 예수

요한복음 10:1~10

1 "내가 진정으로 진정으로 너희에게 말한다. 양 우리에 들어갈 때에, 문으로 들어가지 아니하고 다른 데로 넘어 들어가는 사람은 도둑이요 강도이다.

2 그러나 문으로 들어가는 사람은 양들의 목자이다.

3 문지기는 목자에게 문을 열어 주고, 양들은 그의 목소리를 알아듣는다. 그리고 목자는 자기 양들의 이름을 하나하나 불러서 이끌고 나간다.

4 자기 양들을 다 불러낸 다음에, 그는 앞서서 가고, 양들은 그를 따라간다. 양들이 목자의 목소리를 알고 있기 때문이다.

5 양들은 결코 낯선 사람을 따라가지 않을 것이고, 그에게서 달아날 것이다. 그것은 양들이 낯선 사람의 목소리를 알지 못하기 때문이다."

6 예수께서 그들에게 이러한 비유를 말씀하셨으나, 그들은 그가 무슨 뜻으로 그렇게 말씀하시는지를 깨닫지 못하였다.

7 예수께서 다시 말씀하셨다. "내가 진정으로 진정으로 너희에게 말한다. 나는 양이 드나드는 문이다.

8 [나보다] 먼저 온 사람은 다 도둑이고 강도이다. 그래서 양들이 그들의 말을 듣지 않았다.

9 나는 그 문이다. 누구든지 나를 통하여 들어오면, 구원을 얻고, 드나들면서 꼴을 얻을 것이다.

10 도둑은 다만 훔치고 죽이고 파괴하려고 오는 것뿐이다. 나는, 양들이 생명을 얻고 또 더 넘치게 얻게 하려고 왔다.

양재동에 가면 횃불 회관이 있는데
이미 멀리서도 그곳이 교회임을 알리는 그림이 하나 보인다.
곧 양을 이끄시는 목자 예수의 그림이다.

선한 목자에 대한 하나님의 상은
구약에도 이미 나타나고 있다.

"주님은 나의 목자시니, 내게 부족함 없어라.

나를 푸른 풀밭에 누이시며 쉴 만한 물 가로 인도하신다."(시23:1~2)

신약에서는 마태복음 18장과 누가복음 15장에
잃은 양의 비유가 나타나는데
거기서 양을 애타게 찾는 목자를 만날 수 있다.

수많은 역경과 어려움이 산재한 우리 인생에서
양들을 돌보는 목자의 이야기들은
신앙의 어려움 가운데 하나님을 더욱 신뢰하도록 격려한다.

그런데 오늘 요한복음의 본문은
단순히 목자이신 예수를 따라오라는 이야기에서
좀 더 나아가려 한다.

먼저 우리의 기대와는 달리 예수는
양의 목자가 아닌, 양의 '문'으로 나타나고 있다.

"예수께서 다시 말씀하셨다.
"내가 진정으로 진정으로 너희에게 말한다.
나는 양이 드나드는 문이다.
나보다 먼저 온 사람은 다 도둑이고 강도이다.
그래서 양들이 그들의 말을 듣지 않았다.
나는 그 문이다.
누구든지 나를 통하여 들어오면, 구원을 얻고,
드나들면서 꼴을 얻을 것이다.
도둑은 다만 훔치고 죽이고 파괴하려고 오는 것뿐이다.
나는, 양들이 생명을 얻고
또 더 넘치게 얻게 하려고 왔다.""(요10:7~10)

그는 문이다. 문은 무엇인가?

문 뒤에는 문 앞과 다른 세상이 있다.
그래서 문은 언제나 문을 여는 사람들에게 기대를 가지게 만든다.
예수라는 문 뒤에는 무엇이 있는가?

"누구든지 나를 통하여 들어오면, 구원을 얻고,
드나들면서 꼴을 얻을 것이다."(요10:9)

그런데 구원은 무엇인가?
구원에 대한 많은 해석 중
오늘은 조직신학자 폴 틸리히의 말을 들어보려 한다.
그는 구원을 '치유'라고 말한다.

만약 여기서의 구원이 천국과 지옥의 공간적 개념이라면,
예수의 문은 한 번 들어가면 나오지 못하는
다시 열리지 않는 문으로 표현되었을 것이다.
그러나 여기 예수의 문은 '드나드는 문'이다(요10:7).
양은 그 문을 통해 구원을 얻고, 드나들면서 꼴을 얻는다(요10:9).
따라서 이 구원은 천국과 지옥의
공간적 이동을 말하는 것이 아니기에
나는 내면적 구원의 상태를 말하는 폴 틸리히를
여러분에게 소개하려 하는 것이다.

폴 틸리히는 구원, 즉 치유에 대해 이렇게 설명한다.
"치유는 소외된 것과 재결합하는 것,
분열된 것에 중심을 주는 것,
하나님과 인간, 인간과 그의 세계,
인간과 그 자신 사이의 분열을 극복하는 것....
구원은 옛 존재로부터의 회개와 새로운 존재로의 변화이다....
이것은 무엇보다도 자신의 실존의
궁극적인 의미의 완성을 포함하는 것이다."

폴 틸리히가 말하는 소외란 무엇인가?
그는 인간 소외의 세 가지 상태를 제시했다.
불신앙, 자기고양, 욕망.
불신앙은 신을 외면하는 것이며
이에 자기중심으로 살아가는 자기고양이 나타나고
결국 모든 것을 자기중심으로 모으려는 욕망이 표출된다.

만약 소외와 분열 상태의 인간을 치유하는 것이 구원이라면
양은 문 안으로 들어간다고 온전한 치유를 받는 것이 아니라
문 밖으로 다시 나와
소외와 분열을 일으킨 세상과 대면해야 한다.
이 세상 속에서의 치유가 확인되어야만 진정한 치유다.
만일 양의 문 안에서 세상과 고립된 것이 치유라면
이는 치유가 아니라 격리, 보호일 뿐이다.
그것은 진정한 치유와 생명을 얻은 것이라 할 수 없다.
따라서 요한은 이렇게 말한다.

"나는, 양들이 생명을 얻고
또 더 넘치게 얻게 하려고 왔다."(요10:10)

문 안에 구원, 즉 치유는 있지만 꼴은 없었다.
양의 꼴, 양의 양식은 우리 안에 있지 않고
우리 밖, 드넓은 초원에 있다.
따라서 문 안에서 치유, 구원, 생명을 얻은 양들은
다시 밖으로 나가 꼴을 얻고
이를 반복함으로써 더 풍성한 생명을 얻게 된다.

구원을 최종적 형태로 보지 않고
이렇게 불완전한 세상 속에서의
끊임없는 소외와 분열의 극복,

생명이 넘치는 존재적 변화로 보는 것이
우리 자신의 존재와 내 주변,
사회, 정치, 국가에
새로운 생명을 불어 넣어 줄 것이다.

따라서 구원이란 계속적인 존재의 변화이기에
이 세상에서 완성된 구원이란 없다.
예수를 만났던 자들, 제자들마저도
끊임없이 변화되어야 했다.
우리는 우리 자신의 변화를 위해서라도
최종적 구원에 관심을 둘 것이 아니라
바로 지금 예수라는 구원의 문 안에서
치유와 생명을 얻고 있는지를 살펴야 한다.

나는 소외에서 벗어나고 있는가?
소외를 일으키는 불신앙, 자기고양, 욕망에서 해방되고 있는가?
홀로 소외의 상태에서 벗어났다고
그곳이 하나님 나라가 되는 것도 아니다.
문 밖으로 나가야만 나의 소외의 극복이 의미를 가지게 된다.
그것이 내가 얻게되는 더 풍성한 생명, 양의 꼴이다.

18. 사랑의 목자

요한복음 10:11~18
11 나는 선한 목자이다. 선한 목자는 양들을 위하여 자기 목숨을 버린다.
12 삯꾼은 목자가 아니요, 양들도 자기의 것이 아니므로, 이리가 오는 것을 보면, 양들을 버리고 달아난다. ─그러면 이리가 양들을 물어가고, 양떼를 흩어 버린다. ─
13 그는 삯꾼이어서, 양들을 생각하지 않기 때문이다.
14 나는 선한 목자이다. 나는 내 양들을 알고, 내 양들은 나를 안다.
15 그것은 마치, 아버지께서 나를 아시고, 내가 아버지를 아는 것과 같다. 나는 양들을 위하여 내 목숨을 버린다.
16 나에게는 이 우리에 속하지 않은 다른 양들이 있다. 나는 그 양들도 이끌어 와야 한다. 그들도 내 목소리를 들을 것이며, 한 목자 아래에서 한 무리 양떼가 될 것이다.
17 아버지께서 나를 사랑하신다. 그것은 내가 목숨을 다시 얻으려고 내 목숨을 기꺼이 버리기 때문이다.
18 아무도 내게서 내 목숨을 빼앗아 가지 못한다. 나는 스스로 원해서 내 목숨을 버린다. 나는 목숨을 버릴 권세도 있고, 다시 얻을 권세도 있다. 이것은 내가 아버지께로부터 받은 명령이다.

예수는 누구인가?
나에게 하루에도 수없이 생각나는 질문,
스스로 답을 해보고 또 해보아도
계속 답을 요구하는 이 질문.
여러분은 이 질문에 관심이 있는가?

예수는 누구인가?
공관복음서에 의하면
예수께서는 종말의 하나님 나라를 전파하시다
수개월 만에 십자가형을 받고 돌아가신 분이다.

그는 공관복음서에서 주로
종말의 심판자 인자로 자신을 나타내셨고
십자가 처형에 앞서 자신의 고난을
인류 대속과 새언약을 위해 치러야 할 희생물로 인식하고
이를 제자들에게 말씀하셨다.

공관복음서에서 예수께서는
자기 자신에 대해 설명하는 것에는
힘을 기울이지 않으신다.
그러나 요한복음은 예수께서 말씀하지 않으신 부분,
그러나 말씀하고자 하셨을 부분을 다룬다.
그것이 요한복음의 의의라고 할 수 있다.

지난 본문에서 예수께서는 자신을
양이 드나드는 문으로 표현하셨다.
그런데 예수의 말씀은 이제
양을 그 문으로 인도하는 목자로 향한다.

"나는 선한 목자이다.
선한 목자는 양들을 위하여 자기 목숨을 버린다."(요10:11)

구약에도 목자에 대한 표상이 많이 나온다.
주로 목자의 이미지는 인도자와 지키는 자, 먹이는 자다.

"아, 이스라엘의 목자이신 주님,
요셉을 양 떼처럼 인도하시는 주님,
귀를 기울여 주십시오.
그룹 위에 앉으신 주님,
빛으로 나타나 주십시오."(시80:1)

"그는 목자와 같이 그의 양 떼를 먹이시며,
어린 양들을 팔로 모으시고, 품에 안으시며,
젖을 먹이는 어미 양들을 조심스럽게 이끄신다."(사40:11)

"참으로 나 주 하나님이 말한다.
내가 나의 양 떼를 찾아서 돌보아 주겠다.
양 떼가 흩어졌을 때에 목자가 자기의 양들을 찾는 것처럼,
나도 내 양 떼를 찾겠다.
캄캄하게 구름 낀 날에, 흩어진 그 모든 곳에서,
내 양 떼를 구하여 내겠다.
내가 여러 민족 속에서 내 양 떼를 데리고 나오고,
그 여러 나라에서 그들을 모아다가,
그들의 땅으로 데리고 들어가서,
이스라엘의 산과 여러 시냇가와 그 땅의 모든 거주지에서
그들을 먹이겠다.
기름진 초원에서 내가 그들을 먹이고,
이스라엘의 높은 산 위에 그들의 목장을 만들어 주겠다.
그들이 거기 좋은 목장에서 누우며,
이스라엘의 산 위에서 좋은 풀을 뜯어 먹을 것이다.
내가 직접 내 양 떼를 먹이고,
내가 직접 내 양 떼를 눕게 하겠다.
나 주 하나님의 말이다."(겔34:11~15)

그런데 요한복음의 목자는 특이하게도
자신의 생명을 버리는 목자이다.

"나는 선한 목자이다.
선한 목자는 양들을 위하여 자기 목숨을 버린다.
나는 선한 목자이다.
나는 내 양들을 알고, 내 양들은 나를 안다.

그것은 마치, 아버지께서 나를 아시고,
내가 아버지를 아는 것과 같다.
나는 양들을 위하여 내 목숨을 버린다.
나에게는 이 우리에 속하지 않은 다른 양들이 있다.
나는 그 양들도 이끌어 와야 한다.
그들도 내 목소리를 들을 것이며,
한 목자 아래에서 한 무리 양떼가 될 것이다.
아버지께서 나를 사랑하신다.
그것은 내가 목숨을 다시 얻으려고
내 목숨을 기꺼이 버리기 때문이다.
아무도 내게서 내 목숨을 빼앗아 가지 못한다.
나는 스스로 원해서 내 목숨을 버린다.
나는 목숨을 버릴 권세도 있고, 다시 얻을 권세도 있다.
이것은 내가 아버지께로부터 받은 명령이다."(요10:11~18)

그런데 이 본문에는 자신의 생명을 버리는 문제와 함께
앎에 대한 주제가 섞여 있다.

"나는 선한 목자이다.
나는 내 양들을 알고, 내 양들은 나를 안다.
그것은 마치, 아버지께서 나를 아시고,
내가 아버지를 아는 것과 같다."(요10:14~15)

요한이 말하는 예수와 우리들의 만남은
운명적이고 직관적이며 영적인 것이다.
누가 가르쳐서가 아니라 어느 순간 깨닫게 된다.
이것이 공관복음서의 선교 명령과 다른 점이다.
수십년 간의 선교 현장을 목격한 요한의 결론이다.
가르침과 교육, 학습이 예수를 목자로 인정하게 하는 것이 아니라
예수가 자신의 목자임을 그냥 알게 된다는 것이다.

"나는 선한 목자이다.
나는 내 양들을 알고, 내 양들은 나를 안다.
그것은 마치, 아버지께서 나를 아시고,
내가 아버지를 아는 것과 같다."(요10:14~15)

그러므로 누군가가 예수를 향한 신앙이 없는 것에 대하여
너무 큰 걱정을 할 필요는 없다.
단지 그를 목자의 음성에 노출시키고
그 음성을 감지할 때를 기다리는 것이 필요하다.
그가 양이면, 목자를 알게 될 것이다.
왜 그가 내 인생의 참된 목자가 되는 지를
이론이 아닌, 초월적인 영감으로 깨닫게 될 것이다.
그래서 예수의 음성이 알려지는 순간
그는 타오르는 듯한 감동과 사랑을 경험하게 될 것이다.

그런데 다시 목자의 주제로 돌아가면
예수께서는 자신의 목자 됨을 통해
구약의 그 어떤 말씀도 명령하지 않고 있는
죽음으로의 명령을 아버지로부터 받는다.

"아무도 내게서 내 목숨을 빼앗아 가지 못한다.
나는 스스로 원해서 내 목숨을 버린다.
나는 목숨을 버릴 권세도 있고, 다시 얻을 권세도 있다.
이것은 내가 아버지께로부터 받은 명령이다."(요10:18)

그런데 다음 말씀은 이상하다.

"아버지께서 나를 사랑하신다.
그것은 내가 목숨을 다시 얻으려고
내 목숨을 기꺼이 버리기 때문이다."(요10:17)

17절의 말씀,
목숨을 다시 얻으려고 내 목숨을 기꺼이 버리기 때문에
아버지께서 나를 사랑하신다는 것은 조금 이상하다.
목숨이 목적이라면 처음부터 버리지 않으면 될 것이기 때문이다.
그러나 목적은 목숨이 아닌, 새로운 생명이다.
새로운 생명을 위해 그는 기꺼이 현재의 생명을 버릴 것이다.

예수의 죽음과 부활의 과정은
예수께서 다시 목숨을 얻는 새로운 생명의 과정이다.
여기에서 다시 목숨을 얻기 위해 버린다는 목적과
양들을 위해 목숨을 버린다는 목적은
서로 다른 것이 아니다.
예수께서 부활을 통해 새로운 생명을 취하신 후에야
양들이 얻게 될 새로운 영생의 길이 마련되기 때문이다.

"나는 선한 목자이다.
선한 목자는 양들을 위하여 자기 목숨을 버린다."(요10:11)

이를 예수는 아버지께 명령의 형태로 받으셨다.

"이것은 내가 아버지께로부터 받은 명령이다."(요10:18)

하나님과 예수, 예수와 우리의 앎의 관계는
사랑이라는 것으로 연결되어 있는데
사랑이라는 것은 행복의 감정이지만,
자연스럽게 명령의 형태를 띤다.
사랑한다면 무엇인가 하게 되어 있다.
그렇게 예수는 하나님과 양들을 향한 그 사랑에서
죽음과 부활의 명령을 인식한 것이다.

우리는 어떤 명령을 받고 있는가?
사랑이 있다면 명령을 얻게 된다.

"이제 나는 너희에게 새 계명을 준다.
서로 사랑하여라.
내가 너희를 사랑한 것 같이,
너희도 서로 사랑하여라."(요13:34)

"너희가 나를 사랑하면, 내 계명을 지킬 것이다."(요14:15)
"내 계명을 받아서 지키는 사람은 나를 사랑하는 사람이요,
나를 사랑하는 사람은 내 아버지의 사랑을 받을 것이다.
그리고 나도 그 사람을 사랑하여,
그에게 나를 드러낼 것이다."(요14:21)

"너희가 내 계명을 지키면, 내 사랑 안에 머물러 있을 것이다.
그것은 마치 내가 내 아버지의 계명을 지켜서,
그 사랑 안에 머물러 있는 것과 같다."(요15:10)

"내 계명은 이것이다.
내가 너희를 사랑한 것과 같이,
너희도 서로 사랑하여라."(요15:12)

신앙은 사랑을 낳고,
사랑하는 자는 희생으로 사랑을 표현한다.
예수는 최고의 희생을 이루셨다.
그것은 목자를 따르는 양들에게도 본이 되고 있다.
우리는 지금 목자를 따르고 있는가?
우리는 지금 사랑하고 있는가?
우리는 사랑한다 하면서 자유만을 취하고 있지 않은가?
명령이 없는 자유를 사랑과 은혜로 착각하고 있지 않은가?

19. 생명의 부활

요 11:23~26
23 예수께서 마르다에게 말씀하셨다. "네 오라버니가 다시 살아날 것이다."
24 마르다가 예수께 말하였다. "마지막 날 부활 때에 그가 다시 살아나리라는 것은 내가 압니다."
25 예수께서 마르다에게 말씀하셨다. "나는 부활이요 생명이니, 나를 믿는 사람은 죽어도 살고,
26 살아서 나를 믿는 사람은 영원히 죽지 아니할 것이다. 네가 이것을 믿느냐?"

요한복음의 중심부에 위치한
11장의 주제는 부활이다.
구조상으로도 영생, 부활이
요한의 주제임을 말해주고 있다.

11장의 도입부에서 이 장의 주인공들
마리아와 마르다, 나사로에 대한 소개가 나오고 있다.
주님은 이들을 사랑하셨다.
주님은 병든 나사로에 대한 소식을 듣고
하나님의 영광을 드러낼 병으로 특별히 표현하시는데
이미 정해진 계획에 따라 이틀을 지체하시며
나사로가 죽음에 이르기를 의도하신다.
그리고 나사로의 죽음을 감지하자
그를 깨우러 가기 시작하신다.

예수께서 오신다는 소식을 듣고
제일 먼저 맞으러 나온 사람은
마리아의 누이 마르다였다.

그녀는 너무 늦게 온 예수에 대한
서운함을 표시한다.

"주님, 주님이 여기에 계셨더라면,
내 오라버니가 죽지 아니하였을 것입니다."(요11:21)

그런데 그녀의 다음 발언이 의미심장하다.

"그러나 이제라도, 나는 주님께서
하나님께 구하시는 것은 무엇이나
하나님께서 다 이루어 주실 줄 압니다."(요11:22)

마르다는 예수께서 무엇을 구하실 것으로 생각하고
이런 말을 하는 것일까?
설마 오라비 나사로의 부활을 원하는 것일까?
이제라도 그를 살려낼 것을 믿고 있는 것일까?

"예수께서 마르다에게 말씀하셨다.
"네 오라버니가 다시 살아날 것이다.""(요11:23)

기다렸다는 듯이 예수께서 말씀하셨다.
그렇다. 이것이 바로 하나님의 영광을 드러낼
특별한 이적이다.

그런데 이 말씀에 대한 마르다의 반응이 이상하다.

"마르다가 예수께 말하였다.
"마지막 날 부활 때에
그가 다시 살아나리라는 것은 내가 압니다.""(요11:24)

그녀는 예수의 의도를 간파하지 못했거나
예수의 의도를 알았으나 믿을 수 없는 사실에 대해
스스로 회피하고 있음이 분명하다.
그러나 그녀는 방금 전만 하더라도
이제라도 예수께서 하나님께 구하면
무엇이든 다 이루어 주실 것이라 말하지 않았던가?
그렇다면 그것은 나사로를 살려달라는 애원이 아닌
다른 종류의 축복을 원하고 있었다는 말이 된다.
말하자면 그녀는 예수께서 자신을, 혹은 남은 가족을
축복해 주기 바라고 있던 것이다.
그녀는 나사로의 부활을 원하고 있던 것이 아니다.

이에 예수께서는 자신의 일에 대해
좀 더 강하고 분명하게 말씀해주신다.

"나는 부활이요 생명이니, 나를 믿는 사람은 죽어도 살고,
살아서 나를 믿는 사람은 영원히 죽지 아니할 것이다.
네가 이것을 믿느냐?"(요11:25~26)

그런데 이 말씀은 어렵다.
우리는 부활이 죽은 자가 살아나는 것이라는 것을 안다.
그러나 살아서 믿는 자가 영원히 죽지 아니할 것이라는 것은
이해하기 힘들다.
예수를 믿는 자라 할지라도
인간은 누구나 죽을 수밖에 없기 때문이다.

그렇다면 이 말씀은 지금
나사로에게만 적용하기 위한 말씀일까?
즉, 나사로는 살아서 나를 믿었으니
다시 살려낼 것이라는 말씀인가?

그렇게 이해하고 싶어도
영원히 죽지 아니할 것이라는 말씀 때문에
나사로가 지금 살아난다 할지라도
나사로에게 적용하기도 힘들다.

부활과 영원한 생명에 대한 이해의 어려움은
이미 앞에서도 제기되었었다.
부활은 마지막 날에 일어날 것이다.

"또한 아들을 보고 그를 믿는 사람은 누구든지
영생을 얻게 하시는 것이 내 아버지의 뜻이다.
나는 마지막 날에 그들을 살릴 것이다."(요6:40)

그러나 예수를 믿는 자는 이미 영생을 가지고 있고
죽지 않을 것이다.

"내가 진정으로 진정으로 너희에게 말한다.
믿는 사람은 영생을 가지고 있다."(요6:47)

"그러나 하늘에서 내려오는 빵은 이러하니,
누구든지 그것을 먹으면 죽지 않는다.
나는 하늘에서 내려온 살아 있는 빵이다.
이 빵을 먹는 사람은 누구나 영원히 살 것이다."(요6:50~51)

죽어도 살 것이라는 최후의 기대와
이미 영생을 가지고 있으며 죽지 않을 것이라는 사상을
어떻게 조화시킬 수 있을까?

선택의 여지가 별로 없는 이 구문에 대한 해석들 중
가장 받아들이기 힘든 해석은

살아 있는 성도들이 이미 부활체로 변해 있는 것으로
요한이 간주하고 있다는 것이다.
임박한 종말에 대한 기대로 인해
지금 살아 있는 신앙인들이
이미 부활체로 변해있어
곧 있을 종말에 참여하기만 하면 되는 것으로
요한이 생각하고 있다는 것이다.
그러나 요한은 이미 수많은 하나님의 자녀들이
무덤속에 들어가는 것을 보았을 것이기에
쉽게 이러한 생각을 가지고 있지는 않았을 것이다.

신학자 불트만은 이 말씀이
하나님의 자녀들은 생명과 죽음에 대한 개념을
일반적인 관점에서 다루지 말아야 할 것을
말하는 것으로 해석한다.
즉, 믿는 자에게 결정적인 의미의 죽음이란 존재하지 않으며
무의미한 것이라는 점을 말한다는 것이다.
왜냐하면 진정한 죽음이란 하나님과의 단절이기 때문이다.

또한 어떤 이들은
죽어도 산다는 것을 몸의 부활의 측면으로,
영원히 죽지 않는다는 것을 영혼의 불사적 측면으로 생각한다.
그러나 신구약 전체에서 말하는 바는
인간의 육체와 정신의 통합적 상태를 영혼이라 하는 것이지
육을 떠난 영혼이 어딘가에 존재하다가
나중에 다시 육을 입어 부활하는 것이 아니다.
예수께서 이미 죽은 나사로에 대해 표현하신 바(요11:11)
인간은 죽으면 잠든 상태인 것으로 여겨졌지
영혼만 따로 다른 곳에 있는 것으로 생각되지 않았다.
그러한 이분법은 성경의 사상이 아니다.

또 한 가지 가능한 것은
부활이 있을 마지막 날의 상황 속에서
이 서술을 보는 것이다.
어느 시점에선가 마지막 때가 온다면
그 때, 예수를 믿던 자들 중 죽은 자들은 살아날 것이며
또 살아 예수를 믿고 있는 자들은
영원히 죽지 않게 될 것이다.
그러나 이 해석은 본문의 의미를
벗어나고 있다는 느낌을 지울 수 없다.

"살아서 나를 믿는 사람은 영원히 죽지 아니할 것이다."(요11:26)

"내가 진정으로 진정으로 너희에게 말한다.
믿는 사람은 영생을 가지고 있다."(요6:47)

요한복음이 말하는 영원한 생명은
구약의 묵시적 기대 속에서 자라온
'부활'과 다른 점이 있다.
전통적인 부활에 대한 기대는 사실
하나님께 속한 자 뿐만 아니라
속하지 않은 모든 자를 다 포함한다.
그러나 요한복음의 영생은
예수를 믿는 자들에게만 주어지는 선물이다.

앞서 5장에서 이런 말씀이 있었다.

"선한 일을 한 사람들은 부활하여 생명을 얻고,
악한 일을 한 사람들은 부활하여 심판을 받는다."(요5:29)

즉, 생명의 부활이 있고, 심판의 부활이 있다.

따라서 부활이라는 개념은 생명 자체만을 의미하지 못하기에
요한복음에는 우리가 기대하는 바와는 달리
'부활'이라는 단어가 별로 사용되지 않고
영생이 더 많이 사용되고 있다.
그래서 예수께서는 마르다에게
"나는 부활이고 생명이다"라고 말씀하시는 것이다.

그렇다면 부활이 다 담을 수 없는
요한복음의 영생, 영원히 죽지 않는다는
그 영생은 무엇인가?

우리는 이미 앞에서 영생이 성령을 통해 주어지는
하나님의 생명의 체험임을 말해왔다.
그리고 요한은 믿는 자에게 영생이 이미 주어졌음을 말한다.
따라서 요한이 말하고 있는 영원한 생명, 영생은
단지 몸이 다시 살아나는 부활과 다르며
살아 숨 쉬고 있는 자들의 삶의 연장과도 다르다.
영생은 예수를 믿지 않는 자들의 영원한 삶이 아니다.
요한은 심판을 위해 부활한 자들의 삶을 영생과 구별한다.

그렇다면 영생은 이것일 수밖에 없다.
「믿는 자들에게만 주어지는 성령과의 하나 됨.」
그것이 믿지 않는 자들의 부활과 구별되면서도
현재 이미 영생을 가지고 있다는 것을 의미하는
그리스도인의 삶의 양태다.

불트만은 요한의 부활에 대한 표현들이
일반적인 생명과 죽음의 개념을 부정하며
진정한 죽음이란 하나님과의 단절을 말하는 것으로 생각했다.
여기에 덧붙인다면

진정한 생명이란 하나님과의 관계이며
영원한 생명은 하나님과의 영원한 관계를 말하는 것으로 볼 수 있다.

우리가 영생을 이런 관계의 차원으로 볼 때
"나는 부활이요 생명이니
나를 믿는 자는 죽어도 살고
살아서 나를 믿는 자는 영원히 죽지 않는다"라는 말씀을
부활과 영생에 대한 두 개의 말씀으로 분리해서 볼 수 있겠다.

나는 부활이다.
따라서 나를 믿는 자는 죽어도 산다.

나는 생명이다.
따라서 지금 나를 믿는 자는 영원히 죽지 않는다.
즉, 나와 영원한 관계 속에 있다.

이는 우리 몸의 죽음이
예수와의 관계를 끊을 수 없다는 것을 의미하며
그의 사랑이 설사 우리가 죽어 있다 하더라도
우리를 붙들고 있음을 의미한다.

나사로의 다시 살리심은 이를 설명하기 위한 이적이다.
예수께서 나사로를 사랑하셨음을 요한은 전한다.
그의 사랑 속에 있는 자 나사로는 병들어 죽었으나
예수께서는 이를 '잠들었다'고 표현하신다.
그리고 '깨우러' 가자고 제자들에게 말씀하신다.
우리의 관점에서는 죽음이나
영원히 살아 계신 분, 영원한 생명이신 분의 입장에서
그의 사랑 속에 존재하는 자, 나사로는
영원히 살아 있다.

우리의 죽음은 하나님께는 죽음이 아니다.
그리고 그의 사랑 안에 있기에
우리를 깨움은 단지 몸의 부활이 아니다.
그것은 사랑의 확인이며
영원히 함께 하고자 하는 욕망의 부름이다.
믿는 자, 하나님의 사랑 속에 있는 자에게 죽음은 없다.

사실 우리의 입장에서도
하나님과의 관계는 죽음이 단절시키지 못한다.
죽음은 이 체험을 빼앗아 가지 못한다.
죽음 속에 사라져 버린 것 같은 인간의 의식은
사실 그 사람의 관점에서는 찰나의 시간이다.
죽음이란 나사로의 사건처럼 잠과 같은 것이기 때문이다.

"우리 친구 나사로는 잠들었다. 내가 가서, 그를 깨우겠다."(요11:11)

자다 일어난 자는 잠든 시간과 깬 시간 사이의 간격을 알지 못한다.
나사로에게 주님을 알고 지내던 영생의 체험의 삶은
그분이 깨우시는 순간, 죽음 이전의 시간과 끊어지지 않고 이어진다.
그러므로 하나님과의 사랑의 관계
영생의 관계는 이미 시작 된 것이다.

주님을 모르고 심판을 위해 부활하는 자의 인식도 사실 이와 같다.
그러나 그들은 진정한 죽음인 하나님과의 단절 속에서 죽어
단절 속에서 깨어날 뿐이다.
모든 사람에게 예수는 부활이다.
그러나 어떤 이에게는 영생의 부활이며,
어떤 이들에게는 심판의 부활이다.
분명, 예수의 몸을 먹고 그 피를 마신 자,
그들은 하나님 없음의 죽음을 경험할 수 없다.

"나는 부활이요 생명이니, 나를 믿는 사람은 죽어도 살고,
살아서 나를 믿는 사람은 영원히 죽지 아니할 것이다.
네가 이것을 믿느냐?"(요11:25~26)

이제 예수께서는 마르다의 대답을 기다리신다.
마르다는 예수께서 나사로를 지금 살리려 하신다는 것을
모르고 있다.
아니, 원하지 않고 있다.
'살아서 나를 믿는 사람은'이라는 말에서
사실상 지금 살리겠다는 암시를 주셨지만
마르다는 이해하지 못하고 있다.
그러나 문제는 이해하지 못하는데 있는 것이 아니라
청원조차 하지 않는데 있다.
사실상 믿지 못하는 것이다.

"마르다가 예수께 말하였다.
"예, 주님! 주님은 세상에 오실 그리스도이시며,
하나님의 아들이심을, 내가 믿습니다.""(요11:27)

이제야 그녀는 믿는다고 대답한다.
그녀는 예수께서 '오실 그리스도'이시고 '하나님의 아들'이심을
믿는다고 대답했다.
마지막 종말의 메시아는 전통적인 기대 속에서
부활을 일으킬 자로 믿고 있었기에
마르다의 대답은 틀린 것이 아니다.
그러나 이는 예수께서 원하신 답이 아니다.
마르다의 지적인 믿음과
지금 당장 예수께서 원하시는 믿음이 어긋나고 있다.
예수께서는 '지금'을 말하고 있고
마르다는 여전히 '아직'을 말하고 있다.

게다가 우리는 마르다의 대답,
'그리스도'이자 '하나님의 아들'이라고
고백한 또 한 사람을 알고 있다.
마태의 베드로다.
마태의 베드로는 예수님을 정확히 이렇게 고백했었다.

"선생님은 살아 계신 하나님의 아들 그리스도십니다."(마16:16)

마태의 베드로는 누가와 마가의 이야기와는 달리
이 고백에 의해 예수님의 칭찬을 받는 것으로 나타난다.
그러나 그 칭찬이 무색하게
베드로는 예수님의 고난이 선언되자
그를 막으려 애썼다.
결국 예수의 뜻과 상관없는 고백이 되는 것이다.

마르다의 고백 또한 마태의 베드로 고백처럼
장황하고 화려하며 신학적으로 폭이 넓다.
그러나 마르다는 이 고백과 함께 예수를 떠난다.
그리고 베드로가 예수의 고난에 반대하듯
예수께서 나사로의 무덤을 열려하자
다시 나타나 이를 저지하기 위해 애쓴다.
이 마르다와의 대화에는
마태의 베드로 신앙고백과 그 칭찬에 대한
비판적 풍자가 녹아 있다.
말로만 하는 신앙고백은
바람에 날리는 먼지와 같다.

화려한 신앙고백과 함께
갑작스럽게 예수를 떠나버린 마르다.
우리의 모습을 볼 수 있다.

우리 또한 예수님을, 하나님을 향해
화려하고 아름다운 미사어구로 고백하지만
정작 그분이 행하기 원하는 것,
그분이 우리에게 믿기 바라는 것,
그것과는 상관없이 그분의 곁을 떠나버린다.
교리와 신학을 믿는 것은
예수를 인격적으로 믿고 따르는 것과 다르다.
마르다는 세련된 신학을 버리고
슬픔에 절규하며 나사로를 살려달라고 했어야 한다.

예수께 현실적인 것을 원하던 마르다.
부활을 이야기하는 몽상가 같은 예수를 등지고
마리아를 대신 예수께 보낸다.

예수는 서 계신다.
자신을 믿지 못하는 한 여인의 불신에 가로막혀
한 발자국도 움직이지 않고 멈추셨다.
믿음이 없는, 인간의 적절한 응답이 없는
무신의 세계에서 예수는 멈춰버렸다.
믿음이 없는 세계에 예수는 없다.
그는 마르다에 의해 미래의 그리스도로 낙인찍혔다.
지금, 그가 할 일은 없다.

당신은 예수를 믿는가?
그리스도, 하나님의 아들이신 그분을 믿는가?
더 장황한 신앙의 고백으로 그분을 고백할 수 있는가?
그러나 그분은
당신이 비록 한 마디의 고백을 할 지식이 없더라도
침묵 속에서나마 자신과 함께 해주기를 원하고 계신다.

20. 인자의 영광

요한복음 12:20~28

20 명절에 예배하러 올라온 사람들 가운데 그리스 사람이 몇 있었는데,

21 그들은 갈릴리 벳새다 출신 빌립에게로 가서 청하였다. "선생님, 우리가 예수를 뵙고 싶습니다."

22 빌립은 안드레에게로 가서 말하고, 안드레와 빌립은 예수께 그 말을 전하였다.

23 예수께서 그들에게 대답하셨다. "인자가 영광을 받을 때가 왔다.

24 내가 진정으로 진정으로 너희에게 말한다. 밀알 하나가 땅에 떨어져서 죽지 않으면 한 알 그대로 있고, 죽으면 열매를 많이 맺는다.

25 자기의 목숨을 사랑하는 사람은 잃을 것이요, 이 세상에서 자기의 목숨을 미워하는 사람은, 영생에 이르도록 그 목숨을 보존할 것이다.

26 나를 섬기려고 하는 사람은, 누구든지 나를 따라오너라. 내가 있는 곳에는, 나를 섬기는 사람도 나와 함께 있을 것이다. 누구든지 나를 섬기면, 내 아버지께서 그를 높여주실 것이다."

27 "지금 내 마음이 괴로우니, 무슨 말을 하여야 할까? '아버지, 이 시간을 벗어나게 하여 주십시오' 하고 말할까? 아니다. 나는 바로 이 일 때문에 이 때에 왔다.

28 아버지, 아버지의 이름을 영광스럽게 드러내십시오." 그 때에 하늘에서 소리가 들려 왔다. "내가 이미 영광되게 하였고, 앞으로도 영광되게 하겠다."

요한복음 12장에 향유를 예수께 붓는 여인이 나타난다.
그녀는 나사로의 누이 마리아이다.

공관복음에도 향유를 부은 여인이 나타나는데
마가와 마태에서는 그 장소가 문둥이 시몬의 집이며
여인은 예수님의 머리에 향유를 붓는다.
이 때 예수께서는 자신의 장사를 미리 준비한 것으로 여기시며
복음이 전파되는 곳마다 이 여인의 행동을 말하여 기념하라 명하신다.

누가에는 향유를 발에 붓고 머리털로 닦은 여인이 나온다.
그 장소는 바리새인의 집이었으며
죄 많은 그녀는 울며 머리털로 예수의 발을 닦아
죄 사함의 말씀을 듣게 된다.

요한은 이 두 이야기의 양상을 혼합한 듯하다.
그녀는 마태-마가의 향유를 머리에 붓는 이야기와
누가의 머리털로 닦는 이야기를 합하여
오늘 본문에서 마리아에게 그 역할을 부여하고 있다.
즉, 향유를 붓고 닦는 방식은 누가를 따르고 있고
전체적인 이야기와 말씀은 마태-마가의 뒤를 따른다.
요한은 마태-마가의 이야기와 누가의 이야기가
하나의 이야기에서 출발했거나
통합되어야 한다고 보는 것 같다.

요한이 마태-마가의 이야기에서 삭제한 부분은
이 여인의 행위를 복음이 전파되는 곳마다
기념하라고 말씀하신 그 부분이다.
예수께서 이렇게까지 말씀하신 것이 사실이라면
이는 그분이 이 여인의 행위에
큰 감명을 받았다는 것을 말하는 것이리라.
그러나 요한 또한 그렇게까지 말하지는 않고 있으나
예수께서 이 여인의 행동을
자신의 장사를 위한 것으로 인정했다는 점에서
여전히 예수께서 큰 위로와 감동을 받은 것으로 전하고 있다.

왜 이 여인의 행위가 예수의 죽음을 위한 것인가?
이 여인의 행위가 예수의 죽음에 대해 무슨 기여를 하고 있는가?
마태-마가는 이 부분에 대해 뚜렷한 설명이 없으며
요한 또한 자세한 설명을 하지 않고 있다.

추측건대, 주검에 향을 넣는 의식을 예견한다는 점에서
그럴 것이라 생각해보게 된다.

그런데 요한은
다른 복음서가 신경 쓰지 않던 부분,
향기에 주목한다.

"온 집 안에 향유 냄새가 가득 찼다."(요12:3)

복음서 전체에서 후각적 설명이 있는 곳은
요한복음이 유일하다.
마르다는 11장에서 나사로의 썩은 냄새를 언급했고
마리아는 12장에서 향기를 유발시킨다.
마르다와 마리아의 대립적인 면이
요한복음에서도 이처럼 나타난다.

그런데 바로 마리아가 부은 이 향유가
예수를 감동시킨다.
이 향유에서 예수는 자신의 죽음의 의의를 보게 된다.
즉, 작은 병에 담겨있던 향유가 부어지니
그 향기가 가득 차게 된 것 같이
자신의 죽음이 가져올 엄청난 영향이 느껴진 것이 아닐까?
자신의 죽음의 가치를
향기를 통해 새롭게 인식한 것이 아닐까?
그래서 뒤이은 사건 중 예수는 이렇게 말씀하신다.

"인자가 영광을 받을 때가 왔다."(요12:23)

그의 영광은 무엇인가?
그것은 밀알이 되는 것이다.

"내가 진정으로 진정으로 너희에게 말한다.
밀알 하나가 땅에 떨어져서 죽지 않으면
한 알 그대로 있고,
죽으면 열매를 많이 맺는다."(요12:24)

이 밀알의 희생은 향유의 확산과 동일하다.
병속에 있던 약간의 향유가 더러운 발에 부어져도
방안에 아름다운 향기가 가득 퍼지 듯
인자 예수의 생명이 땅에 떨어져 심겨질 때
얼마나 많은 열매가 맺히게 될 것인가.

자신을 내던져 온 집안을 가득 매웠던 향유처럼,
한 알이 썩어 많은 열매를 내는 밀알처럼,
희생이 그에게는 영광이다.
그래서 예수께서는 기꺼이 이 희생을 환영하신다.
이 사실이 마가복음 겟세마네의 회피적 기도를 반박하는
다음 구절에 의해 강조된다.

"지금 내 마음이 괴로우니, 무슨 말을 하여야 할까?
'아버지, 이 시간을 벗어나게 하여 주십시오' 하고 말할까?
아니다. 나는 바로 이 일 때문에 이 때에 왔다."(요12:27)

여기서 비꼬듯 말씀하고 있는
"아버지 이 시간을 벗어나게 하여 주십시오"라는 기도는
사실 마가복음 14:35의 겟세마네 기도 장면을
정면으로 지목하고 있다.

"그리고서 조금 나아가서 땅에 엎드려 기도하시기를,
될 수만 있으면 이 시간이
자기에게서 비껴가게 해 달라고 하셨다."(막14:35)

요한에 의하면
향유사건에서 자신의 죽음의 의의를 확신한 예수는
마가복음이 전하듯 그렇게
겟세마네에서 기도할 수 없는 분이라는 것이다.
과연 그가 겟세마네에서 망설임의 기도를 해야 했을까?
다시금 자신의 죽음을 의심하고 두려워 할 수밖에 없었을까?

요한이 보기에는 '아니다'.
따라서 요한은 겟세마네의 기도 장면마저 전하지 않으며
그렇게 기도하지 않는 예수의 단호한 마음을 표출한다.
다시 한 번 보라.

"지금 내 마음이 괴로우니, 무슨 말을 하여야 할까?
'아버지, 이 시간을 벗어나게 하여 주십시오' 하고 말할까?
아니다. 나는 바로 이 일 때문에 이 때에 왔다."(요12:27)

이만큼 예수께 자신의 죽음에 대해
큰 영감과 용기를 준 사건이 향유 사건이며,
따라서 자신의 장사를 위한 것으로 여길 만큼
큰 감동을 준 것이 분명한 것 같다.
그리고 요한은 기록하고 있지 않지만
마태-마가에서 왜 이 여인을
복음이 전파되는 곳마다 기념하라 했는지
이해가 된다.

우리는 이 예수의 희생을 통해
얻어진 열매들이다.
이제 우리에게는 무엇이 영광인가?
내가 영광으로 추구하고 있는 것은 무엇인가?
예수의 영광은 나에게도 영광이 될 수 있을까?

21. 예수, 세상의 빛

요한복음 12:46
나는 빛으로서 세상에 왔다. 그것은, 나를 믿는 사람은 아무도 어둠 속에 머무르지 않도록 하려는 것이다.

곧 크리스마스가 다가온다.
이를 기념하며 예수의 탄일을 기다리는 절기를
대강절이라 한다.

크리스마스 12월 25일은
제국들이 섬기던 큰 신들의 탄생일이었다.
대부분의 태양신들의 탄생일이 그 날이다.
이는 그 날이 가장 밤이 긴 날,
즉, 동지이기 때문이다.
우리나라는 금년에 12월 22일이 동지이다.

왜 낮이 가장 긴 날이 아니라
밤이 가장 긴 날이 태양신들의 탄신일이 되는가?
이 때로 부터 낮이 길어지는
빛의 확장이 시작되기 때문이다.
어둠을 몰아내는 빛의 세력의 시작
그 날이 빛의 신들의 탄신일이 되는 것이다.

고대 교회는 예수 그리스도의 탄신일을 모르기에
기념할 만한 날을 택하는데 있어
논쟁의 여지가 있었겠지만
역시 빛의 신들의 탄생일인
12월 25일을 기념하기 시작했고

313년 기독교가 공인된 이후에
차차 공식적인 그리스도의 탄신일로 받아들여지다가
350년경 정식으로 공인되기에 이르렀다.

아무튼 동지의 특별함 때문에
예수 그리스도의 오심을
이보다 더 잘 드러낼 날을 택하기는 어려울 것 같다.
어둠에서 빛으로!
사망에서 생명으로!

오늘 본문을 통해
요한은 이 사실을 정확하게 표현해 주고 있다.

"나는 빛으로서 세상에 왔다.
그것은, 나를 믿는 사람은
아무도 어둠 속에 머무르지 않도록 하려는 것이다."(요12:46)

주님의 빛은 가시적인 빛이 아닌
우리의 내면을 위한 빛이다.
우리 인간들의 내면은 무의식이라는 어둠이
우리의 대부분을 지배하고 있다.
우리의 의식은 아주 일부만이
필요한 조건에 맞추어
가면이라는 형태로 표출되고 있는 것일 뿐
대부분이 어둠과 그늘에 가려져 있다.
가면이 없으면 우리는
스스로 실망과 불안에 빠지게 된다.
이것의 원형을 우리는 아담에게서 본다.

""저는 벗은 몸인 것이 두려워서 숨었습니다."

하나님이 물으셨다.
"네가 벗은 몸이라고, 누가 일러주더냐?""(창3:10~11)

왜 벗었다고 생각하는가?
왜 소유하지 않음에 불안해하는가?

인간은 사회적 동물이기에
다른 이의 평가에 민감하다.
그것에 두려움을 느낀다.
그러나 모든 이의 평가를 만족시킬 삶의 형태는 없다.
따라서 인간은 스스로의 나약함을 직시하고 실망에 빠지며,
계속되는 실망에 대한 예감에
불안과 두려움을 느낀다.
그 두려움을 손쉽게 탈출하기 위해
인간은 옷을 입고 가면을 쓰게 되는데
이것의 사회적 형태가 부와 명예, 신분 등으로
다양하게 나타난다.
따라서 신분 구분이 발달한 사회일수록
의복의 구분이 확연히 되는데
신분제가 없는 사회는
자본의 가면, 명품과 자동차가 그 형태를 이어 받고 있다.

우리의 원형인 아담을 볼 때
인간이 가진 두려움이 클수록
자신을 감추기 위해
무엇인가를 찾게 된다는 것을 알 수 있다.
그리고 더 감추고 숨을수록
어둠은 더 깊어진다.
어둠이 깊어질수록
본연의 나는 더 깊은 어둠 속으로 내려간다.

예수는 빛이다.

"나는 빛으로서 세상에 왔다.
그것은, 나를 믿는 사람은
아무도 어둠 속에 머무르지 않도록 하려는 것이다."(요12:46)

어둠을 밝히려는 예수의 빛은
사람들이 스스로를 어둠속에 가두었던 원인,
아담이 하나님을 피해 숨으려 했던 원인,
즉, 자신에 대한 타인의 기대를 염두에 두고
그 기대를 충족하지 못했다는 생각하에 스스로 만들었던
타인의 질책과 비난에 대한 두려움,
그것을 없애는 것에 있다.

그래서 빛에 대해 말씀하시던 예수께서는
다음 구절에 이렇게 말씀하신다.

"어떤 사람이 내 말을 듣고서
그것을 지키지 않는다 하더라도,
나는 그를 심판하지 아니한다.
나는 세상을 심판하러 온 것이 아니라
구원하러 왔다."(요12:47)

빛.
죄인을 찾기 위한 경찰의 조명이 아닌
죄인과 의인에게 똑같이 비치는
태양의 따스한 빛이다.

예수는 이 빛이시며
우리도 그 빛이 되어주기를 기대하신다.

초대 교인들은 예수의 이 빛을
회개를 통해 경험했다.
그러나 나를 정죄하는 하나님을 생각하며 죄를 자백한다면
그것은 예수의 빛을 오해하는 것이다.
요한이 말하는 예수의 빛은 정죄하지 않는다.

빛의 목적은
어둠을 밝히는데 있으며
어둠 속에 있는 대상이
무엇인지에 대해 관심이 없다.
그것에 골몰하는 것은 인간이다.
예수의 빛을
내가 가지고 있는 죄책감을 발견하여
이를 지워버리고자 하는데 사용하고
그 목적을 이루면 빛을 꺼버리는,
예수의 빛이 그런 수단이 될 때
나는 다시 어둠에 빠진다.

"나는 빛으로서 세상에 왔다.
그것은, 나를 믿는 사람은
아무도 어둠 속에 머무르지 않도록 하려는 것이다."(요12:46)

그 빛은 나를 어둠 자체에서
꺼내려는 목적을 가지고 있다.
내 어둠에 무엇이 숨어있는지
관심을 가지려 하지 않는다.

그것이 진리이다.
바로 그 때에
자아의 해방과 자유가 이루어진다.

지금까지 어떤 삶을 살아왔는지에 상관없이
우리의 연약함과 부족함,
허약한 자존감, 열등의식, 상처들을
어둠속에 감출 수 없는
빛의 세계로 옮겨 놓아
어둠에서 해방시키려는 것이
예수-빛의 목적이다.
어둠 속에 머무르려는 우리를 건져내는 것이
예수라는 빛의 목적인 것이다.

"나는 빛으로서 세상에 왔다.
그것은, 나를 믿는 사람은
아무도 어둠 속에 머무르지 않도록 하려는 것이다."(요12:46)

동지, 크리스마스가 가까워 온다.
내 속에 아직 밝혀지지 않은 어둠
그 어둠이 얼마나 깊은지를 확인하며
빛이 어둠을 밀어내는 크리스마스의
환희를 준비하자.

22. 맡기시는 하나님

요한복음 13:1~11
1 유월절 전에 예수께서는, 자기가 이 세상을 떠나서 아버지께로 가야 할 때가 된 것을 아시고, 세상에 있는 자기의 사람들을 사랑하시되, 끝까지 사랑하셨다.
2 저녁을 먹을 때에, 악마가 이미 시몬 가룟의 아들 유다의 마음 속에 예수를 팔아 넘길 생각을 불어넣었다.
3 예수께서는, 아버지께서 모든 것을 자기 손에 맡기신 것과 자기가 하나님께로부터 왔다가 하나님께로 돌아간다는 것을 아시고,
4 잡수시던 자리에서 일어나서, 겉옷을 벗고, 수건을 가져다가 허리에 두르셨다.
5 그리고 대야에 물을 담아다가, 제자들의 발을 씻기시고, 그 두른 수건으로 닦아주셨다.

오늘 본문의 세족식 장면은 공관복음에는 없는
요한의 특수한 이야기이다.
이것은 공관복음의 다음 말씀을 상기시킨다.
"그러나 너희끼리는 그렇게 해서는 안 된다.
너희 가운데서 위대하게 되고자 하는 사람은
누구든지 너희를 섬기는 사람이 되어야 하고,
너희 가운데서 으뜸이 되고자 하는 사람은
너희의 종이 되어야 한다.
인자는 섬김을 받으러 온 것이 아니라 섬기러 왔으며,
많은 사람을 위하여 자기 목숨을
몸값으로 치러 주려고 왔다."(마20:26~28)

요한복음의 마지막 식사는 유월절 식사가 아니다.
요한은 공관복음과 달리 예수님의 십자가 처형을
유월절 예비일의 양의 희생으로 보기 때문에

제자들과의 마지막 만찬이 유월절 예비일 전날로 돌려졌고
따라서 유월절 예비일 식사가 아닌 일반적인 저녁 식사가 된다.
유월절 만찬의 장면이 없는 요한은
제자들의 발을 씻기는 이야기로
제자들과의 마지막 식사 장면을 의미 있게 하고 있다.
즉, 살과 피를 나누는 새언약 희생의 기념 식사는,
몸소 제자들의 발을 씻기는
실천적인 희생의 장면으로 교체되고 있다.

우리는 오늘 본문에서 요한의 특징적인 강조점을 보게 된다.

"예수께서는,
아버지께서 모든 것을 자기 손에 맡기신 것과
자기가 하나님께로부터 왔다가
하나님께로 돌아간다는 것을 아시고"(요13:3)

아버지께서 자기 자신에게 맡기셨다는 자주적인 표현은
요한복음 도처에 있다.
"아버지께서 나를 사랑하시는 것은
내가 다시 목숨을 얻기 위하여 목숨을 버림이라
이를 내게서 빼앗는 자가 있는 것이 아니라
내가 스스로 버리노라
나는 버릴 권세도 있고 다시 얻을 권세도 있으니
이 계명은 내 아버지에게서 받았노라 하시니라"(요10:17~18)

"시몬 베드로가 검을 가졌는데
이것을 빼어 대제사장의 종을 쳐서
오른편 귀를 베어버리니 그 종의 이름은 말고라
예수께서 베드로더러 이르시되
검을 집에 꽂으라 아버지께서 주신 잔을

내가 마시지 아니하겠느냐 하시니라"(요18:10~11)

위 18:11에서도 겟세마네 기도에 반하는 흔적이 나타난다.
우리는 예전 본문에서 겟세마네 기도에
반하는 표현을 본 적이 있다.

"지금 내 마음이 괴로우니, 무슨 말을 하여야 할까?
'아버지, 이 시간을 벗어나게 하여 주십시오' 하고 말할까?
아니다. 나는 바로 이 일 때문에 이 때에 왔다."(요12:27)

이는 마가 14:34~35의 겟세마네 기도 장면의 반박이었다.
그런데 요한복음 18:11에서는
마가의 나머지 기도까지 반박하고 있다.

"아빠, 아버지,
아버지께서는 모든 일을 하실 수 있으시니,
내게서 이 잔을 거두어 주십시오.
그러나 내 뜻대로 하지 마시고,
아버지의 뜻대로 하여 주십시오."(막14:36)

그러나 요한은 이렇게 기록한다.

"아버지께서 주신 잔을 내가 마시지 아니하겠느냐"(요18:11)

겟세마네 기도에서는 아버지의 뜻과 예수의 뜻이
잠시나마 분리된다.
미묘한 차이라 할지라도 그렇다.
그러나 요한에게 이것은 있을 수 없는 일이다.

십자가의 마지막 장면에서도 이와 같은 자주성이 표현된다.

222

마태, 마가에서는 알 수 없는 큰 소리를 지르며 돌아가시니
누가와 비교해보자.

"예수께서 큰 소리로 부르짖어 말씀하셨다.
"아버지, 내 영혼을 아버지 손에 맡깁니다."
이 말씀을 하시고, 그는 숨을 거두셨다."(눅23:46)

"예수께서 신 포도주를 받으시고서,
"다 이루었다" 하고 말씀하신 뒤에,
머리를 떨어뜨리시고 숨을 거두셨다."(요19:30)

누가가 자신의 영혼을 아버지께 의탁하는 반면,
요한은 예수께서 자신의 과업을 다 이루신 모습을 그리고 있다.
모든 것이 자신에게 맡겨졌다 생각하는 예수님의 사역 자세는
하나님께 맡기는 것이 아닌, 스스로 이루는 것이다.
요한에게 있어 예수는 머뭇거림 없이
자신의 사역을 완수해 나간다.
이미 모든 것이 자신에게 맡겨져 있다고 느끼는 예수이시다.
우리의 신앙은 하나님께 맡기는 것이라
우선적으로 생각되어진다.
그러나 요한의 예수께 있어
신앙은 하나님께서 자신에게 맡기신 것을
능동적으로 완수하는 것이다.

우리는 하나님께 모든 것을 맡긴다고 하나
결국 삶의 문제들 앞에서 선택해야 할 책임은
우리에게 지워져 있다.
기도도 마찬가지다.
우리는 모든 것을 맡기기 위해 기도한다.
그러나 오늘 본문의 예수처럼,

결국 하나님께서 모든 것을
우리에게 맡기셨다는 것을 깨닫게 된다.

용기를 가지고 일어나라.
하나님의 지원은 준비되어 있다.
결국 우리에게 모든 것이 맡겨져 있다는 것을 인식하면서
이 일들을 능동적으로 수행해야 할 것이다.
그것이 십자가를 향해 나아가는 예수의 모습을
공관복음과 다르게 그리고 있는
요한의 메시지다.

23. 형식을 넘어 예수 안으로

요한복음 13:3~17

3 예수께서는, 아버지께서 모든 것을 자기 손에 맡기신 것과 자기가 하나님께로부터 왔다가 하나님께로 돌아간다는 것을 아시고,

4 잡수시던 자리에서 일어나서, 겉옷을 벗고, 수건을 가져다가 허리에 두르셨다.

5 그리고 대야에 물을 담아다가, 제자들의 발을 씻기시고, 그 두른 수건으로 닦아주셨다.

6 시몬 베드로의 차례가 되었다. 이 때에 베드로가 예수께 말하였다. "주님, 주님께서 내 발을 씻기시렵니까?"

7 예수께서 그에게 대답하셨다. "내가 하는 일을 지금은 네가 알지 못하나, 나중에는 알게 될 것이다."

8 베드로가 다시 예수께 말하였다. "아닙니다. 내 발은 절대로 씻기지 못하십니다." 예수께서 그에게 말씀하셨다. "내가 너를 씻기지 아니하면, 너는 나와 상관이 없다."

9 그러자 시몬 베드로는 예수께 이렇게 말하였다. "주님, 내 발뿐만이 아니라, 손과 머리까지도 씻겨 주십시오."

10 예수께서 그에게 말씀하셨다. "이미 목욕한 사람은 온 몸이 깨끗하니, 발밖에는 더 씻을 필요가 없다. 너희는 깨끗하다. 그러나, 다 그런 것은 아니다."

11 예수께서는 자기를 팔아 넘길 사람을 알고 계셨다. 그러므로 "너희가 다 깨끗한 것은 아니다" 하고 말씀하신 것이다.

12 예수께서 제자들의 발을 씻겨주신 뒤에, 옷을 입으시고 식탁에 다시 앉으셔서, 그들에게 말씀하셨다. "내가 너희에게 한 일을 알겠느냐?

13 너희가 나를 선생님 또는 주님이라고 부르는데, 그것은 옳은 말이다. 내가 사실로 그러하다.

14 주이며 선생인 내가 너희의 발을 씻겨 주었으니, 너희도 서로 남의 발을 씻겨 주어야 한다.

15 내가 너희에게 한 것과 같이, 너희도 이렇게 하라고, 내가 본을 보여 준 것이다.

16 내가 진정으로 진정으로 너희에게 말한다. 종이 주인보다 높지 않으며, 보냄을 받은 사람이 보낸 사람보다 높지 않다.

17 너희가 이것을 알고 그대로 하면, 복이 있다.

요한복음에는 빵과 포도주를 나누는 마지막 만찬 장면이 없다.
이것이 함의하고 있는 바는 사실 엄청난 것이다.
이는 최후의 만찬을 모델로 성찬 예식을 지켜오던
교회 공동체 의식에 대한 부정을 의미할 수 있기 때문이다.

그런데 예수께서 제자들의 발을 씻어주시는 이 장면은
또 다른 것을 의미한다는 주장이 있다.
바로 세례에 대한 부정이다.

성찬의 기원이 되는 마지막 식사의 자리를 통해
과연 요한은 성찬과 세례 전부를 부인하고자 했던 것일까?
이러한 해석에 타당성이 있는가?

세례는 교회 입문 예식에서
가장 중요하고 기초적인 것으로
사도행전에 그 예들이 나오지만
그것이 예수께로부터 기원하는 것인지는 확실치 않다.
오직 마태만이 확실히 예수의 말씀에 그것을 둔다.

"그러므로 너희는 가서, 모든 민족을 제자로 삼아서,
아버지와 아들과 성령의 이름으로 세례를 주고,
내가 너희에게 명령한 모든 것을
그들에게 가르쳐 지키게 하여라.
보아라, 내가 세상 끝 날까지
항상 너희와 함께 있을 것이다."(마28:19~20)

원마가의 저자는 제자 파송과 세례에 대해 침묵했다.
마가복음 16장 9절 이하가 후대 첨가라는 것은 명확하다.
그래서 여러분이 보는 모든 성경에
16장 9절 이하가 가로로 묶여 있는 것이다.

"믿고 세례를 받는 사람은 구원을 얻을 것이요,
믿지 않는 사람은 정죄를 받을 것이다."(막16:16)

마가의 후대 첨가인 이 구절은 원래 마가의 것이 아니기에
원마가는 예수께서 세례를 명하지 않았다고 본다.

누가-사도행전에서도 예수께서는 세례에 대해 말씀이 없으시다.
우리는 세례의 첫 명령을 베드로로부터 듣게 된다.

"베드로가 대답하였다.
"회개하십시오. 그리고 여러분 각 사람은
예수 그리스도의 이름으로 세례를 받고,
죄 용서를 받으십시오.
그리하면 성령을 선물로 받을 것입니다.""(행2:38)

이처럼 공관복음서는 예수의 공생애 기간에
그분이 세례를 주는 일을 언급하지 않는데,
요한은 언급했다가 다시 부정한다.

"그 뒤에 예수께서 제자들과 함께 유대 지방으로 가셔서,
거기서 그들과 함께 지내시면서, 세례를 주셨다."(요3:22)

"요한보다 예수께서 더 많은 사람을
제자로 삼고 세례를 주신다는 소문이
바리새파 사람들의 귀에 들어간 것을 예수께서 아셨다.
사실은, 예수께서 직접 세례를 주신 것이 아니라,
그 제자들이 준 것이다."(4:1~2)

예수께서 세례를 주셨다는 이야기는
한갓 소문이라는 것이다.

또한 요한의 마지막 언급은 이것을 읽는 당대의 독자들에게
세례의 기원에 대해 확실히 말해준다.
예수께서 세례를 주신 적이 없고,
따라서 지금 세례도 제자들이 주기 시작했다는 것이다.

우선, 요한은 예수님의 발을 씻기는 행위를 통해
무엇을 말하고자 하는가?

"주이며 선생인 내가 너희의 발을 씻겨 주었으니,
너희도 서로 남의 발을 씻겨 주어야 한다."(요13:14)

요한은 그분의 낮아짐과 사랑을 제자들이 본받기 원한다.
그런데 베드로와의 대화를 통해
'깨끗함'에 대한 문제가 언급되면서
다른 주제가 암시되고 있다.
온 몸을 씻어달라는 베드로의 무리한 요구와
그에 대한 이상한 답변이 비밀스럽게 언급된다.

"시몬 베드로는 예수께 이렇게 말하였다.
"주님, 내 발뿐만이 아니라,
손과 머리까지도 씻겨 주십시오."
예수께서 그에게 말씀하셨다.
"이미 목욕한 사람은 온 몸이 깨끗하니,
발 밖에는 더 씻을 필요가 없다.
너희는 깨끗하다.""(요13:9~10)

예수께서 하신 이 말씀이
몸과 발의 더러움을 의미할리는 없다.
그런데 만약 이 '깨끗함'이 구원을 의미하는 것이라면
베드로의 요구를 제지하는 이 말씀은

세례에 대한 반대를 의미할 수도 있다.

당시 세례는 온몸을 담그는
침례의 형태를 띠고 있었을 뿐만 아니라
세례 요한 이후로 이는 죄 사함과 연결되어 있었다.
따라서 온 몸을 씻어 달라는 베드로의 요구를 부정하면서
요한은 깨끗게 됨, 구원에 대한 문제에 있어
그것은 물에 몸을 담그는 것,
즉, 세례와 절대적인 관계가 없다는 것을 암시하는 것이다.
이는 또한 요한복음의 구원이
죄를 사하는 것과는 다른 차원이라는 것 또한
같이 나타내주고 있다.

이 대화가 베드로와 이루어지는 것도 의미심장하다.
베드로가 바로 예수님 사후 그리스도교의
첫 세례의 주창자로 나오기 때문이다.
이미 위에서 보았듯이 베드로는
세례를 처음 언급하는 사도행전의 설교에서
세례를 받고 죄 용서를 받으라 말하고 있다.

"베드로가 대답하였다.
"회개하십시오. 그리고 여러분 각 사람은
예수 그리스도의 이름으로 세례를 받고,
죄 용서를 받으십시오.
그리하면 성령을 선물로 받을 것입니다.""(행2:38)

따라서 요한이 베드로와 예수님의 대화를 통해
세례와 죄 사함, 구원의 문제를 다루고 있다면,
베드로가 주장하듯
구원은 세례와 죄 사함을 통해 주어지는 것이 아님을,

예수의 제자들이 깨끗함을 얻는 것은
다른 이유 때문임을 말하고자 하는 것이다.

그렇다면 요한복음은 깨끗함에 대하여 어떻게 말하고 있는가?

"나는 참 포도나무요, 내 아버지는 농부이시다.
내게 붙어 있으면서도 열매를 맺지 못하는 가지는,
아버지께서 다 잘라버리시고,
열매를 맺는 가지는 더 많은 열매를 맺게 하시려고 손질하신다.
너희는, 내가 너희에게 말한 그 말로 말미암아
이미 깨끗하게 되었다.
내 안에 머물러 있어라."(요15:1~4)

제자들에 대한 고별 담화(요14~16장)를 통해
예수께서는 그의 말씀으로
이미 깨끗하게 되었다고 선포하시며
"내 안에 머물러 있어라"고 말씀하신다.

"내가 너희에게 한 이 말은 영이요 생명이다."(요6:63)

그 어떤 형식도 예수의 '말씀'보다 앞설 수는 없다.
말씀과 영 외에 예수와의 하나 됨을 앞서거나 중재하는
그 어떤 구원의 수단도 있을 수 없다.
그것이 그토록 중요하게 여겨지는 세례라 할지라도.

세례는 죄 사함을 위한 예식이 아니다.
세례는 우리가 깨끗게 되는 방법이 아니다.
우리를 깨끗게 하는 은혜는
그분의 말씀으로 이루어지는 것이다.
요한은 그렇게 말하고 있다.

요한이 전하지 않고 있는 최후의 만찬, 성찬도 마찬가지다.
떡과 포도주를 나눠야 그의 몸과 피를 나누는 것이 아니다.
요한에게 있어서는 예수,
그분과 함께하고, 그를 믿는 것이
먹고 마시는 것이다.

"예수께서 그들에게 말씀하셨다.
"내가 생명의 빵이다.
내게로 오는 사람은 결코 주리지 않을 것이요,
나를 믿는 사람은 다시는 목마르지 않을 것이다.""(요6:35)

이 모든 것이 의미하는 것은 결국
예수를 믿음에 있어 가장 중요한 것은
형식이 아니라
주님과의 내면적인 함께 거함이라는 것이다.

또한 세례가 그리스도교 공동체의
입문 예식으로 여겨지는 전통을 고려한다면
예수께서 발을 씻어주는 행위는
보다 파격적인 것을 말하는 것으로 보인다.

세례는 신앙 공동체의 신앙고백을
자신의 것으로 인정하고 고백하는 자에게 내려주는,
그래야만 그 공동체의 일원으로 받아들인다는
하나의 권위적인 성격을 가지고 있다.
그것은 현대에까지 이어지고 있는 권위체계이다.

그러나 만약 예수님의 발을 씻어주는 행위가
세례를 비판하는 것이라면
그것은 이를 의미한다고 보여진다.

즉, 그리스도교 공동체의 일원으로 받아들인다는 것은
공동체의 신앙고백과 권위에 머리 숙이게 하는 것이 아닌,
공동체원들의 사랑과 섬김을 통해
이루어져야 한다는 것이다.
섬김을 받은 자, 섬김을 통해 예수의 낮아짐과 사랑을 경험한 자
그가 그리스도교 공동체의 일원이 되는 것이지
권위적인 예식을 통하여서가 아니라는 것이다.

요한은 우리에게 도전한다.
그리스도와의 내면적인 하나 됨에 주목하라고.
그분의 섬김과 낮아짐을 통해
한 명 한 명의 그리스도인을 받아들이라고.
예수에게서 기원하지 않은 예식에
집착하지 말라고.

24. 내 안에 예비 된 거처

요한복음 14:1~11

1 "너희는 마음에 근심하지 말아라. 하나님을 믿고 또 나를 믿어라.

2 내 아버지의 집에는 있을 곳이 많다. 그렇지 않다면, 내가 너희가 있을 곳을 마련하러 간다고 너희에게 말했겠느냐? 나는 너희가 있을 곳을 마련하러 간다.

3 내가 가서 너희가 있을 곳을 마련하면, 다시 와서 너희를 나에게로 데려다가, 내가 있는 곳에 너희도 함께 있게 하겠다.

4 너희는 내가 어디로 가는지 그 길을 알고 있다."

5 도마가 예수께 말하였다. "주님, 우리는 주님께서 어디로 가시는지도 모르는데, 어떻게 그 길을 알겠습니까?"

6 예수께서 그에게 말씀하셨다. "나는 길이요, 진리요, 생명이다. 나를 거치지 않고서는, 아무도 아버지께로 갈 사람이 없다.

7 너희가 나를 알았더라면 내 아버지도 알았을 것이다. 이제 너희는 내 아버지를 알고 있으며, 그분을 이미 보았다."

8 빌립이 예수께 말하였다. "주님, 우리에게 아버지를 보여 주십시오. 그러면 좋겠습니다."

9 예수께서 대답하셨다. "빌립아, 내가 이렇게 오랫동안 너희와 함께 지냈는데도, 너는 나를 알지 못하느냐? 나를 본 사람은 아버지를 보았다. 그런데 네가 어찌하여 '우리에게 아버지를 보여 주십시오' 하고 말하느냐?

10 내가 아버지 안에 있고 아버지께서 내 안에 계시다는 것을, 네가 믿지 않느냐? 내가 너희에게 하는 말은 내 마음대로 하는 것이 아니다. 아버지께서 내 안에 계시면서 자기의 일을 하신다.

11 내가 아버지 안에 있고, 아버지께서 내 안에 계시다는 것을 믿어라. 믿지 못하겠거든 내가 하는 그 일들을 보아서라도 믿어라.

오늘 읽은 본문의 초반부는
장례식에서 많이 사용하는 말씀이다.
며칠 전 본 영화에서도 주인공의 장례식에서
신부가 이 구절을 읽으며 위로하는 장면이 나왔다.

전통적으로 이 구절은 예수의 떠나심과,
하늘나라에서의 내세의 준비,
그리고 재림의 약속으로 생각되었다.
그리고 재림이 오기 전까지의
성령의 임재에 대한 약속으로 생각되었다.

그러나 여기에 나오는 '아버지 집'은
통속적으로 생각하는 천국과는 좀 다르다.
통속적으로 생각하는 천국은
그리스도인들이 죽어서 가는 사후 세계로
중앙에 하나님의 성전이 있고,
아름다운 대지위에 펼쳐진 강과, 나무
그리고 그 곳곳에 집들이 있는 영혼의 세계이다.
천국을 보고 왔다는 많은 사람들이 이를 증언했다.

그러나 요한은 아버지 집에 거할 곳(room)이 많다는
집의 비유를 들고 있다.
방이 많은 집.
천국을 거대한 대저택으로 생각한 적이 있는가?
문자대로 보자면 다소 소박한 비유이다.
그렇다면 대부분의 거창한 환상들은
이 본문을 문자대로 본 것이 아니라
전해져오는 환상들과 섞어 확대 해석한 것이리라.

가장 큰 문제는 이러한 내세적인 천국,
그리고 이에 바탕한 하나님 나라에 대한 생각은
유대전통에서 예수께로 이어지는
묵시종말론적인 하나님 나라에 대한 생각과는
전혀 다르다는 것이다.

구약으로부터 예수님에 이르기까지,
하나님의 나라는 이 땅의 터전을 벗어나지 않는다.
그것이 새 하늘과 새 땅의 창조로 표현될 수는 있어도
정치적, 사회적, 내면적인 변화를 의미한다.

"보아라, 내가 새 하늘과 새 땅을 창조할 것이니,
이전 것들은 기억되거나 마음에 떠오르거나 하지 않을 것이다.
그러니 너희는 내가 창조하는 것을 길이길이 기뻐하고 즐거워하여라.
보아라, 내가 예루살렘을 기쁨이 가득 찬 도성으로 창조하고,
그 주민을 행복을 누리는 백성으로 창조하겠다."(사65:17~18)

이 지구를 대체할 새로운 땅이 오는 것이 아니라
예루살렘을 기쁨이 찬 도성으로,
그 주민을 행복을 누리는 백성으로
새롭게 만들겠다는 것이다.
이것이 구약적인 종말의 하나님 나라이다.

다시 오실 인자 예수는
굳건히 이 세상이라는 터 위에 오신다.
우주를, 지구를 없애고
새롭게 창조되는 세상에 대한 비젼은
적어도 유대-예수-바울 신앙에는 없다.

그럼 예수께서 말하고 계신
아버지의 집과 그 방들은 무엇인가?

예수께서는 아버지 집에 대한 논의 중
갑자기 성령이 우리와 함께,
우리 안에 계실 것이라 말하신다.

"내가 아버지께 구하겠다.
그리하면 아버지께서 다른 보혜사를 너희에게 보내셔서,
영원히 너희와 함께 계시게 하실 것이다.
그는 진리의 영이시다.
세상은 그를 보지도 못하고 알지도 못하므로,
그를 맞아들일 수가 없다.
그러나 너희는 그를 안다.
그것은, 그가 너희와 함께 계시고,
또 너희 안에 계실 것이기 때문이다."(요14:16~17)

여기까지 보면 예수께서는 아버지께 가셔서
우리가 있을 곳을 준비하시고,
예수께서 가셨으니 성령을 대신
우리와 함께 있게 하고자 하시는 것으로 보인다.

그런데 재림의 말씀이 곧바로 이어진다.

"나는 너희를 고아처럼 버려두지 아니하고,
너희에게 다시 오겠다."(요14:18)

그러나 그 다음 말씀은 재림의 말씀이라 하기에는
조금 이상한 면이 있다.

"조금 있으면, 세상이 나를 보지 못할 것이다.
그러나 너희는 나를 보게 될 것이다.
그것은 내가 살아 있고,
너희도 살아 있을 것이기 때문이다."(요14:19)

사실, 종말의 재림은 세상도, 우리도
다 그를 볼 수 있게 임하는 것이다.

그러나 세상은 볼 수 없고,
우리는 볼 수 있게 임하는 재림은 무엇인가?

세상은 보지 못하나,
너희는 나를 보게 될 것이라는 표현은
성령에 대해 나왔던 표현과 비슷하다.

"세상은 그를 보지도 못하고 알지도 못하므로,
그를 맞아들일 수가 없다. 그러나 너희는 그를 안다."(요14:17)

성령에 대한 이 말씀도,

"... 그것은, 그가 너희와 함께 계시고,
또 너희 안에 계실 것이기 때문이다."(요14:17)

예수 자신에 대한 말씀과 비슷하다.

"그 날에 너희는, 내가 내 아버지 안에 있고,
너희가 내 안에 있으며,
또 내가 너희 안에 있음을 알게 될 것이다."(요14:20)

따라서 어느덧 말씀은
성령과 예수님을 동일한 선에서 다루고 있다.
사실, 요한은 성령을 다른 보혜사,
즉, 첫 보혜사를 예수로
또 다른 보혜사를 성령으로 보고 있다.

"내가 아버지께 구하겠다.
그리하면 아버지께서 다른 보혜사를 너희에게 보내셔서,
영원히 너희와 함께 계시게 하실 것이다."(요14:16)

보혜사, 「파라클레토스」는
변호사, 대변인, 조력자를 의미하는데
예수는 바로 아버지의 보혜사, 대변인이며,
성령은 예수의 보혜사, 대변자이다.
결국 여기서 예수의 오심은 최후 종말의 재림이 아닌
성령이 예수님의 대변인으로 오시는 것을 말하고 있는 것이다.

그리고 잠시 후, 보다 강력한 말씀,
아버지와 예수께서 오신다는 표현과
함께 살 것이라는 표현이 나온다.

"예수께서 그에게 대답하셨다.
"누구든지 나를 사랑하는 사람은 내 말을 지킬 것이다.
그리하면 내 아버지께서 그 사람을 사랑하실 것이요,
내 아버지와 나는 그 사람에게로 가서
그 사람과 함께 살 것이다.""(요14:23)

즉, 이 장의 초반부에서 나왔던 말씀.
'너희가 있을 곳을 마련하러 간다'는 말씀의 결론은
아버지와 예수께서, 성령을 통해
우리와 함께 살 것이라는 것으로 결론이 난다.
우리가 있을 곳을 예비하러 가시겠다던 그분은
결국 아버지와 아들이 우리와 함께 거할 수 있도록
준비를 하러 가시겠다고 말씀하신 것이다.
'있을 곳'은 천상에 있는 유토피아를 말하는 것이 아니다.

이를 위해 무슨 준비가 필요한가?
성령을 보낼 준비이다.
예수께서 중재자이자 대변인인 성령을 보내주셔야
이 함께 거함이 가능하게 된다.

238

그런데 이 함께함에는 조건이 있다.
예수를 사랑함으로써 말씀을 실천하는 자가
성령을 통해 아버지, 아들과 함께 사는
영광을 누릴 수 있다.

"예수께서 그에게 대답하셨다.
"누구든지 나를 사랑하는 사람은 내 말을 지킬 것이다.
그리하면 내 아버지께서 그 사람을 사랑하실 것이요,
내 아버지와 나는 그 사람에게로 가서
그 사람과 함께 살 것이다.""(요14:23)

따라서 주님의 준비 외에 또 하나의 준비가 필요하다.
우리 자신이 성령을 모실 내면의 준비가 되어야 하는 것이다.
그리고 그렇게 될 때,
하나님이 계실 곳이 우리 안이 되고
그 곳이 또한 예수께서 준비하러 가신다던
아버지 집이 된다.

그런데 사실상 우리 보다 그분이 크시므로
성령이, 아버지와 아들이 우리 안에 계신다는 것은
내적인 하나 됨에 대한 우리의 경험의 표현일 뿐
결국 우리가 하나님 안에 받아들여진다는 것과 같다.
그래서 15장부터는 그분 안에 머무는 문제를 다루게 된다.

"내 안에 머물러 있어라.
그리하면 나도 너희 안에 머물러 있겠다.
가지가 포도나무에 붙어 있지 아니하면
스스로 열매를 맺을 수 없는 것과 같이,
너희도 내 안에 머물러 있지 아니하면
열매를 맺을 수 없다."(요15:4)

"아버지, 아버지께서 내 안에 계시고,
내가 아버지 안에 있는 것과 같이,
그들도 하나가 되어서
우리 안에 있게 하여 주십시오."(요17:21)

내 안에 누가 있는가?
나는 어디에 있는가?
요한은 우리 안에
성령이, 예수께서, 아버지께서
함께 하실 것이라 말하고 있다.

내 안에서 하나님을 발견하는 것.
내가 하나님과 함께 살아가는 것.
내 자신이 하나님의 거하시는 집이자 방인 것.
그리고 이 모든 것은 결국
예수를 사랑함에서 흘러나오는
실천에서 이루어진다는 것.

이것이 "있을 곳을 마련"하시려 했던 예수에 대한
요한의 증언이다.

25. 예수께서 대변인을 요청하시다

요한복음 14:12~18

12 내가 진정으로 진정으로 너희에게 말한다. 나를 믿는 사람은 내가 하는 일을 그도 할 것이요, 그보다 더 큰 일도 할 것이다. 그것은 내가 아버지께로 가기 때문이다.

13 너희가 내 이름으로 구하는 것은, 내가 무엇이든지 다 이루어 주겠다. 이것은 아들로 말미암아 아버지께서 영광을 받으시게 하려는 것이다.

14 너희가 무엇이든지 내 이름으로 구하면, 내가 다 이루어 주겠다."

15 "너희가 나를 사랑하면, 내 계명을 지킬 것이다.

16 내가 아버지께 구하겠다. 그리하면 아버지께서 다른 보혜사를 너희에게 보내셔서, 영원히 너희와 함께 계시게 하실 것이다.

17 그는 진리의 영이시다. 세상은 그를 보지도 못하고 알지도 못하므로, 그를 맞아들일 수가 없다. 그러나 너희는 그를 안다. 그것은, 그가 너희와 함께 계시고, 또 너희 안에 계실 것이기 때문이다.

18 나는 너희를 고아처럼 버려 두지 아니하고, 너희에게 다시 오겠다.

지난 시간에 우리는 떠나시는 예수께서
성령을 통하여, 아버지와 아들이 우리 안에 함께 거하는
이상을 실현하고자 했던 것을 보았다.
이는 대부분의 성서 해석이
'아버지 집'을 천상에 존재하는 극락과 같은 곳으로 봄으로써
요한을 전통적인 유대 묵시-종말론에서 이탈시켜
신플라톤적 철학적 신학, 혹은 당시 발달해 가던 영지주의처럼
천상의 세계를 동경하는 자로 만드는 것을 피하게 하고
다시금 유대-기독교적 종말론에 위치시키려는 시도였다.
우리는 우리의 신앙이 그들의 영향 속에 있는 것이 아닌지
다시 한 번 주의 깊게 살펴보아야 한다.

오늘은 같은 본문에서

저번에 다루었던 문제들이 발전해 나가는 중에 섞여 있는
다른 요소들을 보도록 한다.

먼저, 기도에 대한 언급이 나타난다.

"내가 진정으로 진정으로 너희에게 말한다.
나를 믿는 사람은 내가 하는 일을 그도 할 것이요,
그보다 더 큰 일도 할 것이다.
그것은 내가 아버지께로 가기 때문이다.
너희가 내 이름으로 구하는 것은,
내가 무엇이든지 다 이루어 주겠다.
이것은 아들로 말미암아
아버지께서 영광을 받으시게 하려는 것이다.
너희가 무엇이든지 내 이름으로 구하면,
내가 다 이루어 주겠다."(요14:12~14)

예수께서는 자신이 세상을 떠나시나
그의 사역은 계속되어야 한다고 보고 계시다.
아니, 그렇게 확고히 믿고 계시며
따라서 나보다 더 큰 일을 할 것이라 말씀하신다.
그것이 어떻게 가능한가?
기도를 통해 가능하다.
그래서 거듭 이렇게 말씀하신다.
"내 이름으로 구하면, 내가 다 이루어 주겠다."
그 이유는, "아들로 말미암아
아버지께서 영광을 받으시게 하려는 것이다."
여기서 영광은 찬양의 의미로 쓰여 졌다.

그런데 어떻게 내가 기도하는 것이 다 이루어지는가?
우리는 실제적으로 그렇지 않다고 생각하고 있지 않은가?

무슨 다른 전제가 있는 것은 아닐까?

"너희가 내 안에 머물러 있고,
내 말이 너희 안에 머물러 있으면,
너희가 무엇을 구하든지 다 그대로 이루어질 것이다."(요15:7)

그러나 이는 사실상 가장 어려운 전제이다.
그분 안에 머물러 있어야 하기 때문이다.
예수 안에 머물러 있다는 것. 그것이 쉬운 일인가?
우리 삶의 최종 목표에 가까운 것이
기도가 이루어지는 전제가 되었다.
그렇다면, 우리는 우리의 기도가 이루어지지 못하는 이유를
단번에 알게 된 것이다.

그러나 예수께서 불가능한 것을 말씀하시지는 않았을 것이다.
그 분은 왜 우리의 기도가 이루어지기를 바라는가?
또한 어떻게 하면 그렇게 될 수 있는가?

"너희가 나를 택한 것이 아니라,
내가 너희를 택하여 세운 것이다.
그것은 너희가 가서 열매를 맺어,
그 열매가 언제나 남아 있게 하려는 것이다.
그리하여 너희가 내 이름으로 아버지께 구하는 것은
무엇이든지 다 받게 하려는 것이다."(요15:16)

이 말은 열매를 맺어야
구하는 것을 다 받게 될 것이라는 말이 아니다.
구하는 것을 받게 되는 것이
열매를 맺는 삶과 동일시되고 있다.
즉, 열매를 많이 맺게 하기 위하여

구하는 것을 다 주겠다는 것이다.

이 말씀은 포도나무의 비유에서 나온 것인데
농부의 마음과 같다.
우리가 구하는 것이 나무 열매의 속성과 일치해야 한다.
포도나무 가지가 포도를 맺기 원해야지
사과를 맺으려 한다면
농부가 그 가지를 자를 수밖에 없을 것이다.

그렇다면 주님께서 우리에게 요구하시는 열매는 무엇인가?

"내가 너희에게 명하는 것은 이것이다.
너희는 서로 사랑하여라."(요15:17)

결국 사랑의 열매에 관계된 것을 기도해야
농부의 뜻에 맞는다 볼 수 있다.

이 사실은
기도할 수 있는 주제를
사랑이라는 것으로 제한하라는 것이 아니다.
이는 우리 삶의 모든 것을 사랑 속으로 집어넣으라는 요청이다.
사랑의 동기에서 모든 것을 다시 정립하라는 것이다.
사랑의 열매라는 목표를 가지고
모든 것을 그것으로 집중해야 한다.

"너희가 나를 사랑하면, 내 계명을 지킬 것이다."(요14:15)

예수를 사랑한다면,
서로 사랑하라는 그 분의 계명에
모든 것을 맞추어야 한다.

그것이 힘든가?
그래서 그분은 우리를 도우시는 자를 하나님께 요청하셨다.

"내가 아버지께 구하겠다.
그리하면 아버지께서 다른 보혜사를 너희에게 보내셔서,
영원히 너희와 함께 계시게 하실 것이다."(요14:16)

다른 보혜사라는 것은 이미 보혜사가 있었다는 것을 말하는데
그것은 예수 자신이었다.
예수께서는 하나님의 대리인이자 변호인이었다.

"나는 내 마음대로 말한 것이 아니다.
나를 보내신 아버지께서, 내가 무엇을 말해야 하고,
또 무엇을 이야기해야 하는가를,
친히 나에게 명령해 주셨다."(요12:49)

"나를 본 사람은 아버지를 보았다.
그런데 네가 어찌하여 '우리에게 아버지를 보여 주십시오'
하고 말하느냐?"(요14:9)

그러나 이제 그분은 떠나고 우리 안에서
예수를 대변할 존재,
그 존재가 바로 보혜사, 성령이다.

그분은 우리의 유익을 위해 오신다.

"그러나, 내가 너희에게 진실을 말하는데,
내가 떠나가는 것이 너희에게 유익하다.
내가 떠나가지 않으면,
보혜사가 너희에게 오시지 않을 것이다.

그러나 내가 가면, 보혜사를 너희에게 보내주겠다."(요16:7)

그 대변인의 목적은 진리이신 예수를 증언하는 것이다.

"내가 아버지께로부터 너희에게 보낼 보혜사
곧 아버지께로부터 오시는 진리의 영이 오시면,
그 영이 나를 위하여 증언하실 것이다."(요15:26)

예수를 증언하고 대변한다는 것은
곧 예수를 대신하여 그분의 말씀을 알려준다는 것이다.

"그러나 보혜사, 곧 아버지께서 내 이름으로 보내실 성령께서,
너희에게 모든 것을 가르쳐 주실 것이며,
또 내가 너희에게 말한 모든 것을
생각나게 하실 것이다."(요14:26)

바로 이 대변인이 우리를 실제적으로 예수와 연합하게 만드는
포도나무의 접붙임이자
포도나무의 열매를 맺을 에너지를 공급하는 자이다.
그렇다면 기도의 응답과 열매를 동일시하는 요한에게
성령은 기도를 도와주시는 분이신가?

요한의 보혜사 성령은 기도를 돕는 분이 아니다.
그는 그렇게 표현하지 않는다.
그러나 성령은 우리를 예수의 진리 안에 거하게 하기 때문에
하나님이 들으실만한 기도를 가능하게 하는 자이다.

그런데, 요한과 다르게
바울은 기도의 문제와 관련해서
성령에 대해 이렇게 말한다.

"이와 같이, 성령께서도 우리의 약함을 도와주십니다.
우리는 어떻게 기도해야 할지도 알지 못하지만,
성령께서 친히 이루 다 말할 수 없는 탄식으로,
우리를 대신하여 간구하여 주십니다."(롬8:26)

대신 기도해준다는 것은
우리의 기도가 필요 없다는 것이 아니라
우리가 어떻게 기도해야 할지 몰라 단지 탄식의 기도를 할 때
우리는 알지 못하지만 성령께서 대신 기도해 주신다는 것이다.
어떻게 그럴 수 있는가에 대해 바울은 침묵한다.
바울의 체험이 그러했나 보다.

바울은 또 예수께서도 우리를 위해 기도해주신다고 말한다.

"그리스도 예수는 죽으셨지만 오히려 살아나셔서
하나님의 오른쪽에 계시며,
우리를 위하여 대신 간구하여 주십니다."(롬8:34)

그러나 요한은 기도에 있어서
우리의 자주성을 더 강조하는 편이다.

"그 날에는 너희가 내 이름으로 아버지께 구할 것이다.
내가 너희를 위하여 아버지께 구하겠다는 말이 아니다."(요16:26)

'그 날'은 무엇인가?

"조금 있으면 너희는 나를 보지 못할 것이다.
그러나 또 조금 있으면 나를 볼 것이다."(요16:16)

조금 후에 예수를 보게 될 '그 날'은

성령이 대변인으로 오시는 그 날을 의미한다.
성령이 오시는 그 날,
그 때 예수의 이름으로 우리가 직접
아버지께 간구하게 된다.
예수의 말씀으로, 예수의 진리로,
즉, 예수의 이름으로.

"그 날에는 너희가 나에게 아무것도 묻지 않을 것이다.
내가 진정으로 진정으로 너희에게 말한다.
너희가 아버지께 구하는 것은,
무엇이나 아버지께서 내 이름으로 주실 것이다.
지금까지는 너희가 아무것도 내 이름으로 구하지 않았다.
구하여라. 그러면 받을 것이다.
그래서 너희의 기쁨이 넘치게 될 것이다."(요16:23~24)

우리를 돕는 자가 있다.
그분은 우리를 예수의 진리로 지키는 자,
사랑의 계명을 지켜 열매를 맺도록 하는 자,
그리하여 모든 기도가 가능하도록 도와주시는 분이다.
그 도움을 위해 성령께서 우리에게 오신다.
성령은 우리 신앙의 본질이다.
우리는 성령과 하나가 되어 있는가?

26. 내 안에, 내 사랑 안에 머물라

요한복음 15:1~12

1 "나는 참 포도나무요, 내 아버지는 농부이시다.

2 내게 붙어 있으면서도 열매를 맺지 못하는 가지는, 아버지께서 다 잘라버리시고, 열매를 맺는 가지는 더 많은 열매를 맺게 하시려고 손질하신다.

3 너희는, 내가 너희에게 말한 그 말로 말미암아 이미 깨끗하게 되었다.

4 내 안에 머물러 있어라. 그리하면 나도 너희 안에 머물러 있겠다. 가지가 포도나무에 붙어 있지 아니하면 스스로 열매를 맺을 수 없는 것과 같이, 너희도 내 안에 머물러 있지 아니하면 열매를 맺을 수 없다.

5 나는 포도나무요, 너희는 가지이다. 사람이 내 안에 머물러 있고, 내가 그 안에 머물러 있으면, 그는 많은 열매를 맺는다. 너희는 나를 떠나서는 아무것도 할 수 없다.

6 사람이 내 안에 머물러 있지 아니하면, 그는 쓸모 없는 가지처럼 버림을 받아서 말라 버린다. 사람들이 그것을 모아다가, 불에 던져서 태워 버린다.

7 너희가 내 안에 머물러 있고, 내 말이 너희 안에 머물러 있으면, 너희가 무엇을 구하든지 다 그대로 이루어질 것이다.

8 너희가 열매를 많이 맺어서 내 제자가 되면, 이것으로 내 아버지께서 영광을 받으실 것이다.

9 아버지께서 나를 사랑하신 것과 같이, 나도 너희를 사랑하였다. 너희는 내 사랑 안에 머물러 있어라.

10 너희가 내 계명을 지키면, 내 사랑 안에 머물러 있을 것이다. 그것은 마치 내가 내 아버지의 계명을 지켜서, 그 사랑 안에 머물러 있는 것과 같다.

11 내가 너희에게 이러한 말을 한 것은, 내 기쁨이 너희 안에 있게 하고, 또 너희의 기쁨이 넘치게 하려는 것이다.

12 내 계명은 이것이다. 내가 너희를 사랑한 것과 같이, 너희도 서로 사랑하여라.

오늘 읽은 이 본문을

13장 세족 사건의 주석으로 보는 신학자들이 있다.

사실 바로 직전의 말씀에서 예수께서는 제자들에게

249

"일어나거라. 여기에서 떠나자"고 말씀하셨기에(요14:31)
예수님의 모든 말씀은 이미 종료된 상태다.
즉, 사건의 순서를 따르는 말씀이 아닌 것이다.
따라서 15~17장에 나타나는 장문의 연설은
예수님의 직접적 말씀이 아닌
요한의 신학적, 혹은 예언적 서술로 여겨지고 있다.

세족식이 나타나는 13:1에는 이와 같이 기록되어 있다.

"유월절 전에 예수께서는,
자기가 이 세상을 떠나서
아버지께로 가야 할 때가 된 것을 아시고,
세상에 있는 자기의 사람들을 사랑하시되,
끝까지 사랑하셨다."(요13:1)

15장이 이 사랑에 대해 더 자세히 말한다는 의미에서
13장 세족식의 각주로 여겨지고 있는 것이다.
본문을 처음부터 살펴보며 그 사랑에 대해 알아보자.

"나는 참 포도나무요, 내 아버지는 농부이시다.
내게 붙어 있으면서도 열매를 맺지 못하는 가지는,
아버지께서 다 잘라버리시고,
열매를 맺는 가지는
더 많은 열매를 맺게 하시려고 손질하신다."(요15:1~2)

포도나무 비유에서
예수와 아버지의 관계는 밀접하지만 독립적으로 나타나며
예수는 아버지의 목적을 이루기 위한 존재로 나타난다.
또한 포도나무인 예수 자체는
가지가 없으면 열매를 맺을 수 없으므로

가지와의 관계가 절대적이며,
이에 농부인 아버지는 가지를 관리하신다.

이 비유에서 예수는
인간과 하나님의 완전한 중재자이자
하나님의 인간을 향한 목표의 중심에 서 있다.

"나는 포도나무요, 너희는 가지이다.
사람이 내 안에 머물러 있고,
내가 그 안에 머물러 있으면,
그는 많은 열매를 맺는다.
너희는 나를 떠나서는 아무것도 할 수 없다."(요15:5)

'내 안에' 있으라는 것은 신앙, 믿음을 의미한다.
그리고 '머물러' 있음은 그 의미상 성실을 요구한다.
이 관계는 모든 종교들의 종교성과 별반 다르지는 않다.
신앙과 성실을 요구하는 신 앞에
모든 종교인들이 무릎 꿇고 있다.

그러나 예수는 더 깊은 차원으로 우리를 부른다.

"아버지께서 나를 사랑하신 것과 같이,
나도 너희를 사랑하였다.
너희는 내 사랑 안에 머물러 있어라."(요15:9)

이미 13장의 세족 사건에서 언급되었던 바로 그 사랑
섬김의 사랑, 낮아짐의 사랑이다.
따라서 신앙과 믿음은 사랑이 없으면 의미를 잃는다.
사실 종교적 신앙은 대부분 두려움에서 출발한다.
신앙은 사랑을 통해 생성된 것은 아니다.

그러나 예수는 사랑을 주고
사랑은 두려움을 이긴다.
요한복음의 영향을 가장 많이 받은 요한1서에
이에 대한 설명이 나타난다.

"사랑에는 두려움이 없습니다.
완전한 사랑은 두려움을 내쫓습니다.
두려움은 징벌과 관련이 있습니다.
두려워하는 사람은 아직
사랑을 완성하지 못한 사람입니다."(요일4:18)

하나님을 사랑으로 알게 될 때,
이 세상에 대해서도 사랑을 선포할 수 있다.
예수 안에 거하는 것,
그것은 믿음과 신앙으로 시작되나
그것이 예수의 사랑 안에 거하는 것이 되지 않는 한
우리에게서 사랑이 아닌 두려움의 열매,
자기 탐욕의 열매가 열릴 뿐이다.

그러나
하나님의 목표, 농부의 목표는 열매,
결국 사람들이 계명을 지키는 것인데
이는 사랑의 계명, 사랑의 열매이다.

"내 계명은 이것이다.
내가 너희를 사랑한 것과 같이,
너희도 서로 사랑하여라."(요15:12)

따라서 신의 인간을 향한 목표가 제시되었다.
곧 사랑이다.

이미 13장의 세족식에서 이것은 새로운 계명으로 선포되었다.

"이제 나는 너희에게 새 계명을 준다.
서로 사랑하여라. 내가 너희를 사랑한 것 같이,
너희도 서로 사랑하여라."(요13:34)

오늘 본문이 주는 사랑의 목표는
인류의 복지나 세계의 평화를 언급하지 않는다.
그러나 최종적인 사랑의 열매가
신의 기쁨과 인간의 기쁨이 넘치는 상태를 지향한다는 점에서
세속적인 차원의 복지와 평화를 포함하면서도 이를 넘어선다.

"내가 너희에게 이러한 말을 한 것은,
내 기쁨이 너희 안에 있게 하고,
또 너희의 기쁨이 넘치게 하려는 것이다."(요15:11)

그런데 요한의 사랑의 대상은
공관복음에 나오는 '이웃'과 개념이 사뭇 다른
'서로'를 지향하고 있다.
누가복음 10:29에서 이웃에 대한 사랑의 명령은
'이웃'이 누구인가라는 질문을 유발시켰다.
그러나 '서로'는 그 질문조차 만들어 내지 않는다.
서로는 무차별적인 대상,
모든 사람들을 사랑의 관계 속으로 끌어들이고자 한다.

"너희를 사랑하는 사람만 너희가 사랑하면,
무슨 상을 받겠느냐?
세리도 그만큼은 하지 않느냐?"(마5:46)

"내 계명은 이것이다.

내가 너희를 사랑한 것과 같이,
너희도 서로 사랑하여라."(요15:12)

이렇게 '서로' 사랑할 때,
우리는 예수의 사랑 안에 머물게 된다.

"아버지께서 나를 사랑하신 것과 같이,
나도 너희를 사랑하였다.
너희는 내 사랑 안에 머물러 있어라."(요15:9)

구약의 '이웃' 사랑은
이웃의 경계를 유대인으로 한정하려는 경향을 보였었다.
그러나 예수의 새 계명은 이 경계를 헐고
우리를 모든 이들에게 나아가도록 촉구하고 있는 것이다.

우리는 특정한 누군가를 사랑할 뿐
서로 사랑하지 않는 것은 아닌가?
우리는 예수의 사랑 안에 머물려고만 할 뿐
타인을 향한 사랑의 요구에서
벗어나고자 한 적은 없는가?

27. 새 계명과 하나 됨

요한복음 15:12~17

12 내 계명은 이것이다. 내가 너희를 사랑한 것과 같이, 너희도 서로 사랑하여라.

13 사람이 자기 친구를 위하여 자기 목숨을 내놓는 것보다 더 큰 사랑은 없다.

14 내가 너희에게 명한 것을 너희가 행하면, 너희는 나의 친구이다.

15 이제부터는 내가 너희를 종이라고 부르지 않겠다. 종은 그의 주인이 무엇을 하는지를 알지 못한다. 나는 너희를 친구라고 불렀다. 내가 아버지에게서 들은 모든 것을 너희에게 알려 주었기 때문이다.

16 너희가 나를 택한 것이 아니라, 내가 너희를 택하여 세운 것이다. 그것은 너희가 가서 열매를 맺어, 그 열매가 언제나 남아 있게 하려는 것이다. 그리하여 너희가 내 이름으로 아버지께 구하는 것은 무엇이든지 다 받게 하려는 것이다.

17 내가 너희에게 명하는 것은 이것이다. 너희는 서로 사랑하여라.

오늘 본문의 처음과 끝을
'서로 사랑하여라' 라는 문장이 감싸고 있다.
이것이 예수의 계명으로 명명되고 있다.

13장에서 이미 주어졌던 새 계명을 다시 보자.

"이제 나는 너희에게 새 계명을 준다.
서로 사랑하여라.
내가 너희를 사랑한 것 같이, 너희도 서로 사랑하여라.
너희가 서로 사랑하면, 모든 사람이 그것으로써
너희가 내 제자인 줄을 알게 될 것이다."(요13:34~35)

공관복음은 가장 큰 계명을 이렇게 정의했다.

""선생님, 율법 가운데 어느 계명이 중요합니까?"
예수께서 그에게 말씀하셨다.
"'네 마음을 다하고, 네 목숨을 다 하고, 네 뜻을 다하여,
주 너의 하나님을 사랑하여라' 하였으니(신6:5)
이것이 가장 중요하고 으뜸가는 계명이다.
둘째 계명도 이것과 같은데,
'네 이웃을 네 몸과 같이 사랑하여라' 한 것이다(레19:18).
이 두 계명에 온 율법과 예언서의 본 뜻이 달려 있다.'"(마22:36~40)

이것 말고도 동양의 윤리적 황금율과 비견되는
예수님의 율법 해석이 또 있다.

"그러므로 너희는 무엇이든지,
남에게 대접을 받고자 하는 대로,
너희도 남을 대접하여라.
이것이 율법과 예언서의 본뜻이다."(마7:12)

이는 모든 위대한 종교들에 나타나는 황금율과 이따금 비교된다.
불교, "내게 해로운 것으로 남에게 상처 주지 말라."(우다나품)
유교, "내가 원치 않는 것은 남에게도 행하지 말라."(논어)
힌두교, "이것이 의무의 전부이니, 내게 고통스러운 것을 남에게 강요
하지 말라."(마하바라타)

동양의 종교들이 부정적인 것을 행하지 말라는
소극적인 형태를 가지는데 반해
예수의 말씀은 좋은 것을 행하라는 능동으로 나타난다.

바울은 어떻게 말했을까?
바울은 전통적인 율법의 큰 계명과
동양의 수동적인 황금율의 축약형을 사랑과 결합시키고 있다.

""간음하지 말아라. 살인하지 말아라. 도둑질하지 말아라.
탐내지 말아라" 하는 계명과, 그 밖에 또 다른 계명이 있을지라도,
모든 계명은 "네 이웃을 네 몸과 같이 사랑하여라"
하는 말씀에 요약되어 있습니다.
사랑은 이웃에게 해를 입히지 않습니다.
그러므로 사랑은 율법의 완성입니다."(롬13:10)

어떤 표현이 더 훌륭한가를 따지기는 힘들다.
모든 표현에 단점이 지적될 수 있다.
예수님의 말씀처럼 내가 남에게 받기 원하는 것을 남에게 행할 때,
나의 소원이 탐욕으로 얼룩진 것이라면,
그것을 남에게 주었을 때 이로움을 주지 못할 것이다.
마찬가지로, 동양의 황금율처럼 수동적인 형태로
내가 괴로움을 느꼈다고 다른 사람에게 하지 않는 그것이
다른 사람에게는 너무나 절실히 필요로 하는 것일 수도 있다.
결국 문제는 나 자신과 타인을 올바로 바라보는데 있지
수동이냐 능동이냐는 궁극적인 문제는 아닐 것이다.
그래서 동양의 성인들도 능동적으로 자선의 행위들을 하였다.

그런데 요한은 왜 새 계명이라는,
공관복음서에 없던 계명을
다시 정립하려 하는가?

"서로 사랑하여라. 내가 너희를 사랑한 것 같이,
너희도 서로 사랑하여라."(요13:34)

'서로'라는 단어는 쌍방간의 관계를 말하고 있다.
함께, together 가 아니다.
시선으로 말하자면,
함께(together)는 전체가 모두 공동의 목표를 바라보는 것이다.

그러나 서로(each other)는 각자가 상대를 바라보는 것이다.

따라서 요한이 예수님의 가장 큰 계명에서
서로를 강조한 사실을 공동체적인 관점에서 보자면
공동체 내의 분열을 문제 삼고 있는 것으로 보인다.

이 새 계명이 세족식에서 나타나는 것도
공동체 내의 사랑을 강조하려 했기 때문이 아닐까?

"주이며 선생인 내가 너희의 발을 씻겨 주었으니,
너희도 서로 남의 발을 씻겨 주어야 한다.
내가 너희에게 한 것과 같이, 너희도 이렇게 하라고,
내가 본을 보여 준 것이다."(요13:14~15)

위의 본문은 새 계명과 그 취지가 같다.

"서로 사랑하여라.
내가 너희를 사랑한 것 같이, 너희도 서로 사랑하여라."(요13:34)

서로 남의 발을 씻겨 주는 것,
공동체 내에서 서로 용서하고 섬기는 것을 명하는 것이 아닌가.

그렇다면 공동체의 분열을 일으키던 것은 무엇이었을까?
세족식에 이은 식사 자리에서 예수는 말씀하신다.

"예수께서 이 말씀을 하시고 나서,
마음이 괴로우셔서, 환히 드러내어 말씀하셨다.
"내가 진정으로 진정으로 너희에게 말한다.
너희 가운데 한 사람이 나를 팔아넘길 것이다."
제자들은 예수께서, 누구를 두고 하시는 말씀인지 몰라서,

서로 바라다보았다."(요13:21~22)

십자가의 고통 속에서도 괴로워하지 않던 요한의 예수께서,
공관복음, 심지어 예수의 감정에 예민한 시선을 가지고 있는
마가조차도 마지막 만찬의 자리에서는 표현하지 않던
마음이 괴롭다는 표현이 나타나고 있다.

또한 이를 배반, 배신으로 칭하고 있는데
예수님의 입에서 가롯 유다의 행위를
'배반'으로 칭하고 있는 것은 요한이 유일하다.

"나는 너희 모두를 가리켜서 말하는 것이 아니다.
나는 내가 택한 사람들을 안다.
그러나 '내 빵을 먹는 자가 나를 배반하였다' 한
성경 말씀이 이루어질 것이다."(요13:18)

유다는 공관복음에서 예수를 '넘겨'줄 자로 묘사되지만
요한의 예수께서는 그를 '팔아' 넘기는 자,
곧 예수를 자신의 이익을 취하기 위한 거래의 수단으로
삼은 자임을 말하고 있다.

"너희 가운데 한 사람이 나를 팔아넘길 것이다"(요13:21)

가롯 유다는 요한에게 가장 수치스런 표현을 또 얻는데
그것은 그가 사탄에 사로잡혀 있다는 것이다.

"그가 빵조각을 받자, 사탄이 그에게 들어갔다."(요13:27)

따라서, 13장에서 문제 삼고 있는 공동체의 어려움은
당시 유대인과 로마 박해시의 그리스도인들이

서로를 배신하는 문제에 대하여
예수께서 얼마나 괴로워하시는지를
유다의 예를 통해 표현하려 했던 것으로 보인다.

사실 요한이 서술하는 초월적 예수라면,
유다의 행위를 하나님의 영광을 위한
하나의 과정 정도로 여기지
괴로워하며 배반을 언급할 예수님이 아니다.

공동체 내의 서로 씻음,
배반에 대한 주님의 괴로움,
새 계명, 서로 사랑하라.

13장에 나타나는 이 흐름은
유대, 로마의 박해 속에 공동체 내의 배반과 분열의 상황에서
서로를 돌아보며 사랑할 것을
요한이 주님의 새로운 예언적 계명으로 받아
선포하고 있는 것이다.

그래서 13장의 주석으로 여겨지는 오늘 15장의 본문에서
사랑의 계명 뒤에, 세상의 박해에 대해 말하고 있다.

"세상이 너희를 미워하거든,
세상이 너희보다 먼저 나를 미워하였다는 것을 알아라.
너희가 세상에 속하여 있다면,
세상이 너희를 자기 것으로 여겨 사랑할 것이다.
그러나 너희는 세상에 속하지 않았고
오히려 내가 너희를 세상에서 가려 뽑아냈으므로,
세상이 너희를 미워하는 것이다.
내가 너희에게 종이 그의 주인보다

높지 않다고 한 말을 기억하여라.
사람들이 나를 박해했으면 너희도 박해할 것이요,
또 그들이 내 말을 지켰으면 너희의 말도 지킬 것이다."(요15:18~20)

세상의 박해로 인해 산산이 분열되어 가는 공동체
박해와 배신으로 하나가 되지 못하는 그들.
결국 요한은 14장으로부터 시작하는 연설의 끝인
17장의 예수님의 기도에서
다음과 같은 말씀을 기록한다.

"아버지, 아버지께서 내 안에 계시고,
내가 아버지 안에 있는 것과 같이,
그들도 하나가 되어서 우리 안에 있게 하여 주십시오.
그래서 아버지께서 나를 보내셨다는 것을,
세상이 믿게 하여 주십시오.
나는 아버지께서 내게 주신 영광을 그들에게 주었습니다.
그것은, 우리가 하나인 것과 같이,
그들도 하나가 되게 하려는 것입니다.
내가 그들 안에 있고, 아버지께서 내 안에 계신 것은,
그들이 완전히 하나가 되게 하려는 것입니다.
그것은 또, 아버지께서 나를 보내셨다는 것과,
아버지께서 나를 사랑하신 것과 같이
그들도 사랑하셨다는 것을,
세상이 알게 하려는 것입니다."(요17:21~23)

공동체가 하나 되지 못하면,
아버지와 아들 안에 있지 못하게 된다.
심지어, 아버지 안에 계신 예수께서 그들 안에 거하시는 것은,
그들이 완전히 하나가 되게 하려는 것으로 나타난다(요17:23).

그들이 하나가 되어야 아버지와 아들 안에 있게 된다.
또한 그래야만, 아버지의 사랑이 세상에 나타나게 된다.

초대 교회에 알려지지 않던 새 계명이
요한의 복음을 통해 다시 주어졌다.
이를 새로운 예언의 형태로 볼 수 있다.
분열되어 가는 공동체에게
가장 큰 계명이 다른 형태로 부여되어
공동체의 하나 됨이라는 명령과
아들과 아버지와의 하나 됨이라는
가장 고귀한 목표가 맞물리게 된 것이다.

그리고 또 하나,
이 새 계명의 핵심은
'내가 너희를 사랑한 것과 같이'에 있다.
이는 고전적인 명령이던
'네 몸과 같이'를 철저하게 강화시킨다.
주님의 사랑은 '네 몸과 같이'를 넘어선다.
그의 사랑은 몸을 부수는 사랑,
생명을 버리는 사랑,
밀알이 썩어지는 사랑,
자기를 희생하는 사랑이다.

'서로', 주님이 우리를 '사랑한 것 같이'
사랑하라는 새로운 계명.
이것이 요한이 주님으로부터 받은,
주님이 삶으로 보여주셨던
계명의 새로운 형태이다.

우리는 하나님과 함께하기를 원하지만

262

서로 하나 되기를 원하지 않는다.
나와 다른 그들을 껴안고 포용하며
하나가 되기를 원하지 않고
골방에 들어가 나의 하나님이신
그 분과만 하나가 되기를 원한다.
그러나 그분은 말씀하신다.
우리가 서로 하나 되지 못한다면
그분과 하나 될 수 없음을.
그분이 우리와 하나 되려 하심은
우리의 하나 됨을 위함이라는 것을.

28. 세상의 잘못을 깨우치시다

요한복음 16:7~13

7 그러나, 내가 너희에게 진실을 말하는데, 내가 떠나가는 것이 너희에게 유익하다. 내가 떠나가지 않으면, 보혜사가 너희에게 오시지 않을 것이다. 그러나 내가 가면, 보혜사를 너희에게 보내주겠다.

8 그가 오시면, 죄와 의와 심판에 대하여 세상의 잘못을 깨우치실 것이다.

9 죄에 대하여 깨우친다고 함은 세상 사람들이 나를 믿지 않기 때문이요,

10 의에 대하여 깨우친다고 함은 내가 아버지께로 가고 너희가 나를 더 이상 못 볼 것이기 때문이요,

11 심판에 대하여 깨우친다고 함은 이 세상의 통치자가 심판을 받았기 때문이다.

12 아직도, 내가 너희에게 할 말이 많으나, 너희가 지금은 감당하지 못한다.

13 그러나 그분 곧 진리의 영이 오시면, 그가 너희를 모든 진리 가운데로 인도하실 것이다. 그는 자기 마음대로 말씀하지 않으시고, 듣는 것만 일러주실 것이요, 앞으로 올 일들을 너희에게 알려 주실 것이다.

요한복음 14~17장에는 반복되는 주제들이 나타난다.
보혜사, 성령, 하나 됨, 기도, 열매, 진리, 새 계명 등.
그런데 오늘 16장의 본문 안에서
보혜사에 대한 이야기가 나오는 중에
무엇인가 심오한 부분이 언급된다.
보혜사가 오시면,
죄와 의와 심판에 대하여
세상의 잘못을 깨우치신다는 내용이다.
즉, 세상이 주장하던 죄와 의와 심판에 대한 생각을
다시 세우시게 된다는 것이다.

성령은 이미 예수를 증언하시는 진리의 영으로 소개되었었다.

"내가 아버지께로부터 너희에게 보낼 보혜사
곧 아버지께로부터 오시는 진리의 영이 오시면,
그 영이 나를 위하여 증언하실 것이다."(요15:26)

그런데 이 보혜사는 예수께서 떠나셔야만 오실 수 있다.
사실 보혜사가 '대리인'의 표현이기 때문에
예수께서 가셔야 대리인이 의미가 있다.

"그러나, 내가 너희에게 진실을 말하는데,
내가 떠나가는 것이 너희에게 유익하다.
내가 떠나가지 않으면, 보혜사가 너희에게 오시지 않을 것이다.
그러나 내가 가면, 보혜사를 너희에게 보내주겠다."(요16:7)

이 말씀과 위의 15:26의 말씀을 살펴보면
결국 보혜사는 예수께서 아버지께로 가셔서
예수에 의해 아버지께로부터 보내어지는 진리의 영이시다.

그렇다면 질문이 하나 생긴다.
예수께서 떠나신다는 것,
즉, 그의 죽으심을 말하는 것일 진데
과연 그는 자신의 말처럼 아버지께로 돌아갈 만한 존재인가?
즉, 진실로 아버지께로부터 온 존재인가?
아버지께서 받아주실 만한 존재인가?

세상은 그를 그렇게 인정하지 않고 있다.
과연 누가 옳은가?
예수 자신은 그것을 자신할 수 있는가?
제자들은 의심하고 있지는 않은가?

이 모든 것의 결론은 결국

예수께서 지금 약속하고 계신
진리의 영이신 보혜사가 오시느냐에 달리게 된다.
만약 이 약속의 영이 오신다면
예수께서 하신 모든 말은
사실인 것이 되는 것이다.
따라서 그 영이 오시면
그 영은 예수에 대한 모든 불신과
그를 죽음에 넘긴 그들의 정죄,
그를 죽도록 한 세상의 세력에 대해
분명 일침을 가하실 것이다.
예수께서 지금 이에 대해 말씀하고자 하신다.
보혜사가 오시면 분명
모든 오해를 바로 잡아 주실 것이라는 것이다.

"그가 오시면, 죄와 의와 심판에 대하여
세상의 잘못을 깨우치실 것이다."(요16:8)

먼저 죄에 대하여 살펴보자.

"죄에 대하여 깨우친다고 함은
세상 사람들이 나를 믿지 않기 때문이요"(요16:9)

여기서 죄는 도덕적 과실 같은 것이 아니라
불신앙과 불신앙에서 나오는 행동,
불신앙으로 성격화된
세상의 전체적 행위를 말한다.

무엇에 대한 불신앙인가?
예수에 대한 불신앙이다.
그렇다고 예수천당불신지옥의

단순한 구분을 말하는 것이 아니다.
이는 단지, 예수의 존재에 대한 불신앙이 아니라,
예수의 말씀, 하나님의 계시에 대한 불신앙을 의미한다.

단지 예수라는 존재를 믿지 않는 것이
유일한 죄라는 것이 아니다.
그의 말씀과 가르침, 진리를 받아들이지 않기에
예수의 모든 것을 배척하게 되는 행태에서
결국 그들의 죄악 된 본성이 드러난다는 것이다.

예수께서는 자신의 존재를 주장하지 않으셨다.
단지, 언제나 자신의 말을 아버지의 말씀으로 믿기를 바라셨다.
그러나 그들이 예수의 말씀을 반대하고 믿지 않았다는 것,
그것이 진리에 멀어져 있는 그들의 죄성을 드러낸다는 것이다.

그의 가르침을 겸손과 섬김의 사랑으로 집약할 때에
분명 그것을 받아들일 수 있는 자들은
진리에 근접한 자들이요,
적어도 인간이 어떻게 살아야 하며
인간의 악을 어떻게 극복해야 할지를 고민하는 자들이다.
그리고 결국 이 예수의 말씀을 받아들인 자들이
예수의 존재 또한 받아들일 수 있는
믿음을 갖게 된다.
그러나 예수의 이 말씀을 받아들이지도, 믿지도 않는 자들은
당연히 예수 자체를 배척하며 믿지 않을 것이다.
예수를 믿는다 하면서도
예수의 말씀을 믿지 않는 자들은
예수를 믿고 있는 것이 아님은 말할 것도 없다.
세상이란 결국 예수의 말씀과
그 존재를 믿지 않는 세력을 의미한다.

세상은 자신에게 안정성을 제공하는
자신의 척도들과 사상에 대한 거부를 죄로 인식한다.
그리하여 그들은 예수를 죄인으로 죽인다.
그러나 세상의 모든 안전성을 심판하고
하나님으로부터 오는 다른 안전성,
사랑과 섬김의 세상을 열어주는 계시인
예수의 말씀을 받아들이지 않는 것,
이것이 그들이 죄인임을 스스로 나타내는 것이다.

성령은 예수의 약속대로 오셔서
예수의 말이 사실이었고
그들의 판단이 잘못되었음을 증명하시며
그들의 죄를 깨닫게 해주신다.

"죄에 대하여 깨우친다고 함은
세상 사람들이 나를 믿지 않기 때문이요"(요16:9)

이제 의에 대하여 살펴보자.

"의에 대하여 깨우친다고 함은
내가 아버지께로 가고 너희가 나를 더 이상
못 볼 것이기 때문이요"(요16:10)

'의'는 법정 용어로 무죄를 뜻한다.
그러나 여기에서는 도덕적 의미에서의 의가 아니라
권리의 획득, 종말의 때에 얻게 되는
승리로서의 의가 문제되고 있다.
즉, 이 구절에서는 예수의 승리를 말하고 있다.

바울은 의에 관한 문제에 있어서 예수의 의를 거의 다루지 않는다.

바울은 주로 '우리를 의롭다'고 칭하시는
'하나님의 의'에 대해 말하고자 한다.
즉, 하나님의 의와 우리의 의에 집중한다.

"그런데 '하나님의 의'는
예수 그리스도를 믿는 믿음을 통하여 오는 것인데,
모든 믿는 사람에게 미칩니다.
거기에는 아무 차별이 없습니다."(롬3:22)

"하나님께서는 이 예수를 속죄 제물로 내주셨습니다.
그것은 그의 피를 믿을 때에 유효합니다.
하나님께서 이렇게 하신 것은,
사람들이 이제까지 지은 죄를 너그럽게 보아주심으로써
'자기의 의'를 나타내시려는 것이었습니다.
하나님께서 오래 참으시다가 지금 이 때에
'자기의 의로우심'을 나타내신 것은,
'하나님은 의로우신 분'이시라는 것과
'예수를 믿는 사람은 누구나 의롭다'고 하신다는 것을
보여 주시려는 것입니다."(롬3:25~26)

그러나 요한에 있어 의의 중심은 예수 자신이다.

"의에 대하여 깨우친다고 함은
내가 아버지께로 가고
너희가 나를 더 이상 못 볼 것이기 때문이요,"(요16:10)

요한에게 의란 예수 자신이 아버지께로 가는 것이다.
예수의 아버지께로 가심은
죽어서 이 땅에 남지 못해 어쩔 수 없이 가는 것이 아니다.
그의 떠남은 악한 이 세상에 대한 초월과 승리를 의미한다.

세상은 그를 죄인으로 지목해 죽이고 승리한 줄 알았다.
만약 그가 죄인이라면 그는 아버지께 가지 못할 것이다.
그러나 그는 아버지께 감으로써 자신의 의로움과
이로써 죽음과 불신의 세상에 대해 승리하였음을 보여주게 된다.
이는 16장의 후반부에서 제자들을 격려하는 근거가 된다.

"내가 이것을 너희에게 말한 것은,
너희가 내 안에서 평화를 얻게 하려는 것이다.
너희는 세상에서 환난을 당할 것이다.
그러나 용기를 내어라.
내가 세상을 이겼다."(요16:33)

성령은 예수의 약속대로 오셔서
예수께서 아버지께 가셨음을 증명하시며
그가 진정 의로운 자임을 깨닫게 해주신다.

"의에 대하여 깨우친다고 함은
내가 아버지께로 가고 너희가 나를 더 이상
못 볼 것이기 때문이요"(요16:10)

이제 심판에 대해 살펴보자.

"심판에 대하여 깨우친다고 함은
이 세상의 통치자가 심판을 받았기 때문이다."(요16:11)

전통적인 유대 종말론에 의하면
심판은 최후의 종말에 가서 완성된다.
그러나 보혜사는 심판이 이미 끝났음을 깨우쳐 주신다.
이는 위에서 언급한 죄와 의에 대한 내용의 종합이다.
예수의 말씀과 존재를 믿지 않고 그를 죽인 자들의 죄에 대하여

예수께서 아버지께로 가심으로 그의 '의'의 승리가 인정되자
예수를 정죄하고 죽인 '이 세상의 통치자'에 대한 심판이 확정된다.
진정한 통치자인 예수 그리스도가
세상을 이기고 승리했기 때문이다.

그런데 심판의 대상인 '이 세상의 통치자'는
영적인 세력을 의미하는 듯 여겨지나
'사단' 혹은 '마귀'로 언급되지 않았다.
이는 그 세력이 현실에서 정치력으로 나타나고 있기 때문에
권력을 잡고 있는 정치 세력과 국가 또한
포괄적으로 의미할 수 있어야하기 때문이다.
만약, '사단', '마귀'라는 영적인 존재들로 한정했다면
현실의 권력자들은 자신들의 불의에 대해 면책을 받았을 것이다.
그들의 박해와 핍박 또한 그들의 책임이 아니었을 것이다.
그러나 요한은 영적인 존재와 함께 정치적 세력을 아우르면서
그들의 불의를 강하게 비판하고 있다.

세상의 정치는 아직도 이러한 심판의 도상 위에 있다.
그들이 어두운 통치를 계속해 나갈수록
예수와 그의 가르침의 의로운 승리가
이 세상 통치자들을 심판할 기준이 될 것이다.

성령은 이처럼 예수의 모든 것을 가지고 오셔서
이 세상의 악한 통치자들을
심판의 자리에 세우신다.

혹시 우리는 아직도
세상의 기준으로 살아가고 있지 않은가?
예수의 존재에 대한 믿음이
그 분의 말씀에 대한 믿음과 분리된 채

세상의 지혜를 따라 살아가고 있지는 않은가?
예수의 죽음과 부활을 찬양하면서도
우리 자신은 의로운 자의 고난과 피해를 당하지 않기 위해
세상에 매여 있지는 않은가?
그분의 승리가 나의 승리가 될 수 있음을
의심하고 있지는 않은가?
세상에서, 내 생활권에서 힘과 권력을 발휘하는 자들에게
우리는 기죽어 있지는 않은가?
세상을 심판하는 주님의 말씀을 가지고도
무력하게 세상에 무릎을 꿇고 살아가고 있지는 않은가?
진리의 성령은 우리에게 무엇이라 말씀하실까?
우리가 무엇을 오해하고 있음을 알려주실까?

29. 아버지의 이름의 영광

요한복음 17:1~12

1 예수께서 이 말씀을 마치시고, 눈을 들어 하늘을 우러러보시고 말씀하셨다. "아버지, 때가 왔습니다. 아버지의 아들을 영광되게 하셔서, 아들이 아버지께 영광을 돌리게 하여 주십시오.

2 아버지께서는 아들에게 모든 사람을 다스리는 권세를 주셨습니다. 그것은 아들로 하여금 아버지께서 그에게 주신 모든 사람에게 영생을 주게 하려는 것입니다.

3 영생은 오직 한 분이신 참 하나님을 알고, 또 아버지께서 보내신 예수 그리스도를 아는 것입니다.

4 나는 아버지께서 내게 하라고 맡기신 일을 완성하여, 땅에서 아버지께 영광을 돌렸습니다.

5 아버지, 창세 전에 내가 아버지와 함께 누리던 그 영광으로, 나를 아버지 앞에서 영광되게 하여 주십시오.

6 나는, 아버지께서 세상에서 택하셔서 내게 주신 사람들에게 아버지의 이름을 드러냈습니다. 그들은 본래 아버지의 사람들인데, 아버지께서 그들을 나에게 주셨습니다. 그들은 아버지의 말씀을 지켰습니다.

7 지금 그들은, 아버지께서 내게 주신 모든 것이, 아버지께로부터 온 것임을 알고 있습니다.

8 나는 아버지께서 내게 주신 말씀을 그들에게 주었습니다. 그들은 그 말씀을 받아들였으며, 내가 아버지께로부터 온 것을 참으로 알았고, 또 아버지께서 나를 보내신 것을 믿었습니다.

9 나는 그들을 위하여 빕니다. 나는 세상을 위하여 비는 것이 아니고, 아버지께서 내게 주신 사람들을 위하여 빕니다. 그들은 모두 아버지의 사람들입니다.

10 나의 것은 모두 아버지의 것이고, 아버지의 것은 모두 나의 것입니다. 나는 그들로 말미암아 영광을 받았습니다.

11 나는 이제 더 이상 세상에 있지 않으나, 그들은 세상에 있습니다. 나는 아버지께로 갑니다. 거룩하신 아버지, 아버지께서 내게 주신 아버지의 이름으로 그들을 지켜주셔서, 우리가 하나인 것 같이, 그들도 하나가 되게 하여 주십시오.

12 내가 그들과 함께 지내는 동안은, 아버지께서 내게 주신 아버지의 이름으로 그들을 지키고 보호하였습니다. 그러므로 그들 가운데서는 한 사람도 잃지 않았습니다. 다만, 멸망의 자식만 잃은 것은 성경 말씀을 이루기 위함이었습니다.

14장부터 시작되던 예수님의 긴 연설이 끝난 후,
예수님은 기도하시기 시작하신다.
우리의 주의를 여러 문제들로 분산시킨
어렵고도 길었던 연설을 뺀다면
제자들과의 마지막 식사 후 나오는 이 기도는
순서상 공관복음의 겟세마네 기도와 일치한다.
그러나 겟세마네의 기도에서는
십자가에 대한 예수의 갈등이 묘사되었던 반면
여기에서는 빨리 아버지께로 가고 싶어 하시는
예수의 소망이 나타나고 있다.

"예수께서 이 말씀을 마치시고,
눈을 들어 하늘을 우러러보시고 말씀하셨다.
"아버지, 때가 왔습니다.
아버지의 아들을 영광되게 하셔서,
아들이 아버지께 영광을 돌리게 하여 주십시오.""(요17:1)

이 영광의 문제는 사실 14장부터 시작되는 연설에 앞서
13장에서 마지막 식사 시 가룟 유다가 나가는 장면에서 언급되었었다.

"유다는 그 빵조각을 받고 나서, 곧 나갔다.
때는 밤이었다.
유다가 나간 뒤에, 예수께서 말씀하셨다.
"이제는 인자가 영광을 받았고,
하나님께서도 인자로 말미암아 영광을 받으셨다.""(요13:30~31)

요한에게 있어 예수님의 영광은 그의 '십자가 죽음'이다.

"예수께서 그들에게 대답하셨다.
"인자가 영광을 받을 때가 왔다.

내가 진정으로 진정으로 너희에게 말한다.
밀알 하나가 땅에 떨어져서 죽지 않으면 한 알 그대로 있고,
죽으면 열매를 많이 맺는다.'"(요12:23~24)

그런데 이 십자가 죽음에 앞서
유다의 배신행위 속에서
이미 영광을 받았다고 인식하시던 예수께서
본문 17장의 기도에서는 다시 미래의 영광을 위해 기도하신다.

"인자가 영광을 받을 때가 왔다."(요12:23)

"이제는 인자가 영광을 받았고"(요13:31)

"아버지, 때가 왔습니다. 아버지의 아들을 영광되게 하셔서"(요17:1)

현재와 미래가 혼잡하게 엇갈리고 있는 이 표현들은
현대의 독자들을 어리둥절하게 만들지만,
이 이야기를 읽던 박해받는 공동체에게
그들의 현재, 미래의 박해에 대해
모두 하나님의 영광에 참여하게 하는 효과를 주었을 것이다.

또한 4절에 나타나듯이

"나는 아버지께서 내게 하라고 맡기신 일을 완성하여,
땅에서 아버지께 영광을 돌렸습니다."(요17:4)

예수의 영광은 최종 목표인 십자가에서 완성되지만
개개의 사역에서 하나님의 일을 완수하는 것이
또한 하나님께 영광을 돌리는 것으로 표현되고 있다.

그런데 4절의 표현은 6절과 대동소이한 표현이므로
4절의 영광과 6절의 아버지의 이름이
어떤 관련이 있는 듯 보인다.

"나는 아버지께서 내게 하라고 맡기신 일을 완성하여,
땅에서 아버지께 영광을 돌렸습니다."(요17:4)

"나는, 아버지께서 세상에서 택하셔서 내게 주신 사람들에게
아버지의 이름을 드러냈습니다."(요17:6)

예수의 일은 택하신 사람들을 찾는 것이기에 두 표현은 비슷하다.
또한 영광의 개념과 아버지의 이름의 개념은
이미 12장에서 밀접하게 같이 나타난 개념이었다.
그 때 예수께서는 아버지의 이름을
영광되게 드러내어 달라고 요청하셨다.

""아버지, 아버지의 이름을 영광스럽게 드러내십시오."
그 때에 하늘에서 소리가 들려 왔다.
"내가 이미 영광되게 하였고, 앞으로도 영광되게 하겠다.""(요12:28)

그런데 아버지의 이름을 영광스럽게 드러내 달라는 예수님의 요청에
하늘의 응답은 '아버지의 이름'은 생략하고
'영광스럽게'에 초점을 맞추어 표현되고 있다.
이미, 그리고 앞으로도 영광되게 하겠다는 응답일 뿐
직접적으로 부를 수 있는 아버지의 이름은 나타나지 않는다.

그렇다면, 예수께서도 아버지의 이름 자체를 요구하신 것이 아니라
그 이름이 '영광스럽게 드러내어지는' 현상만을 요구하신 것일까?
왜 예수께서도, 그리고 하늘에서도 '아버지의 이름' 자체에는
관심을 가지고 있지 않은 것인가?

왜 이 모든 것을 기록하고 있는 요한 또한
이 문제에 관심을 가지지 않는가?
아니, 왜 애써 아버지의 이름을 외면하는가?

아버지의 이름이란 무엇인가?
사실 예수께서는 한 번도 하나님의 이름을 부른 적이 없다.

출애굽기에는 명백하게 하나님의 이름이 소개된다.

"하나님이 모세에게 말씀하여 가라사대
나는 여호와로라 내가 아브라함과 이삭과 야곱에게
전능의 하나님으로 나타났으나
나의 이름을 여호와로는 그들에게 알리지 아니하였고"(출6:2~3)

"여호와는 용사시니 여호와는 그의 이름이시로다"(출15:3)

명사 "여호와"의 의미와 어원에 대한 해석은 여러가지지만
그 어원이 '있다' 동사와 관련을 가지고 있으므로
출3:14의 '있다'의 미완료형과 대동소이한 의미라 보면 무난하다.

"하나님이 모세에게 이르시되 '나는 있는 자'니라
또 이르시되 너는 이스라엘 자손에게 이같이 이르기를
'있는 자'가 나를 너희에게 보내셨다 하라"(출3:14)

여기에서 '있다' 동사는 미완료형으로 표시되어 있다.
동사의 미완료형으로 하나님의 이름이 표시된 것은
하나님이 '살아 있는 과정'이라는 것을 의미한다.
사실상 살아 있는 모든 존재는 굳어져 정체되어 있지 않은
과정 중의 존재들이다.
그것이 '살아 있다'는 것의 의미 아닌가.

그런데 이름이란 본래 무엇인가를 정의하고 포착하기 위한 것이다.
이름은 그 존재를 한정하려 한다.
그러나 하나님은 포착할 수도, 한정 지을 수도 없는 존재다.
따라서 에리히 프롬(Erich Fromm)은 이 구절을 이렇게 해석한다.

"나의 이름은 이름 없음이다.
그들에게 가서 이러한 '이름 없음'이
너를 그들에게 보냈다고 하라.
단지 우상들만이 이름을 갖는데
그것들은 사물들이기 때문이다.
살아 계신 하나님은 이름이 없다."(「너희도 신처럼 되어라」에서)

모세를 통해 하나님의 이름 여호와가 알려졌을지라도
지속적으로 하나님을 엘로힘으로 부르는
신학 층이 존속하였던 것으로 보이고
야훼라는 이름 자체도 망령되이 불려질 수 없게
십계명에 금지되었으며
유대인들은 오늘까지도 그 이름을 발음하지 않고 있다.
대신 성서를 읽을 때에는 '주님'이라는 뜻의 '아도나이'로 발음하고
평소에 하나님에 관해 말할 때는
"아도쉠"(아도나이+쉠(이름))을 말하는데,
이렇듯 비밀 아닌 비밀로 여겨지는 하나님의 이름이
실제로 존재한다고 할 수 있는 것일까?

따라서 성서 기록 당시의 신학에 있어서
하나님의 이름이 야훼로 확정됐다 하더라도
그 이름이 지금까지 말해질 수 없다는 사실이
하나님의 이름의 신비성과 불언명성을,
나아가서 그 이름의 비존재성을 시사한다 할 수 있으며,
결국 중세의 유대 신학자로부터 현대 신학자들에 이르기까지

하나님의 이름은 '없다'로 해석되어지고 있는 것이다.

이사야의 다음 구절은 하나님의 이름을 아는 것의
본질을 나타내 준다.

"반드시 나의 백성이 나의 이름을 알게 될 것이다.
그 날이 오면, 반드시 나의 백성은 내가 하나님이라는 것과
내가 그들에게 말한 하나님이었다는 것을 알게 될 것이다."(사52:6)

하나님의 이름을 안다는 것은
발성될 수 있는 명칭을 아는 것이 아니라,
그의 신성과 그 신성이 우리에게 말씀으로 다가오는
체험 자체를 말하는 것이다.
하나님의 이름은 체험의 결과물로 나타나며
단어로 소유할 수 있는 개념이 아니다.

따라서 아버지의 이름을
영광스럽게 드러내라는 예수님의 요청에서
영광스럽게 드러내라는 표현은
하나님 이름의 드러남이 청각을 위한 소리가 아닌
거룩한 체험임을 말한다.

""아버지, 아버지의 이름을 영광스럽게 드러내십시오."
그 때에 하늘에서 소리가 들려 왔다.
"내가 이미 영광되게 하였고,
앞으로도 영광되게 하겠다.""(요12:28)

하늘에서 울린 이 소리를
제대로 알아들은 자가 없다는 요한의 표현 자체가
하나님의 이름을 소리로 체득할 수 없음을 말해주고 있다.

그것은 영광, 즉 하나님의 일이 이루어지는
영광의 현장을 통해 나타나게 된다.
즉, 하나님의 이름은
하나님의 존재가 드러나는 현장 속에서 느껴지는
영광의 체험이다.

이러한 맥락에서 다음 말씀도 이해가 되어 진다.

"나는 이제 더 이상 세상에 있지 않으나,
그들은 세상에 있습니다.
나는 아버지께로 갑니다.
거룩하신 아버지,
아버지께서 내게 주신 아버지의 이름으로 그들을 지켜주셔서,
우리가 하나인 것 같이,
그들도 하나가 되게 하여 주십시오.
내가 그들과 함께 지내는 동안은,
아버지께서 내게 주신
아버지의 이름으로 그들을 지키고 보호하였습니다."(요16:11~12)

아버지의 이름으로 지키고 보호했다는 것은
결국 그 이름을 발음하는 것을 말하는 것이 아닌
살아 있는 하나님의 현존을 체험케 했음을 의미한다.
즉, 그분의 영광의 체험을 말한다.
실제로 예수께서는 요한복음에서 아버지의 이름을 부르거나
특정한 이름을 말함으로 무엇을 하는 행위를 하지 않으셨다.

예수께서는 자신이 아버지의 이름으로 왔다고 말씀하신다.

"내가 내 아버지의 이름으로 왔는데,
너희는 나를 영접하지 않는다."(요5:43)

위와 같이 아버지의 이름을 아버지의 현존과 영광으로 본다면
아버지의 이름으로 왔다는 것은
그의 모든 행위가 아버지의 현존과 영광을
나타내고 있다는 표현이다.
그러므로 아래의 다른 표현들도 결국은
'아버지의 이름으로' 왔다는 표현의 다른 형태이다.

"그러나 내가 심판하면 내 심판은 참되다.
그것은, 내가 혼자 있는 것이 아니라,
나를 보내신 아버지께서 나와 함께 하시기 때문이다."(요8:16)

"그러므로 예수께서 그들에게 말씀하셨다.
"너희는, 인자가 높이 들려 올려질 때에야,
'내가 곧 나'라는 것과,
또 내가 아무것도 내 마음대로 하지 아니하고
아버지께서 나에게 가르쳐 주신 대로
말한다는 것을 알게 될 것이다.""(요8:28)

아버지의 이름으로!
이는 예수 자신이 아버지의 현존 속에
아버지와 함께, 아버지의 가르치심을 따라 행하는
근본적인 존재적 방식을 의미한다고 할 수 있다.

여기서 예수의 말씀인
"내 이름으로 기도하라"는 말씀의 의미를
이런 방식으로 적용해 보면 어떨까.

"너희가 내 이름으로 무엇을 구하든지 내가 시행하리니
이는 아버지로 하여금 아들을 인하여
영광을 얻으시게 하려 함이라"(요14:13)

"내 이름으로 아버지께 무엇을 구하든지
다 받게 하려 함이니라"(요15:16)

"그 날에는 너희가 아무 것도 내게 묻지 아니하리라
내가 진실로 진실로 너희에게 이르노니
너희가 무엇이든지 아버지께 구하는 것을
내 이름으로 주시리라
지금까지는 너희가 내 이름으로
아무 것도 구하지 아니하였으나
구하라 그리하면 받으리니
너희 기쁨이 충만하리라"(요16:23~24)

우리가 '아버지의 이름으로'의 의미를 여기에 적용한다면
이 또한 예수의 이름을 발음하라는 것이 아닌
그분의 현존 가운데서, 그분의 말씀과 가르침 속에서
기도하라는 것이다.
즉, 예수의 현존 가운데 존재하라는 것이다.

그렇다면 우리는 어떻게
그분의 현존 속에 거할 수 있는가?

예수께서는 아버지의 이름, 아버지의 현존 속에 계셨다.

"나는 내 아버지의 이름으로 왔으매
너희가 영접지 아니하나
만일 다른 사람이 자기 이름으로 오면 영접하리라"(요5:43)

그런데 예수의 이름, 예수의 현존은 이제 어디에 있는가?
그것은 성령을 통해 이루어진다.

"보혜사 곧 아버지께서 내 이름으로 보내실 성령
그가 너희에게 모든 것을 가르치시고
내가 너희에게 말한 모든 것을 생각나게 하시리라"(요14:26)

결론적으로 다음의 도식이 나타난다.
아버지의 이름으로 – 예수를 보내심(보혜사) – 아버지의 현존이 드러남
예수의 이름으로 – 성령을 보내심(보혜사) – 예수의 현존이 드러남

따라서 우리가 예수의 이름 안에,
예수의 현존 속에 거하는 것은
성령을 통해 이루어지는 것이라고
요한복음은 말하고 있다.

그러므로 예수의 이름으로 기도하는 것은
성령을 통한 예수의 현존의 경험 안에서,
성령을 통해 체험되는 예수의 말씀,
예수의 가르침 안에서 기도하는 것이다.

그런데 오늘 17장 예수님의 기도에서
예수께서는 자신에게 주셨던 아버지의 이름이
계속하여 우리를 지켜주시기를 기도하고 계신다.

"나는 이제 더 이상 세상에 있지 않으나,
그들은 세상에 있습니다.
나는 아버지께로 갑니다.
거룩하신 아버지, 아버지께서 내게 주신
아버지의 이름으로 그들을 지켜주셔서,
우리가 하나인 것 같이,
그들도 하나가 되게 하여 주십시오.
내가 그들과 함께 지내는 동안은,

아버지께서 내게 주신 아버지의 이름으로
그들을 지키고 보호하였습니다.
그러므로 그들 가운데서는 한 사람도 잃지 않았습니다.
다만, 멸망의 자식만 잃은 것은
성경 말씀을 이루기 위함이었습니다."(요17:11~12)

따라서 예수가 지녔던 아버지의 이름, 아버지의 현존과
성령을 통해 주어지는 예수의 이름, 예수의 현존은
동일한 아버지 하나님의 이름,
하나님의 현존임을 요한은 말하고 있다.
아버지와 예수의 현존이 성령 안에서
우리와 함께 거하게 된다는 것이다.

"그 날에 너희는, 내가 내 아버지 안에 있고,
너희가 내 안에 있으며,
또 내가 너희 안에 있음을 알게 될 것이다."(요14:20)

요한은 예수님의 기도를 통하여
우리에게 다음의 소망이 주님의 소망임을
말하고자 하고 있다.

성령 안에 거하라.
곧, 예수의 이름 안에 거하라.
곧, 아버지의 이름 안에 거하라.
곧, 하나님의 현존 속에 살아가라.
하나님의 영광 속에 존재하라.

30. 영혼의 목자 예수

요한복음 18:1~9

1 예수께서 이 말씀을 하신 뒤에, 제자들과 함께 기드론 골짜기 건너편으로 가셨다. 거기에는 동산이 하나 있었는데, 예수와 그 제자들이 거기에 들어가셨다.

2 예수가 그 제자들과 함께 거기서 여러 번 모이셨으므로, 예수를 넘겨줄 유다도 그 곳을 알고 있었다.

3 유다는 로마 군대 병정들과, 제사장들과 바리새파 사람들이 보낸 성전 경비병들을 데리고 그리로 갔다. 그들은 등불과 횃불과 무기를 들고 있었다.

4 예수께서는 자기에게 닥쳐올 일을 모두 아시고, 앞으로 나서서 그들에게 물으셨다. "너희는 누구를 찾느냐?"

5 그들이 대답하였다. "나사렛 사람 예수요." 예수께서 그들에게 말씀하셨다. "내가 그 사람이다." 예수를 넘겨줄 유다도 그들과 함께 서 있었다.

6 예수께서 그들에게 "내가 그 사람이다" 하고 말씀하시니, 그들은 뒤로 물러나서 땅에 쓰러졌다.

7 다시 예수께서 그들에게 물으셨다. "너희는 누구를 찾느냐?" 그들이 대답하였다. "나사렛 사람 예수요."

8 예수께서 말씀하셨다. "내가 그 사람이라고 너희에게 이미 말하였다. 너희가 나를 찾거든, 이 사람들은 물러가게 하여라."

9 이렇게 말씀하신 것은, 예수께서 전에 '아버지께서 나에게 주신 사람을, 나는 한 사람도 잃지 않았습니다' 하신 그 말씀을 이루게 하시려는 것이었다.

우리는 14장에서 17장에 이르는
예수님의 긴 가르침과 기도를 들었다.
이를 요약해서 몇 가지로 정리할 필요가 있다.

첫째, 하나님은 아버지시며,
우리가 열매 맺기를 바라시고,
우리의 기도를 들어주신다.

"너희가 열매를 많이 맺어서 내 제자가 되면,
이것으로 내 아버지께서 영광을 받으실 것이다."(요15:8)

"너희가 나를 택한 것이 아니라,
내가 너희를 택하여 세운 것이다.
그것은 너희가 가서 열매를 맺어,
그 열매가 언제나 남아 있게 하려는 것이다.
그리하여 너희가 내 이름으로 아버지께 구하는 것은
무엇이든지 다 받게 하려는 것이다."(요15:16)

둘째, 예수님은 아버지께로 나오셔서
아버지께로 돌아가시는 분이시며,
아버지의 대리자이시고,
우리가 그 안에 머물게 될
실제적인 하나님의 중보자이시자
기도에 응답하시는 분이시다.

"나는 아버지에게서 나와서 세상에 왔다.
나는 세상을 떠나서 아버지께로 간다."(요16:28)

"나를 본 사람은 아버지를 보았다."(요14:9)

"너희가 내 안에 머물러 있고, 내 말이 너희 안에 머물러 있으면, 너
희가 무엇을 구하든지 다 그대로 이루어질 것이다."(요15:7)

"너희가 무엇이든지 내 이름으로 구하면,
내가 다 이루어 주겠다."(요14:14)

셋째, 성령은 예수님의 대리자이며,
우리 안에 계시게 될 것이고,

우리를 진리로 인도하실 것이다.

"내가 아버지께 구하겠다.
그리하면 아버지께서 다른 보혜사를 너희에게 보내셔서,
영원히 너희와 함께 계시게 하실 것이다.
그는 진리의 영이시다.
세상은 그를 보지도 못하고 알지도 못하므로,
그를 맞아들일 수가 없다.
그러나 너희는 그를 안다.
그것은, 그가 너희와 함께 계시고,
또 너희 안에 계실 것이기 때문이다."(요14:16~17)

"그러나 그분 곧 진리의 영이 오시면,
그가 너희를 모든 진리 가운데로 인도하실 것이다.
그는 자기 마음대로 말씀하지 않으시고,
듣는 것만 일러주실 것이요,
앞으로 올 일들을 너희에게 알려 주실 것이다."(요16:13)

이와 같이 아직 삼위일체가
이론적으로 형성되지 않은 시기에
요한복음은 그 어떤 신약의 기록물보다 자세하게
아버지와 아들과 성령의 관계를
'보혜사', 즉 대리인이라는 개념으로 연결 짓고 있다.
아버지-아들(아버지의 보혜사)-성령(아들의 보혜사).

그러나 우리가 현재 가지고 있는 삼위일체 교리,
즉, 영원 전부터 아버지와 아들과 성령이
각각의 인격으로 존재하면서도 한 하나님이라는
이해 불가능한 사상과는 거리를 두고 있는 것으로 보이는데
비록 "나와 아버지는 하나이다"(요10:30)라는 표현이 있을지라도

"우리가 하나인 것 같이,
그들도 하나가 되게 하여 주십시오"(요17:3)라는 표현처럼
인간의 공동체적 하나 됨과
아버지와 아들의 하나 됨이 동일시 될 수 있다는 것은
존재적인 본질적 하나를 말한다기보다
together, 함께, 공존, 공재의 성격을 드러내기 때문이다.

따라서 존재적인 일치의 하나가 아니기 때문에
우리 또한 아버지와 아들의 하나 됨
즉, 공동체적 하나 됨, '함께'에 속할 수 있게 된다.

"누구든지 나를 사랑하는 사람은 내 말을 지킬 것이다.
그리하면 내 아버지께서 그 사람을 사랑하실 것이요,
내 아버지와 나는 그 사람에게로 가서
그 사람과 함께 살 것이다."(요14:23)

이 '함께'가 성령을 통해 이루어진다.

"그것은, 그가 너희와 함께 계시고,
또 너희 안에 계실 것이기 때문이다."(요14:17)

그런데 이 함께 함에 있어
우리는 예수 안에, 성령 안에 있음이 표현되었지만
아버지 안에 있음은 표현되지 않는다.

"그 날에 너희는, 내가 내 아버지 안에 있고,
너희가 내 안에 있으며,
또 내가 너희 안에 있음을 알게 될 것이다."(요14:20)

예수는 아버지 안에 있다.

그러나 우리는 예수 안에 있을 뿐
아버지와는 거리가 있다.
우리가 아버지 안에 직접 거할 수는 없다.
우리는 '예수 안에'를 통하여야
예수가 거하고 계신 아버지 안에 들어갈 수 있다.
예수와 예수의 대리자인 성령은 우리 안에 있고
또 우리가 예수와 성령 안에 있을 수 있지만
아버지 안에 직접 있을 수 없다는 점에서
예수는 하나님께 나아가는 '양의 문', '진리', '길' 이시다.
우리는 예수를 통해서만, 그가 보내주시는 성령을 통해서만
아버지께 가까이 갈 수 있다.
요한은 이 점에서 하나님의 초월성과 거룩성을
엄격하게 지켜내려 한다.

이렇듯 성령이 예수의 대리인으로서
예수께 종속된 듯 여겨진다는 면에서
바울이 성령을 '그리스도의 영'으로 표현한 것은
요한에게도 올바르게 여겨진다고 볼 수 있다.

"그러나 하나님의 영이 여러분 안에 살아 계시면,
여러분은 육신 안에 있지 않고, 성령 안에 있습니다.
누구든지 그리스도의 영이 없으면,
그리스도의 사람이 아닙니다."(롬8:9)

이제 오늘의 본문을 보자.

예수께서 잡히시던 날 밤의 장소를
마태와 마가는 겟세마네, 누가는 감람산,
요한은 여기서 기드론 골짜기 건너편의 동산으로 말한다.
동산, 공원은 울타리가 쳐있는 구별된 공간이기에

예수께서는 제자들과 거기에 들어가신 것으로 표현된다.

그 때 유다가 익히 알고 있던 그 장소로 왔다.
그는 로마 군대 병정들과, 유대인들의 성전 경비병들을 데리고 왔다.
이는 특이한 서술이다.
공관 복음서는 이 이야기에서 로마 군인을 등장시키지 않기 때문이다.
게다가 요한이 사용하고 있는 '군대'라는 단어는
600명 정도의 대대급 부대를 지칭하는 것으로서
대규모 병력이 동원되었음을 시사한다.
이는 현실적으로 생각했을 때 과장된 측면이 있어 보이며
요한이 예수님의 위엄을 높이기 위해 설정한 것이거나
혹은 그리스도인을 핍박하는 세상 권력의 위압을
표현하려고 한 것으로 보인다.

"예수께서는 자기에게 닥쳐올 일을 모두 아시고,
앞으로 나서서 그들에게 물으셨다.
"너희는 누구를 찾느냐?""(요18:4)

마태-마가복음에서 예수께서는
유다가 입 맞추기 전까지 아무 것도 하지 않고 계시다가
유다의 신호를 보고 달려든 무리들에게 붙들리시게 된다.
누가복음은 예수께서 입 맞추려는 유다에게
"인자를 넘겨주려고 하느냐"라고 먼저 말씀하심으로써
붙잡히실 것을 미리 알고 계시는 정도에서
그분의 능력을 표현한다.
요한은 예수님의 능동성을 항상 강조했듯이,
여기에서도 예수께서는 모든 것을 미리 아시고
먼저 나서서 누구를 찾는지 물어보신다.
그들이 "나사렛 사람 예수요"라고 말하자
예수께서는 당당하게 "내가 그 사람이다"라고 응수하신다.

그러자 그 때, 놀라운 일이 벌어진다.
그 많은 무리들이 쓰러졌다.
이는 분명 신적 능력을 의미하는 것이다.
그리고 이는 예수께서 그들의 무력에 굴복하신 것이 아니라
그들 모두를 제압할 능력이 있음에도 불구하고
스스로 잡혀가셨다는 것을 말하고자 하는 것이다.

"아무도 내게서 내 목숨을 빼앗아 가지 못한다.
나는 스스로 원해서 내 목숨을 버린다.
나는 목숨을 버릴 권세도 있고, 다시 얻을 권세도 있다.
이것은 내가 아버지께로부터 받은 명령이다."(요10:18)

"아버지는 아들을 사랑하셔서,
모든 것을 아들의 손에 맡기셨다."(요3:35)

쓰러진 그들에게 예수께서 다시 말씀하신다.

"너희는 누구를 찾느냐?"(요18:4)

이는 그들에게 그들의 목적이 자신임을 각인시키고
제자들을 붙잡지 말 것을 요구하고자 하심이다.

"예수께서 말씀하셨다.
"내가 그 사람이라고 너희에게 이미 말하였다.
너희가 나를 찾거든, 이 사람들은 물러가게 하여라.""(요18:8)

공관복음의 예수께서는 제자들을 위한
이런 배려의 말씀을 하지 않으셨다.
따라서 마태-마가복음에서 제자들은 모두 도망갔다.
그들은 도망감으로써 예수를 버린 자가 되어 버린다.

그러나 요한의 제자들은 도망간 것이 아니라
잡혀가지 않은 것이다.

왜 예수께서는 이들을 보호하려 했는가?

"이렇게 말씀하신 것은, 예수께서 전에
'아버지께서 나에게 주신 사람을,
나는 한 사람도 잃지 않았습니다' 하신
그 말씀을 이루게 하시려는 것이었다."(요18:9)

이는 다음 말씀의 인용이다.

"나를 보내신 분의 뜻은,
내게 주신 사람을 내가 한 사람도 잃어버리지 않고,
마지막 날에 모두 살리는 일이다."(요6:39)

부활에 관련되었던 말씀이 여기에서 먼저 적용되었다.

한 사람도 잃지 않으려는 예수의 마음은
누가복음에서 아흔 아홉 마리의 양을 놔두고
한 마리를 찾아나서는 목자의 비유에서도 나타난다.

그리고 요한복음 10장에서도 예수께서는 말씀하셨다.

"나는 선한 목자이다.
선한 목자는 양들을 위하여 자기 목숨을 버린다."(요10:11)

예수께서 군사들에게 잡혀가는 전체 이야기에서
예수께서는 강하게 제자들을 보호하시는 분으로 나타난다.
이 이야기에서 우리는 예수의 약함을 볼 수 없다.

'도살장으로 끌려가는 어린 양처럼'이라는
이사야 53:7 말씀은 여기에서 예수께 적용되기 힘들다.
그는 너무나 당당하며
자신의 길을 잘 알고 계신다.

그런데 제자들을 보호하려는 예수님의 의지에도 불구하고
베드로의 혈기왕성함과 그 무모함은
대제사장의 종 '말고'를 겨누었고
칼로 그의 귀를 베어버렸다.
공관복음에서 이름 모를 제자로 나왔던 칼을 쓴 이 인물이
요한에 의해 베드로로 지목되면서
가장 위대한 제자로 여겨지던 그와
그가 영향을 끼치던 예루살렘 교회와 신학에 대한
요한의 비판적인 평가가
글의 배후에 깔려있음을 느끼해 해준다.
베드로는 이후에도 부활의 현장과(요20:4)
부활하신 주님과의 만남에서(요21:7)
사랑하는 그 제자 보다 느리며, 그의 인식에 의존한다.
그러나 저자로 여겨지는 그 제자는
베드로에게 언제나 우선권을 넘겨주는 겸손을 보여주는데
이는 기존 교회의 신학과 권위를 굳이 넘어서지 않으려는
요한신학의 절제된 표현과 포용력을 보여주는 듯하다.
예수께서 말씀하신다.

"그 칼을 칼집에 꽂아라.
아버지께서 나에게 주신 이 잔을,
내가 어찌 마시지 않겠느냐?"(요18:11)

베드로는 칼로 예수를 보호하려 했다.
그러나 무모한 그의 계획은 사실상 아무런 의미가 없다.

예수는 잔에 대한 말씀을 통해
그의 죽음에의 확고한 의지를 보여주실 뿐이었다.

그런데 이 말씀은 지난번에 언급했듯이
겟세마네의 기도를 반영하며 이를 반박하고 있다.

"예수께서는 이렇게 말씀하셨다.
"아빠, 아버지, 아버지께서는 모든 일을 하실 수 있으시니,
내게서 이 잔을 거두어 주십시오.
그러나 내 뜻대로 하지 마시고,
아버지의 뜻대로 하여 주십시오.""(막14:36)

고난과 죽음 앞에서 괴로워하던 예수님의 기도는
자신을 잡으러 온 군인들 앞에서
당당한 선언으로 다시 표현되는 것이다.

또한, 칼로 예수의 고난을 막으려는 베드로의 모습은
자신의 고난을 처음 알리시던 그 때,
항거하던 베드로의 모습을 연상시킨다.

"이에 베드로가 예수를 따로 붙들고
"주님, 안됩니다. 절대로 이런 일이 주님께 일어나서는 안됩니다"
하고 말하면서 예수께 대들었다."(마16:22)

이 낯 뜨거운 장면을 누가는 아예 삭제하고 전하지 않는다.

"아버지께서 나에게 주신 이 잔을,
내가 어찌 마시지 않겠느냐?"(요18:11)

이렇게 강한 예수의 모습,

제자들을 보호하기 위해 서슴없이 나서는 예수의 모습은
단지 모든 권세를 부여 받은 자로서의
신학적인 면만을 보여주는 것은 아닐 것이다.
이는 분명 이 글을 읽는 독자들
예수의 제자이자 교회의 일원인
박해받는 자들을 위한 위로임이 분명하다.

'수많은 병사들이 너희를 에워싸고
너희에게 죽음과 고난을 선언하며
무기를 들고 다가갈 지라도
두려워하지 말아라.
나는 너희 중 하나도 잃게 하지 않겠다.
설사 너희가 아버지께서 주는 잔을 마실지라도
나는 너희를 하나도 잃지 않고
모두 살려낼 것이다.'

"너희는 세상에서 환난을 당할 것이다.
그러나 용기를 내어라. 내가 세상을 이겼다."(요16:33)

우리는 예수의 사랑의 깊이와 그 강도를
더 깊이 깨달아야 한다.
그분은 지금도 우리를 위해
죽음을 거부하지 않고 나가실 분이다.
그것이 우리 영혼을 향해 품고 계신 목자 예수의 마음이다.
따라서 우리 삶의 한 순간도
우리 자신이 먼저 포기하지 않기를 원하신다.
이를 깨닫는 자라야
예수의 사랑과 생명으로 넘쳐나기 시작한다.

31. 진리의 왕

요한복음 18:28-38

28 사람들이 가야바의 집에서 총독 관저로 예수를 끌고 갔다. 때는 이른 아침이었다. 그들은 몸을 더럽히지 않고 유월절 음식을 먹기 위하여 관저 안에는 들어가지 않았다.

29 빌라도가 그들에게 나와서 "당신들은 이 사람을 무슨 일로 고발하는 거요?" 하고 물었다.

30 그들이 빌라도에게 대답하였다. "이 사람이 악한 일을 하는 사람이 아니라면, 우리가 총독님께 넘기지 않았을 것입니다."

31 빌라도가 그들에게 말하였다. "그를 데리고 가서, 당신들의 법대로 재판하시오." 유대 사람들이 "우리는 사람을 죽일 권한이 없습니다" 하고 대답하였다.

32 이렇게 하여, 예수께서 자기가 어떠한 죽음으로 죽을 것인가를 암시하여 주신 말씀이 이루어졌다.

33 빌라도가 다시 관저 안으로 들어가, 예수를 불러내서 물었다. "당신이 유대 사람들의 왕이오?"

34 예수께서 대답하셨다. "당신이 하는 그 말은 당신의 생각에서 나온 말이오? 그렇지 않으면, 나에 관하여 다른 사람들이 말하여 준 것이오?"

35 빌라도가 말하였다. "내가 유대 사람이란 말이오? 당신의 동족과 대제사장들이 당신을 나에게 넘겨주었소. 당신은 무슨 일을 하였소?"

36 예수께서 대답하셨다. "내 나라는 이 세상에 속한 것이 아니오. 나의 나라가 세상에 속한 것이라면, 나의 부하들이 싸워서, 나를 유대 사람들의 손에 넘어가지 않게 하였을 것이오. 그러나 사실로 내 나라는 이 세상에 속한 것이 아니오."

37 빌라도가 예수께 물었다. "그러면 당신은 왕이오?" 예수께서 대답하셨다. "당신이 말한 대로 나는 왕이오. 나는 진리를 증언하기 위하여 태어났으며, 진리를 증언하기 위하여 세상에 왔소. 진리에 속한 사람은, 누구나 내가 하는 말을 듣소."

38 빌라도가 예수께 "진리가 무엇이오?" 하고 물었다.

예수께서 동산에서 잡히신

그날 밤의 일이 계속 보고되고 있다.
제자들의 신상 보호를 요구하고 홀로 잡히신 예수께서는
당시 대제사장인 가야바의 장인
안나스에게 넘겨져 심문을 당하신다.
이 또한 요한 만의 특별한 보고이다.
공관복음에서는 대제사장 가야바의 신문만이 다루어졌다.
반면에 요한은 가야바의 심문 장면은 상세히 다루지 않는다.

"로마 군대 병정들과 그 부대장과
유대 사람들의 성전 경비병들이 예수를 잡아 묶어서
먼저 안나스에게로 끌고 갔다.
안나스는 그 해의 대제사장인 가야바의 장인인데"(요18:12~13)

안나스 또한 과거에 대제사장이었다.
물론 지금은 아니지만, 과거에 그가 대제사장이자 실세였음을
요한 자신이 그를 대제사장으로 부름으로써 보여주고 있다.

"대제사장은 예수께 그의 제자들과
그의 가르침에 관하여 물었다."(요18:19)

그가 우선적으로 예수를 심문한다는 점에서
그가 아직 실권을 장악하고 있음을 볼 수 있다.
혹은 예수를 로마로 넘기는 일에 대한 민심의 동요를 의식해
대제사장이자 사위인 가야바의 책임을 덜게 하기 위한 목적인지
확실한 의도는 파악되지 않는다.

그런데 이 심문의 자리를 따라간 자들이 있었으니
아까 대제사장의 귀를 벤 베드로와 이름 모를 제자이다.

"시몬 베드로와 또 다른 제자 한 사람이 예수를 따라갔다.

그 제자는 대제사장과 잘 아는 사이라서,
예수를 따라 대제사장의 집 안뜰에까지 들어갔다.”(요18:15)

이 때부터 베드로의 예수 부인 사건이
안나스와 가야바의 심문 사이사이에 보도되고 있는데
예수 그리스도의 단호함과 베드로의 나약함이 대조되어 나타난다.
나약한 베드로의 모습은 박해받는 독자들 모두의 상황을 대변해주며
그들을 비판하기보다는 위로와 용기를 주려는 것으로 보인다.

안나스와 대제사장 가야바의 심문에서
공관복음과 달리 주목할 만한 점은
특별한 죄목을 발견하지 못했다는 것이다.
공관복음에서는 이 심문의 자리에서 예수 자신이
‘하나님의 오른쪽에 앉을 인자’라는 사실을 말함으로써
신성모독죄를 얻게 된다(마26:63~64, 막14:62~63, 눅22:69~71).

그러나 먼 미래의 종말에 대한 기대보다
종말의 현실성을 더 강조하는 요한은
예수님께서 종말의 인자 이야기를 하지 않으신 것으로 보고하고
별다른 판결을 받지 않은 채
총독 빌라도에게 넘겨진 것으로 증언한다.

이렇게 해서 우리는 오늘 우리가 읽은 본문에 도달한다.

모든 복음서는 예수의 사형에 있어
빌라도 보다는 유대인들에게 그 책임을 돌리는데
요한에게 있어 빌라도는 더 면책을 받는다.

“사람들이 가야바의 집에서 총독 관저로 예수를 끌고 갔다.
때는 이른 아침이었다.

그들은 몸을 더럽히지 않고 유월절 음식을 먹기 위하여
관저 안에는 들어가지 않았다."(요18:28)

이른 아침이 되었다.
가롯 유다가 예수를 팔러 나갔을 때,
밤이었다고 보도한 요한은
이제 예수의 영광의 십자가가 시작될 지금,
이름 아침, 빛이 비추기 시작함을 알리고 있다.

곧 유월절이 시작되기 때문에
유대인들은 율법에 딱히 규정된 것은 없지만
보다 신경 써서 정결을 유지하려 했다.
그래서 이방인인 빌라도의 관저 안으로 들어가지 않고
빌라도를 불러낸다.

"빌라도가 그들에게 나와서
"당신들은 이 사람을 무슨 일로 고발하는 거요?" 하고 물었다.
그들이 빌라도에게 대답하였다.
"이 사람이 악한 일을 하는 사람이 아니라면,
우리가 총독님께 넘기지 않았을 것입니다.""(요18:29~30)

빌라도가 자신에게까지 데려온
예수의 특별한 죄목을 묻지만
그들은 죄목을 말하지 못한다.
그래서,

"빌라도가 그들에게 말하였다.
"그를 데리고 가서, 당신들의 법대로 재판하시오."
유대 사람들이 "우리는 사람을 죽일 권한이 없습니다"
하고 대답하였다."(요18:31)

문제를 가볍게 본 빌라도는
그들이 알아서 판결하라고 명하지만
유대인들은 자신들이 예수를 죽여야 하는 목적이 있음을 알린다.
당시 유대인들이 공식적으로
사형집행권을 가지고 있었는지 아닌지는
아직 명확히 밝혀지지 않고 있다.
그러나 사도행전에서 돌에 맞아 죽어가던 스데반의 예를 볼 때,
유대 율법의 테두리 안에서 신성모독에 대한 사형이
민중들과 지도자들의 동의하에 어느 정도 이루어졌음을 볼 수 있다.

그런데 이들이 로마의 사형 집행을 강력하게 요구한다는 것은
결국 정치범으로써의 처형을 바라는 것이며
반란죄에 해당하는 십자가형을 요구하는 것이다.
즉, 유대 지도자들은 예수 처형의 책임을
자신들에게서 로마로 돌려 민중들의 비난을 최소화시키고
종교지도자로서의 예수의 위상과 그 말씀을
없애버리려 했던 것으로 보인다.

그러나 빌라도가 이 상황을 보니
피지배 민족이 자신의 동족을
지배자인 로마의 반역자로 고발하는
웃지 못 할 음모가 벌어지고 있다.

그러므로 빌라도는 묻는다.

"빌라도가 다시 관저 안으로 들어가,
예수를 불러내서 물었다.
"당신이 유대 사람들의 왕이오?"
예수께서 대답하셨다.
"당신이 하는 그 말은 당신의 생각에서 나온 말이오?

그렇지 않으면, 나에 관하여 다른 사람들이 말하여 준 것이오?"
빌라도가 말하였다.
"내가 유대 사람이란 말이오?
당신의 동족과 대제사장들이 당신을 나에게 넘겨주었소.
당신은 무슨 일을 하였소?"
예수께서 대답하셨다.
"내 나라는 이 세상에 속한 것이 아니오.
나의 나라가 세상에 속한 것이라면,
나의 부하들이 싸워서,
나를 유대 사람들의 손에 넘어가지 않게 하였을 것이오.
그러나 사실로 내 나라는 이 세상에 속한 것이 아니오.""(요18:33~36)

엄밀히 말해 유대 종말론에 의하면
하나님 나라는 이 세상에 세워지므로
완전히 비정치적이지는 않다.
그러나 그 나라가 현세의 나라들이 추구하는
가치를 넘어선다는 점에서
그 나라는 세상에 속한 나라가 아니다.
그것은 새롭게 찾아오며 하늘과 땅을 새롭게 하는 나라다.

그러나 요한의 관점에서 보자면
여기서 말하는 '내 나라', 즉, '예수의 나라'는
지금 당장 세상을 대치하는 개념이 아닌
이 세상 속에서 '세상에 속하지 않는' 나라,
즉, 성령 안에서 아버지와 아들과 하나 됨 속에 거하는
다른 차원의 세상을 말하는 것이다.

따라서 빌라도는 이것이
유대인들의 종교적 문제임을 눈치 챈다.
종교적 문제에 잘못 발을 담갔다가는

비난을 뒤집어 쓸 수도 있는 상황이다.
그래서 심문을 마치기 위한 결정적인 질문을 한다.

"빌라도가 예수께 물었다.
"그러면 당신은 왕이오?" 예수께서 대답하셨다.
"당신이 말한 대로 나는 왕이오.
나는 진리를 증언하기 위하여 태어났으며,
진리를 증언하기 위하여 세상에 왔소.
진리에 속한 사람은, 누구나 내가 하는 말을 듣소."
빌라도가 예수께
"진리가 무엇이오?" 하고 물었다."(요18:37~38)

아니다.
이 사람은 왕이 되기를 원하지 않는다.
왕을 주장한 것이 아니라면 이 사람은 풀어줘야 한다.
진리라니, 이는 정치적인 문제가 아닐 것이다.
설마 이 사람의 진리가 정치적인 문제를 다루는 것일까?

빌라도는 마지막으로 진리가 무엇인지를 묻는다.
이 마지막 물음에 예수께서는 답하지 않으신다.
이미 요한복음 전체에서 말했기 때문에,
요한은 독자가 스스로 대답해 주기를 기다리고 있다.

진리란 무엇인가?
누군가에겐 수학적, 과학적,
논리적 지식이 진리가 될 것이다.
이는 진리를 오류가 없는 것이라고 보는 경우이다.
그러나 이는 가장 쉬운 차원의 진리이다.
누구나 알 수 있고 포착할 수 있는 이러한 진리는
단편적인 진리이다.

요한은 무엇을 말했는가?

"그러나 진리를 행하는 사람은 빛으로 나아온다.
그것은 자기의 행위가 하나님 안에서 이루어졌음을
드러내려는 것이다."(요3:21)

진리는 행할 수 있는 것이다.
만일 수학적 진리를 행한다면 경제학이나 건축,
제조업에 종사하게 될 것이다.
그러나 그것이 진리인가?
수학적 진리를 행하는 것을
진리를 행하는 사람이라 부르는가?

"하나님은 영이시다.
그러므로 하나님께 예배를 드리는 사람은
영과 진리로 예배를 드려야 한다."(요4:24)

진리로 예배를 드리는 것은
논리적 사고로 드리라는 것이 아닐 것이다.
위에서 진리는 행하는 것으로 규정되었었다.
그렇다면 진리로 드리는 예배란 의식이 아닌
삶, 행위일 것이다.

"그리고 너희는 진리를 알게 될 것이며,
진리가 너희를 자유롭게 할 것이다."(요8:32)

수학적, 논리적 진리로 자유를 얻는 이들이 있는가?
물론 변함없는 것을 알고 있다는 심리적 안정을
얻을 수는 있을 것이다.
그러나 수학적 진리를 최고로 추구하던

고대 그리스의 피타고라스 학파 또한
단지 수학에서 만족을 얻지 못하고
그것을 통해 우주의 신비로 나아가려는
금욕적이고 신비주의적인 학파가 되었다.

"그런데 내가 진리를 말하기 때문에,
너희는 나를 믿지 않는다."(요8:45)

'예수는 진리다!' 라고 쉽게 외치는 이들이 있다.
그러나 그것 또한 피상적인 답변이다.
예수는 자신이 진리를 말한다고 하신다.
예수는 진리를 말씀하시던 존재였다.
진리는 예수에게서 나오는 것이지
단순히 예수의 존재가 진리라고 말하는 것은
충분한 의미를 전달해주지 못한다.

"예수께서 그에게 말씀하셨다.
"나는 길이요, 진리요, 생명이다.
나를 거치지 않고서는,
아무도 아버지께로 갈 사람이 없다.""(요14:6)

이 말씀은 예수를 진리와 동일시한다.
그런데 진리이신 예수를 결국
아버지께로 가는 통로로서 말한다는 점에서
진리는 아버지를 목표로 하고 있다.
이를 다음 말씀이 증명해 준다.

"진리로 그들을 거룩하게 하여 주십시오.
아버지의 말씀은 진리입니다."(요17:17)

진리에 관한 확정적인 이 말씀은
진리를 아버지의 말씀으로 규정한다.
빌라도 앞에서도 예수께서 말하셨다.

"나는 진리를 증언하기 위하여 태어났으며,
진리를 증언하기 위하여 세상에 왔소.
진리에 속한 사람은, 누구나 내가 하는 말을 듣소."(요18:37)

그러므로 예수를 진리 자체라고 말하기 보다는
진리의 증언자, 진리를 전하는 자로 보는 것이 옳으며
모든 이들이 공감할 수 있는 설명이 된다.

"너희가 듣고 있는 이 말은, 내 말이 아니라,
나를 보내신 아버지의 말씀이다."(요14:24)

예수는 아버지의 말씀인 진리를 증언하는 자라는 의미에서
진리인 것이다.
그것이 요한이 설명하는 예수와 아버지의 하나 됨이다.

그러므로 예수는
이 세상의 정치적 왕이 아닌
진리의 왕이다.
그는 이 세상에 진리를 말하고
그 진리를 삶으로 보이려 오셨다.
지금껏 예수를 통하지 않은 진리는
권위적이고 위선적인 형태로 나타났었다.
그러나 우리는 예수의 삶으로부터
비로소 아버지의 말씀, 진리를 보게 되는데
사랑과 섬김과 희생으로
진리가 어떻게 세상을 변화시키는지를 보게 된다.

예수는 이 세상에 사랑과 섬김, 희생의 진리를
실제적인 면에서 가지고 왔다.
예수의 삶으로 말미암아
높은 자의 섬김이 논해졌고
신분 질서를 깨뜨리는 평등이 논해졌으며
남녀의 평등과 노예의 해방이 논해졌다.
아직도 예수께서 증거하신 진리는
계속적인 투쟁과 분쟁을 일으키며
세상적인 높음에 대항하고 있다.
그는 여전히 전 세계를 휩쓸고 있는 권세자,
진리의 왕이시다.

32. 죽음을 찾아가는 예수

요한복음 19:9~16

9 다시 관저 안으로 들어가서 예수께 물었다. "당신은 어디서 왔소?" 예수께서는 그에게 아무 대답도 하지 않으셨다.

10 그래서 빌라도가 예수께 말하였다. "나에게 말을 하지 않을 작정이오? 나에게는 당신을 놓아줄 권한도 있고, 십자가에 처형할 권한도 있다는 것을 모르시오?"

11 예수께서 대답하셨다. "위에서 주지 않으셨더라면, 당신에게는 나를 어찌할 아무런 권한도 없을 것이오. 그러므로 나를 당신에게 넘겨준 사람의 죄는 더 크다 할 것이오."

12 이 말을 듣고서, 빌라도는 예수를 놓아주려고 힘썼다. 그러나 유대 사람들은 "이 사람을 놓아주면, 총독님은 황제 폐하의 충신이 아닙니다. 자기를 가리켜서 왕이라고 하는 사람은, 누구나 황제 폐하를 반역하는 자입니다" 하고 외쳤다.

13 빌라도는 이 말을 듣고, 예수를 데리고 나와서, 리토스트론이라고 부르는 재판석에 앉았다. (리토스트론은 히브리 말로 가바다인데, '돌을 박은 자리'라는 뜻이다.)

14 그 날은 유월절 준비일이고, 때는 낮 열두 시쯤이었다. 빌라도가 유대 사람들에게 말하였다. "보시오, 당신들의 왕이오."

15 그들이 외쳤다. "없애 버리시오! 없애 버리시오! 그를 십자가에 못박으시오!" 빌라도가 그들에게 말하였다. "당신들의 왕을 십자가에 못박으란 말이오?" 대제사장들이 대답하였다. "우리에게는 황제 폐하 밖에는 왕이 없습니다."

16 이리하여 이제 빌라도는 예수를 십자가에 처형하라고 그들에게 넘겨주었다. 그들은 예수를 넘겨받았다.

예수께서 죽음을 향해 달려가신다.
흡사 자살과도 유사할 정도다.
스스로 목숨을 끊지 않을 뿐,
필연적인 죽음으로 자신을 몰아가기 때문이다.
여기에서 누구에게 죽음의 책임을 씌울 수 있을까?

왜 예수는 죽으려 하는가?
이에 대해 예수 스스로는 무엇이라 말씀하셨는가?
공관복음의 말씀을 보자.

"인자는 섬김을 받으러 온 것이 아니라 섬기러 왔으며,
많은 사람을 구원하기 위하여 치를 몸값으로
자기 목숨을 내주러 왔다."(막10:45)

"모두 돌려가며 이 잔을 마셔라.
이것은 죄를 사하여 주려고 많은 사람을 위하여 흘리는 나의 피,
곧 언약의 피다."(마26:27~28)

바울의 말도 들어보자.

"예수 그리스도께서는
하나님 우리 아버지의 뜻을 따라
우리를 이 악한 세대에서 건져 주시려고,
우리의 죄를 대속하기 위하여
자기 몸을 바치셨습니다."(갈1:4)

"그리스도께서 너희를 사랑하신 것 같이
너희도 사랑 가운데서 행하라
그는 우리를 위하여 자신을 버리사
향기로운 제물과 희생제물로
하나님께 드리셨느니라"(엡5:2)

예수의 죽음을
공관복음은 많은 사람들을 위한 몸값을 치르기 위한 것으로,
특히, 마태는 죄를 용서하기 위한 것으로,
바울은 우리의 죄를 대속하기 위한 희생제물로서 말하고 있다.

그러나 요한복음의 예수께서는
죄를 대속하는 희생제물의 사상을 말씀하지 않으신다.
적어도 요한복음 안에 죄 사함과 대속의 사상이
명시되지 않았다는 것은
신학자들이 인정하고 있는 바이다.

과연 그런가?
세례 요한은 이렇게 말하지 않았던가?

"다음 날 요한은 예수께서
자기에게 오시는 것을 보고 말하였다.
"보시오, 세상 죄를 지고 가는 하나님의 어린 양입니다.""(요1:29)

그러나 이는 세례 요한의 소개이다.
공관복음에서조차 세례 요한이 소개하는 예수는
본인 스스로 의심할 만큼
예수 자신과 맞지 않았다.
즉, 세례 요한은 세상의 심판을 강조했었으나
예수의 사역은 심판을 위한 것이 아니었기에
세례 요한은 예수를 의심하다 죽었다.
세례 요한은 율법의 마지막 인물일 뿐이다(마11:11).

게다가 요한복음의 세례 요한은
처음에 '세상 죄를 지고 가는 하나님의 어린 양'이라 말했지만
곧이어 다음의 장면에서는 이렇게 말한다.

"예수께서 지나가시는 것을 보고서,
"보아라, 하나님의 어린 양이다" 하고 말하였다."(요1:36)

죄에 대한 언급이 사라졌다.

이 후로 요한복음에는 예수님의 어떠한 발언에서도
죄를 사하거나, 대속한다는, 심지어 용서한다는
의미의 발언이 나타나지 않는다.

"나는 양들을 위하여 내 목숨을 버린다"(요10:15)는 말씀에서도
죄 용서에 대한 사상은 나타나지 않는다.
그는 영생을 얻기 위해 목숨을 버리신다 말씀하시며(요10:17)
이로써 자신을 따르는 양들에게 영생을 주시고자 하신다(요10:28).
또한 자신의 떠나감에 대해 설명하는
14~17장의 그 어느 곳에도
죄 용서, 대속에 대한 사상은 없다.

예수님의 죽음의 날은 금요일이다.
그러나 요한복음은 공관복음과 달리 유월절이 하루 뒤로 늦춰져
금요일이 유월절 양을 잡는 유월절 전날의 예비일이 된다.
또한, 공관복음이 말하듯 오전 9시에 십자가에 달리신 것이 아니라
유월절 양을 잡기 시작하는 12시경에 십자가에 달리신다.
의도적으로 그의 죽음을 유월절 양의 죽음과 동일시하는데
그렇다면 더더욱 죄의 용서와 예수님의 죽음은
관련이 없어진다.

왜 그러한가?
유월절 양의 죽음은 죄를 용서하기 위한 것이 아닌,
단지 죽음에서 구원하기 위한 것이었기 때문이다.
출애굽 당시 장자를 죽이는 저주를 피하기 위해
문설주에 바르던 양의 피는
그 누구의 죄를 사하는 속죄의 상징이 아니었다.
그 피는 죽음과 사망을 지나가게 하는
생명을 위한 표식이었다.
마치 가인에게 준 표식이 속죄의 표식이 아니듯(창4:15).

이에 반해
바울과 신약 서신의 저자들은
죄의 문제를 속죄의 과정을 통해 해결하고 나서야
구원으로 나갈 수 있다고 생각했으며
따라서 예수의 죽음에서
대속의 의미를 밝혀내려 했다.

그러나 요한에게서 예수의 죽음은
죄를 사해주기 위한 수단이 아니다.
요한의 예수는 이 세상에서 아버지의 말씀인
진리를 전파하는 사명을 다하시고
죽음을 통해 다시 아버지께로 가시는 예수시다.
그리고 그의 죽음이 모든 이들이 받아들이게 될 성령,
즉, 영원한 생명인 성령을 발원하게 할 희생이라는 점에서
많은 열매를 맺게 할
한 알의 썩어지는 밀알로 표현되는 것이다.

그의 죽음은 아버지께 가기 위한 수단이며
성령과 영생을 세상에 나누어 주기 위한 과정이다.
유월절 양으로서의 죽음도 이러한 그의 사역에 대해
유대교적 배경이 적용될 수 있는 최소한의 상징일 뿐
요한은 그 어디에서도 말씀을 통해 명시적으로
예수의 죽음을 유월절 희생으로 천명하지는 않고 있다.
따라서 유대적 배경이 없는 이방인들이
유월절을 모른다 할지라도
요한의 서술을 통해
예수의 죽음을 이해 할 수 있게 된다.

결과적으로,
죄 사함을 위한 '인간 제물'이라는

유대교 내에서도 인정될 수 없는
비참한 신학이 극복되며
유대교적 죄 사함과 대속의 관념이 없는
타민족과 문화권에서도
예수의 메시지와 그 죽음이 의미를 얻게 되고
그들에게 생명을 주게 된다.

이렇게 새로운 생명을 위해 죽음을 선택하고
십자가로 향하신 예수님의 마지막 발언
"다 이루었다"(요19:30)는
생명을 향하고 있는 예수의 사역의
영광과 평안을 의미하고 있으며
이 복음서를 읽는 핍박 받는 독자들에게도
평안과 용기를 심어주고 있다.
그들에게 절규하며 죽어가는 마태와 마가의 예수만 있었다면
그들의 죽음 또한 평안치 못했으리라.

또한 이 마지막 발언은
삶을 살아가고 있는 우리에게도
우리가 마침내 이루어야 할 것이 무엇이며
어떠해야 할지를 명령하고 있다.
예수께서 자신의 죽음을 통해서 이루시려던 것,
즉, 하나님의 성령 안에 거하는 생명의 넘침을
우리 삶에 이루도록 요구하고 있다.

욕망과 탐심은 끝이 없으며
삶의 마지막 순간까지도
탐욕은 다 이룰 수도, 마칠 수도 없다.
그러나 십자가상의 이 말씀,
"다 이루었다"는

우리의 욕망의 끝을 선언하도록 명령하고 있으며
성령 안에서 생명의 길인
예수를 따르도록 명하고 있는 것이다.

33. 유월절 어린 양 예수

요한복음 19:31~36

31 유대 사람들은 그 날이 유월절 준비일이므로, 안식일에 시체들을 십자가에 그냥 두지 않으려고, 그 시체의 다리를 꺾어서 치워달라고 빌라도에게 요청하였다. 그 안식일은 큰 날이었기 때문이다.
32 그래서 병사들이 가서, 먼저 예수와 함께 십자가에 달린 한 사람의 다리와 또 다른 한 사람의 다리를 꺾고 나서,
33 예수께 와서는, 그가 이미 죽으신 것을 보고서, 다리를 꺾지 않았다.
34 그러나 병사들 가운데 하나가 창으로 그 옆구리를 찌르니, 곧 피와 물이 흘러나왔다.
35 (이것은 목격자가 증언한 것이다. 그래서 그의 증언은 참되다. 그는 자기의 말이 진실하다는 것을 알고 있다. 그는 여러분들도 믿게 하려고 증언한 것이다.)
36 일이 이렇게 된 것은, '그의 뼈가 하나도 부러지지 않을 것이다' 한 성경 말씀이 이루어지게 하려는 것이었다.

우리는 요한이 예수의 십자가 사건을
죄 사함을 의미하는 속죄의 문제로 다루지 않고
곧바로 생명의 문제,
즉, 유월절 어린 양의 희생 사건으로 다루고 있는 것을 보았다.
유월절 양의 희생으로 그들은 생명을 얻었다.
여기서 죄의 문제, 죄에 대한 심판의 문제는
다뤄야 할 사안 자체가 아니다.

물론 유월절 양의 희생과 속죄의 희생을
구별할 수 없다고 보는 경향이 대부분이다.
그들은 유월절 어린양의 피로 죄 사함을 얻었다고 말한다.
그러나 신구약의 어디에서도 유월절 어린 양을
죄 사함을 위한 것으로 보는 구절은 없다.

속죄 제물 사상과 죄 사함에 대해 강조 하는 여타의 서신도
유월절 양으로서의 죽음과 죄의 관련성을 말하지 않는다.

이를 반대할 수 있는 구절을 보자.
사실상 신약에서 예수 그리스도를 유월절 양으로
유일하게 직시하는 구절은 바울에게서 나온다.

"여러분은 새 반죽이 되기 위해서,
묵은 누룩을 깨끗이 치우십시오.
사실 여러분은 누룩이 들지 않은 사람들입니다.
우리들의 유월절 양이신 그리스도께서 희생되셨습니다."(고전5:7)

바울은 고린도 교회에 대한 성적인 문란에 대한 소문을 듣고
이러한 죄악이 퍼지는 것을
'누룩'이 빵에 퍼져 부푸는 것에 비유하며
문란한 자들을 교회에서 축출할 것을 권한다.
이 때, 유월절 양이신 그리스도가 언급되는 것은
유월절에 먹는 빵에는 누룩을 넣지 말라는
출애굽 전통에 대한 율법 규정을 통해(출12:39)
'묵은 누룩을 깨끗이 치우'라는 자신의 명령을
보다 강하게 표현하기 위해서이다.
따라서 유월절 양이신 그리스도의 희생이 표현되어 있지만
유월절 양의 죄 사함을 언급하는 것이 아니다.
바울과 요한은 여기에서 유월절 양이신 그리스도의 희생에 대해
의견을 일치를 보고 있다.

범위를 넓혀 유월절을 빼고
'어린 양'에 대해 고려한다면
다음 구절을 발견할 수 있다.

"여러분은 조상으로부터 물려받은
여러분의 헛된 생활방식에서 해방되었습니다.
여러분도 아시지만,
그것은 은이나 금과 같은 썩어질 것으로 된 것이 아니라,
흠이 없고 티가 없는 어린 양의 피와 같은
그리스도의 귀한 피로 되었습니다."(벧전1:18~19)

여기서 '흠'이 없는 어린 양은
"너희가 마련할 짐승은 흠이 없는
일 년 된 수컷으로 하되, 양이나 염소 가운데서 골라라."(출15:5)
라는 유월절 규정을 언급한 것으로 여겨진다.

그러나 베드로전서의 윗 구절은
이 유월절 양의 피에서 죄 사함을 말하지 않고
옛 생활방식에서의 해방,
즉, 유월절 출애굽의 이집트 해방 모티브를 사용하여
옛 관습에서의 해방을 말하는데 중점을 두고 있다.
이런 관점에서는 앞서 바울이 말했던 누룩의 제거
즉, 생활 방식의 변화에 대한 문제와
같은 관점에서 유월절 어린 양을 다루고 있다 볼 수 있다.

그리고 우리가 앞에서 언급했던 요한복음 자체의 기록,
세례 요한의 어린 양에 대한 두 번의 언급이 있다.

"보시오, 세상 죄를 지고 가는 하나님의 어린 양입니다."(요1:29)

"보아라, 하나님의 어린 양이다"(요1:36)

사실상 '죄'의 문제와 '어린 양'의 문제를 직접 연결해 말하는 구절은
신구약을 통틀어 세례 요한의 첫 번째 말씀이 유일하다.

따라서 이 말씀은 해석의 어려움을 낳았었는데
결국 세례 요한이 말하고 있는
'세상 죄를 지고 가는' '어린 양'은
이사야 53장의 표현으로 여겨지고 있다.

"우리는 모두 양처럼 길을 잃고, 각기 제 갈 길로 흩어졌으나,
주님께서 우리 모두의 죄악을 그에게 **지우셨다.**
그는 굴욕을 당하고 고문을 당하였으나, 아무 말도 하지 않았다.
마치 도살장으로 끌려가는 **어린 양**처럼,
마치 털 깎는 사람 앞에서 잠잠한 암양처럼,
끌려가기만 할 뿐, 아무 말도 하지 않았다."(사53:6~7)

이 구절의 진한 글씨를 조합하면
'우리 모두의 죄악을 지신 주님의 어린 양'이라는 표현이 가능하고
이를 세례 요한의 표현과 비교하면
'세상 죄를 지고 가는 하나님의 어린 양'과 같다고 볼 수 있다.
즉, 세례 요한은 이사야 53장의 어린 양처럼 끌려가는
예수를 말하고 있는 것이다.

그러나 세례 요한이 이사야 53장을 철저하게 생각하는 것이라면
그가 말한 어린 양은
도살장에 끌려가는 모습의 비유를 담당하고 있지
제물로서 바쳐지는 양,
혹은 유월절 어린 양을 말하는 것이 아니다.

물론 "우리 모두의 죄악을 그에게 지우셨다"는 표현과 함께
"그가 그의 영혼을 속건 제물로 여기"(사53:10)는 사상이 나오므로
세례 요한은 예수를 속건 제물로 생각했다고 볼 수 있겠다.
속건 제물은 속죄 제물에 준하는 것이며 보상의 의미가 강하다.
이사야는 그 의미에 대해 보다 자세히 묘사한다.

"그는 죽는 데까지 자기의 영혼을 서슴없이 내맡기고,
남들이 죄인처럼 여기는 것도 마다하지 않았다.
그는 많은 사람의 죄를 대신 짊어졌고,
죄 지은 사람들을 살리려고 중재에 나선 것이다."(사53:12)

이사야서의 관점에서 볼 때
세례 요한의 양 언급은 유월절 어린 양의 언급이 아니며
그렇다고 속죄 제물로서의 어린 양의 언급도 아니다.
단지 이사야53장이 기록하듯 도살장에 끌려가는 어린 양처럼 잠잠히
속건 제물로 자신을 내어주는 인물로
예수를 표현한 것이다.

사실 유월절 양인 수컷 어린 양은
구약에서 속죄 제물로 사용되지 않았다.
레위기 4장의 속죄제 규정을 보면
제사장의 속죄, 공동체의 속죄 제물은
수송아지가 요구되었고
통치자에게는 숫염소가 요구되었으며
일반 평민에게는 암염소나, 암양이 요구되었다.
너무 가난한 자들에게는 레위기 5장에서
산비둘기 두 마리나 집비둘기 새끼 두 마리를
허락해주고 있다.

특히 가족과 지역 공동체 단위로 열리던 유월절 절기가
요시야왕 이후 예루살렘 성전에서의 대규모 집회로
그 성격이 바뀐 후
에스겔에 의해 새롭게 정비된 규정에 따르면
유월절을 위한 속죄 제사가 유월절 양을 잡는 것과는
별도로 진행되었음을 볼 수 있다.

"첫째 달 열나흗날에는 너희가 유월절을 지켜라.
이 절기에는 이레 동안 누룩을 넣지 않은 빵을 먹어야 한다.
그 날 왕은 자기 자신과 이 땅의 모든 백성을 위하여
송아지 한 마리를 속죄제물로 바쳐야 한다.
그는 이 절기를 지내는 이레 동안
주님께 바칠 번제물을 마련해야 하는데,
이레 동안 날마다 흠 없는 수송아지 일곱 마리와,
숫양 일곱 마리를 번제물로 바치고,
숫염소 한 마리를 날마다 속죄제물로 바쳐야 한다.
곡식제물을 함께 갖추어서 바쳐야 하는데,
수송아지 한 마리에는 밀가루 한 에바이고,
숫양 한 마리에도 밀가루 한 에바이고,
또 밀가루 한 에바마다 기름 한 힌씩을 바쳐야 한다."(겔45:21~24)

이 규정은 우리가 잘 알고 있는
유월절 어린 양을 잡는 규정이 아니다.
이는 유월절을 거룩하게 지키기 위해
먼저 온 백성의 속죄를 위한 제사 규정을 말하고 있다.
첫 날에는 왕과 온 백성의 속죄를 위해 송아지 한 마리를 바치고,
또 절기가 있는 칠일 동안 매일
속죄제를 위해 한 마리의 숫염소를 바치며,
하나님이 기뻐하시는 번제를 위해
수송아지 일곱 마리와 숫양 일곱 마리를
곡식과 함께 바치라고 명하고 있다.
만약 유월절 양이 속죄의 의미를 가지고 있었다면
특별히 송아지와 숫염소를 사용한 속죄제가
따로 진행되지 않았을 것이다.

따라서 우리는 성경 전체에서
유월절 어린 양, 혹은 어린 숫양의 제사가

속죄의 제물로 나타나는 것을 볼 수 없다.
예수님의 죽음을 속죄의 죽음으로 표현하기 원했다면
사실상 신약의 저자들은 유월절 어린 양의 죽음으로
예수님의 죽음을 언급하는 것을 피해야 했다.
그것이 우리가 상투적으로 사용하듯이
유월절 어린 양의 피로 우리 죄가 사해졌다는 표현을
성경이 사용하지 않는 이유이다.
우리는 언제부터 그 표현을 사용하게 된 것일까?

아무튼 이런 이유로 세례 요한의 어린 양 언급은
이사야가 고난 받는 자의 모습을
도살장으로 끌려가는 어린 양에 비유한 것을 생각하며
'보아라, 이사야서에 기록되었듯이
도살장에 끌려가는 양처럼
묵묵히 세상 죄를 지고 자신을 내어주실 분이다'
라고 말하고 있는 것이다.

물론, 세례 요한은 예수를 세상 죄를 짊어질
속건 제물로 본다는 점에서
신약의 여타 다른 이들의 관점을 대변하고 있다.
그러나 그것은 요한복음의 관점을 대변하는 것이 아니다.
세례 요한의 관점은 구세대의 관점이다.
공관복음에서 그가 율법의 마지막으로 표현되듯
요한에게 있어서도 세례 요한의 관점은
요한 자신의 관점이 아닌
율법 세대들의 관점일 뿐이다.
예수의 속죄 제물 사상은 율법과 함께 끝나야 한다.

신약의 저자들은
예수께서 대속죄일에 십자가에 달리지 않으신 것이

솔직히 이상하기도 하고 아쉽기도 했을 것이다.
만약 그랬다면 더욱 완벽한
속죄의 교리를 만들 수 있었을 것이다.
따라서 히브리서의 저자는 대속죄일의 의미를
그분의 죽음에 부과하고 있지만
그분의 역사적 죽음의 때와 연결시키지 못하게 된다.
그렇다고 유월절 어린 양의 죽음과 연결시킨다면
속죄의 의미를 잃게 되므로 그렇게 하지 않는다.
그러나 예수의 역사적 죽음과
그 배경인 유월절의 신학적 의미를 깨닫고
이를 연결시킨 이가 있었으니
그가 바로 요한인 것이다.

만약 요한이 속죄를 중요시 했다면
왜 한 번도 언급하지 않겠는가?
사실상 요한은 8~9장에서
죄에 대한 문제를 유대인들과의 논쟁 속에서
치열하게 다루었다.
요한은 죄에 대한 이 모든 논의에서
모든 것을 '죄'라는 기준으로 해석하고 있는
유대인들에 맞서고 계신 예수님을 소개하고 있다.
거기에서 예수께서는 자신이
정죄와 심판을 하지 않는 분으로 소개하신다.

"예수께서 몸을 일으키시고, 여자에게 말씀하셨다.
"여자여, 사람들은 어디에 있느냐?
너를 정죄한 사람이 한 사람도 없느냐?"
여자가 대답하였다. "주님, 한 사람도 없습니다."
예수께서 말씀하셨다. "나도 너를 정죄하지 않는다.
가서, 이제부터 다시는 죄를 짓지 말아라.""(요8:10~11)

죄 사함은 정죄로부터 시작된다.
죄가 인정되지만 그것을 사하는게 죄 사함이다.
그러나 죄인이라 정죄 받은 여인에게
예수께서는 죄 사함이 아닌,
정죄 자체를 제거하신다.
정죄 없는 구원, 죄 사함 없는 구원이다.

"너희는 사람이 정한 기준을 따라 심판한다.
나는 아무도 심판하지 않는다."(요8:15)

12장에는 이런 말씀이 있었다.

"어떤 사람이 내 말을 듣고서
그것을 지키지 않는다 하더라도,
나는 그를 심판하지 아니한다.
나는 세상을 심판하러 온 것이 아니라
구원하러 왔다."(요12:47)

우리가 잘 알고 있는 요한복음 3:16도 이 주제에 대한 말씀이다.

"하나님께서 세상을 이처럼 사랑하셔서 외아들을 주셨으니,
이는 그를 믿는 사람마다 멸망하지 않고
영생을 얻게 하려는 것이다.
하나님께서 아들을 세상에 보내신 것은,
세상을 심판하시려는 것이 아니라,
아들을 통하여 세상을 구원하시려는 것이다."(요3:16~17)

이는 바울의 신학,
믿음으로 의롭게 된다는 표현과 비슷하다.
바울은 믿음으로 의롭게 된다는 것을 구원으로,

요한은 믿음으로 영생을 얻는 것을 구원으로 표현한다.

그러나 바울은 믿음으로 의롭게 된다는 표현을 하면서도
죄의 문제를 다루지 않을 수 없었다.

"그런데 하나님의 의는
예수 그리스도를 믿는 믿음을 통하여 오는 것인데,
모든 믿는 사람에게 미칩니다. 거기에는 아무 차별이 없습니다.
모든 사람이 죄를 범하였습니다.
그래서 사람은 하나님의 영광에 못 미치는 처지에 놓여 있습니다.
그러나 사람은, 그리스도 예수 안에서 얻는 구원으로 말미암아,
하나님의 은혜로 값없이 의롭다는 선고를 받습니다.
하나님께서는 이 예수를 속죄 제물로 내주셨습니다.
그것은 그의 피를 믿을 때에 유효합니다.
하나님께서 이렇게 하신 것은,
사람들이 이제까지 지은 죄를 너그럽게 보아주심으로써
자기의 의를 나타내시려는 것이었습니다."(롬3:22~25)

믿음을 통하여 의롭게 된다는 것은
모든 사람이 죄를 범하였기에
속죄 제물인 예수의 피를 믿는 믿음으로
의롭게 된다는 것이다.

바울의 믿음을 통한 의는
속죄 제물로서의 예수의 피에 대한 믿음과
하나님의 용서가 필요하다.
예수를 믿는 것은,
결국 그의 속죄 제사와 그 피를 믿는 것이다.

이에 반해

요한도 믿음을 강조하지만
속죄의 교리와 용서의 절차 없는
구원으로, 영생으로 바로 이어진다.
요한복음에는 '회개'라는 단어조차 나오지 않으며
예수께서도 아무도 '용서'하지 않으신다.
완전한 의미의 믿음에 의한 구원,
즉, 영생을 말하고 있다.

이와 같은 유월절 양으로서의 예수의 희생은
오늘 본문에서
"다리를 꺾지 않았다"는 사실로서 또다시
증명되어지고 있다.
즉, 유례없이 십자가상에서 일찍 돌아가신 예수는
처형 집행의 속도를 높이기 위해
다리를 꺾어 죽음을 유도하는 방식이
필요없게 됨으로써
유월절 양의 뼈를 꺾지 않던 관습을
예언적 성취로서 이루셨다는 것이다.

"한 집에서 먹되 그 고기를 조금도 집 밖으로 내지 말고
뼈도 꺾지 말지며"(출12:46)

"아침까지 그것을 조금도 남겨두지 말며
그 뼈를 하나도 꺾지 말아서
유월절 모든 율례대로 지킬 것이니라"(민9:12)

이렇게 하여 사실상 예수님의 십자가 죽음에 대한 해석에 있어
요한은 가장 현대적인 해석의 길을 열었다.
즉, 죄 용서와 무관한, 속죄 제물과 무관한,
피 제사가 아닌 예수의 십자가 해석에 도달했다.

324

요한은 분명 예수의 십자가 죽음을
제물로서 생각할 수 없었던 것이리라.
어떻게 십자가의 죽음이 제사가 될 수 있는가?
제물이라면 성전에 들어가 자신을 불태웠을 것이다.
그러나 이미 아브라함이 이삭을 바치는 행위에서 금지되었던
인간 제사에 대한 금지규정을
하나님이 스스로 어기면서 예수를 제물로 삼는다는 것이
어떻게 받아들일 만한 신학이 될 수 있는가?

그러나 요한은 용서와 죄 사함의 중요성을 알았을 것이다.
인간의 죄의 문제와 회개, 하나님의 용서는
구약성경의 기본 메시지다.
그런데 왜 요한은 이 문제를 뛰어 넘으려 하는가?
필자의 추측으로,
요한은 예수를 믿음과 함께 이루어지는
성령 안에서의 생명의 체험이
하나님의 용서를 뛰어넘는 것임을 경험했기 때문이리라.
그리고 그것은 지금도 그렇듯
회개의 단계를 뛰어넘어 체험되기도 했기 때문이리라.
요한에게 있어 예수를 통해 알려진 하나님은
죄를 깨끗이 하고 나서야 그를 받아들일 수 있는 하나님이 아닌,
더러운 양 하나하나를 그대로 껴안으시고
그들을 위해 목숨을 내놓을 수 있는
선한 목자이신 하나님이기 때문이었으리라.

그러나 회개와 죄의 용서가 없는 구원이 말해진다면
도덕적인 불감증을 일으키지는 않을까?
이는 믿음에 의한 칭의를 말하는
바울의 신학에 있어서도 약점이었다.
믿음에 의한 구원은 행함을 강조할 수 없기에

도덕불감증을 일으키는 약점을 가지고 있다.
따라서 야고보서는 행위 없는 믿음의 약점을 고발한다.

"나의 형제자매 여러분,
누가 믿음이 있다고 말하면서도 행함이 없으면,
무슨 소용이 있겠습니까?
그런 믿음이 그를 구원할 수 있겠습니까?"(약2:14)

"여러분이 아는 대로,
사람은 행함으로 의롭게 되는 것이지,
믿음으로만 되는 것이 아닙니다."(약2:24)

요한은 이 문제를 어떻게 극복할 수 있을까?
요한에 있어 구원은 하나님의 부름과 인간의 반응으로 완성되고
죄의 문제는 그 전제가 되지 않는다.
그런데 요한은 죄의 문제를 구원 이후에 다룬다.
즉, 요한은 성령을 부여하고 나서야
비로소 죄와 용서의 문제를 언급한다.
요한은 부활하신 분의 입을 통해 이렇게 전한다.

"그들에게 숨을 불어넣으시고 말씀하셨다.
"성령을 받아라.
너희가 누구의 죄든지 용서해 주면, 그 죄가 용서될 것이요,
용서해 주지 않으면, 그대로 남아 있을 것이다.""(요20:22~23)

이 말씀은 카톨릭에 있어서는
사제들에게 사죄의 특권을 부여하는데 이용되었고
개신교에 있어서는 사실상 폐기되었다.
하나님과의 개인적인 회개와 용서의 체험을 중요시하는 개신교는
타인에 의한 죄의 용서라는 사상을 받아들일 수 없었다.

이 말씀을 어떤 식으로든 해석하여
예수의 12사도들에 한정해 적용시킨다 하더라도
결국 우리에게 적용될 수 없는 말씀이라면
사실상의 폐기라 할 수 있다.
또한 아무도 12사도가 이런 권한을 행사했다고
믿는 이들도, 역사적 기록도 없다.

지금까지 요한복음 안에서
회개와 용서가 나타나지 않았고
요한의 구원, 즉 영생이
죄 사함을 넘어선다는 것을 보았다.
따라서 이 구절에서 처음 언급되는 '용서'는
구원의 문제, 영생의 문제와는
어떤 관련이 있을 것인가?
용서와 정죄와 심판을 하지 않던 그분이
죄 용서를 왜 우리에게 맡기고 있는가?

그렇다면 여기서의 용서란
구원의 차원과는 상관없는
공동체의 윤리성 문제라고 볼 수밖에 없다.
특별히 교회 공동체를 생각할 수밖에 없는 것은
이 명령을 받는 자들이
예수에 의해 '성령'을 받고 있는 자들이기 때문이다.
이 명령은 "성령을 받으라"는 축복과 함께 주어졌다.

성령을 받은 자들.
이들은 사도에 국한되지 않는다.
이는 성령을 받은 모든 자들에 해당되는 말이며
특별히 교회 공동체에 주어지는 규정이다.

"너희가 누구의 죄든지 용서해 주면, 그 죄가 용서될 것이요,
용서해 주지 않으면, 그대로 남아 있을 것이다."(요20:23)

문제는 이 규정에서 한 단어,
즉, "누구의" 죄든지라는 단어에 있다.
불특정 다수를 지칭하는 이 단어는
모든 사람을 의미하는데 사용된다.
공관복음서의 '주의 기도'에는 용서해 줄 수 있는 대상이
"우리에게 죄 지은" 사람들로 한정되어 있다..
그러나 여기에서는 죄를 지은 특정 대상이 언급되지 않으므로
모든 죄인들로 의미가 확장 된다.
그래서 모든 죄인들을 용서할 수 있다는 의미로 여겨지게 된다.

그렇기 때문에 이 구절이 받아들여지지 않고 있었다.
우리가 하나님이 아닌데 어떻게 모든 이들의
죄를 용서할 수 있겠는가?
따라서 나는 이 구절의 해석을 위해
상식적인 가정을 해보고자 한다.
즉, 여기서의 '누구의'를 공관복음의 '주의 기도'처럼
'(너희에게 죄를 지은) 누구의' 죄든지
라고 가정해보는 것이다.

그렇다면, 이 구절 전체가 의미를 발하기 시작한다.
요한복음의 영원한 생명은
유월절 양인 예수의 희생으로
죄 사함을 뛰어넘고 믿음으로 주어진다.
따라서 특별히 죄 사함이 요구되지 않는다.
믿음은 영생으로 그를 인도한다.

그렇다면 실제로 내가 저지른 '죄'는 어떻게 되는가?

그냥 사멸되는 것인가?
나의 양심을 짓누르고 있는 이 죄는
구원과 영생의 약속 가운데 그냥 사라지는가?
즉, 실제적으로 죄 사함과 동일한 것인가?
구원을 받았기에
내가 처리하지 못한 죄의 문제는 그냥 두어도 되는가?
구원과 상관없더라도 이 문제의 해결을 위해
예수께 죄의 용서를 간구해야 하는가?

그러나 요한복음에 의하면
용서는 예수님의 사역과 무관하다.
회개도 용서도 예수께서는 언급하지 않으신다.
그는 정죄하지 않는다 하셨다.
정죄가 없으면 용서도 없다.
죄를 지목하지 않는 한 그 죄에 대한 용서도 없는 것이다.
그렇다면 어떻게 해야 하는가?

"너희가 (너희에게 죄를 지은) 누구의 죄든지 용서해주면,
그 죄가 용서될 것이요,
용서해 주지 않으면, 그대로 남아 있을 것이다."(요20:23)

이 구절은 나에게 잘못한 사람의 죄를
내가 용서할 수 있다는 점에서
별로 어려워 보이는 말씀이 아니고
어찌 보면 당연한 말씀이다.

그러나 이를 뒤집어 적용한다면 상황이 어려워진다.
이 규정에 따라 '내가 지은 죄'를 용서받기 위해서는
내가 죄를 지은 그 사람에게 용서를 받아야만 한다.
그가 용서해 주지 않으면 그대로 남게 된다.

주의 기도처럼
"우리가 우리에게 죄 지은 사람을 용서하여 준 것 같이
우리의 죄를 용서하여 주시고"(마6:12)라고
하나님께 용서를 구할 수 없다.
요한에 있어 하나님은 나의 죄에 관여하지 않으신다.
이 규정에 의하면 오직 나의 죄는
내가 죄를 지은 그 사람만이,
나에 의해 피해를 본 그 사람만이
나를 용서해 줄 수 있게 된다.
그렇게 용서를 받기 위해서
나는 내가 죄를 지은 그 사람을 찾아가
용서를 구해야 한다.

이는 무서운 규정이다.
혹은 진정한 회개를 요청한다.
진정한 회개란,
내가 죄를 지은 그 사람에게 용서를 구하는 것이다.
피해자의 용서 없이
개인적으로 하나님께 용서를 구하고
값싼 양심의 자유를 얻는 행위를 요한은 인정하지 않는다.

몇 년 전 '밀양'이라는 영화가
교회에 큰 고민을 준 적이 있다.
남의 자식을 죽이고도 교도소에서 회개하고
양심의 자유를 얻은 살인자가
평안히 살아가는 모습을 본
죽은 자식의 어머니는 상처를 입고
결국 하나님을 부정하며 살게 된다.

요한은 이런 범법자들이

십자가를 속죄 제물로 이용하지 못하도록 막는다.
즉, 이 용서의 규정은 책임을 요구한다.
믿음으로만 얻게 되는 영원한 생명으로 인해
죄에 무감각해질 수 있는 성도들이
죄에 대한 책임을 더욱 강하게 느끼도록 해주고 있다.

생각해 보라.
당신이 지은 죄를
하나님이 아닌, 당신의 그 죄로 피해를 본
당사자에게서만 용서받을 수 있다면.
당신은 지금 마음이 편할 수 있겠는가?

예수께서 주는 생명, 영생, 성령은
죄를 지은 사람과 피해를 본 자가
서로 화해를 이루어 하나가 되도록 유도한다.
그것이 성령을 주신 목적이기도 하다.
성령 안에 주님과 하나가 되었으면
이제 서로의 죄를 용서해 줌으로써
서로가 용서를 구함으로써 하나가 되어야 한다.
그래서 이 규정이 성령을 부여하는 말씀 속에 있는 것이다.
이는 예수님의 기도의 주제였다.

"내가 그들 안에 있고, 아버지께서 내 안에 계신 것은,
그들이 완전히 하나가 되게 하려는 것입니다."(요17:23)

하나님의 은혜는 값싼 은혜가 아니다.
유월절 어린양으로 생명을 주신 이의 십자가는
우리에게 보다 철저한 윤리성을 요구하고 있다.
우리의 죄는 하나님에게 용서를 구할 수 없다.
그렇게 해결될 수 없다.

물론 그 죄악이 우리를 사망에 넘기지는 못한다.
예수의 생명이 어둠을 이겼기 때문이다.
그러나 우리는 우리가 죄를 지은 이를 찾아가
용서를 구하고 용서를 받음으로써 그들과 하나가 되고
우리와 하나 되신 성령 안에서
하나님의 영광을 드러내게 되는 것이다.

요한이 당신에게 하고 있는 이 도발적인 요구가
당신의 마음을 찌르고 있지 않은가?

34. 부활과 종말

요한복음 20:11~17
11 그런데 마리아는 무덤 밖에 서서 울고 있었다. 울다가 몸을 굽혀서 무덤 속을 들여다보니,
12 흰 옷을 입은 천사 둘이 앉아 있었다. 한 천사는 예수의 시신이 놓여 있던 자리 머리맡에 있었고, 다른 한 천사는 발치에 있었다.
13 천사들이 마리아에게 말하였다. "여자여, 왜 우느냐?" 마리아가 대답하였다. "누가 우리 주님을 가져갔습니다. 어디에 두었는지 모르겠습니다."
14 이렇게 말하고, 뒤로 돌아섰을 때에, 그 마리아는 예수께서 서 계신 것을 보았지만, 그가 예수이신 줄은 알지 못하였다.
15 예수께서 마리아에게 말씀하셨다. "여자여, 왜 울고 있느냐? 누구를 찾느냐?" 마리아는 그가 동산지기인 줄 알고 "여보세요, 당신이 그를 옮겨 놓았거든, 어디에다 두었는지를 내게 말해 주세요. 내가 그를 모셔 가겠습니다" 하고 말하였다.
16 예수께서 "마리아야!" 하고 부르셨다. 마리아가 돌아서서 히브리 말로 "라부니!" 하고 불렀다. (그것은 '선생님!'이라는 뜻이다.)
17 예수께서 마리아에게 말씀하셨다. "내게 손을 대지 말아라. 내가 아직 아버지께로 올라가지 않았다. 이제 내 형제들에게로 가서 이르기를, 내가 나의 아버지 곧 너희의 아버지, 나의 하나님 곧 너희의 하나님께로 올라간다고 말하여라."

예수께서 부활하셨다.
성경은 그것을 증언하고 있다.
기독교 복음의 주된 선포 내용 또한 부활이다.

바울 서신에 의하면
복음은 예수께서 우리 죄를 위해 죽고
또 부활하신 것을 믿는 것이다.
따라서 사도행전을 보면 바울을 포함하여 다른 모든 사도들이
예수께서 부활하셨다는 사실을 증언하는데

온 힘을 쏟고 있는 것을 볼 수 있다.

당시 상류층 유대인들은 부활을 믿지 않았다.
사두개인들로 대표되는 유대 상류층 정치 지도자들은
부활을 민간신앙 정도로 취급했다.
그러나 바리새인들로 대표되는 종교지도자들은 부활을 믿고 있었는데
부활을 믿는다는 것은 산 자와 죽은 자 모두가
하나님이 통치하는 그 나라에 참여할 수 있다고 믿는 것이었다.

사두개인들은 어느 순간 하나님의 통치가 이루어지면
그 시대를 맞이하는 살아 있는 세대만이
하나님의 통치에 참여할 것으로 보았다.
죽은 자의 시대는 지난 것이지 부활이 무슨 말인가.

그도 그럴 것이 구약에는 부활에 대한 뚜렷한 기대들이 없다.
극소수의 본문만이 부활을 지지하는데
대부분의 예언자들은 부활에 대해 말하지 않았다.
이사야와 에스겔은 상징적인 것으로 처리하고
오직 다니엘서와 외경 마카베오에서만
명확하게 나타난다.

"그리고 땅 속 티끌 가운데서 잠자는 사람 가운데서도,
많은 사람이 깨어날 것이다.
그들 가운데서, 어떤 사람은 영원한 생명을 얻을 것이며,
또 어떤 사람은 수치와 함께 영원히 모욕을 받을 것이다."(단12:2)

"마지막 숨을 거두며 그는 이렇게 말하였다.
"이 못된 악마, 너는 우리를 죽여서
이 세상에 살지 못하게 하지만
이 우주의 왕께서는 당신의 율법을 위해

죽은 우리를 다시 살리셔서
영원한 생명을 누리게 할 것이다.""(마카베오하7:9)

"만일 그가 전사자들이 부활할 수 있다는
희망을 가지고 있지 않았다면
죽은 자들을 위해서 기도하는 것이
허사이고 무의미한 일이었을 것이다.
그가 경건하게 죽은 사람들을 위한
훌륭한 상이 마련되어 있다는 생각을 하고 있었으니
그것이야말로 갸륵하고 경건한 생각이었다.
그가 죽은 자들을 위해서 속죄의 제물을 바친 것은
그 죽은 자들이 죄에서 벗어날 수 있게 하려는 것이었다."
(마카베오하12:44~45)

성경에 나타나는 부활은
유대 종말론의 최종 완성을 말하고 있다.
즉, 하나님이 통치하시는 새 시대의 출발점으로서의 완성이다.
부활은 하나님의 통치, 하나님의 나라,
정치적인 신정 국가의 이상과 뗄 수 없는 사건이다.
그것은 온 세계를 통치할 그 나라의 시작과 함께 일어날
엄청난 스케일의 방대한 사건이다.

그런데 예수의 부활은
너무나 독립적인 사건처럼 일어나 버렸다.
그의 부활은 너무나 조용하다.
종말의 전쟁도, 악의 심판도,
국제 정세의 변화도 감지되지 않는다.
하나님의 통치는 새롭게 나타나지 않고
어제의 일상과 똑같은 오늘의 일상이 시작될 뿐.
이는 어떤 예언자도, 묵시자도 생각지 못했던 일이다.

마태는 이러한 부활의 양상을 참을 수 없었나 보다.
오직 마태만이 다음과 같은 사실을 보고한다.

"예수께서 다시 큰 소리로 외치시고, 숨을 거두셨다.
그런데 보아라, 성전 휘장이 위에서 아래까지 두 폭으로 찢어졌다.
그리고 땅이 흔들리고, 바위가 갈라지고,
무덤이 열리고, 잠자던 많은 성도의 몸이 살아났다.
그리고 그들은, 예수께서 부활하신 뒤에,
무덤에서 나와, 거룩한 도성에 들어가서,
많은 사람에게 나타났다."(마27:50~53)

예수께서 돌아가실 때 무덤이 열리고,
성도들이 살아나서 대기하고 있다가
삼일 후 예수께서 부활하신 후에
그들이 무덤에서 나왔다고 보고하는 이 이상한 기록은
마태가 유일하다.
즉, 예수의 죽음이 대규모 부활을 이미 일으켰고
이들이 예수의 부활 후에 공식적으로 나타났다는 이 이야기는
그의 대속의 능력과 부활의 능력을 찬양하고
훗날 더 큰 부활을 예고하는 전조가 된다.
그러나 이는 다른 신약 서신들을 볼 때
동일한 예가 없는 의문시되는 이야기이다.

요한의 메시지의 중점이
하나님 나라에서 영원한 생명으로 옮겨져
그 나라의 정치성과 파국적인 종말의 성격이
다른 복음서에 비해 다소 약화되긴 하였지만
영원한 생명이라는 개념은
사실상 부활과 더 밀접한 관계가 있다.
따라서 요한복음의 부활에 대한 예수님의 언급이

양에 있어서 많다고 할 수는 없지만 더 다채롭게 표현된다.
또한 부활에 대한 유일한 구약의 명백한 표현인
다니엘서의 부활 언급이
요한복음에서 가장 직접적으로 인용구처럼 나타난다.

"내가 진정으로 진정으로 너희에게 말한다.
죽은 사람들이 하나님의 아들의 음성을 들을 때가 오는데,
지금이 바로 그 때이다.
그리고 그 음성을 듣는 사람들은 살 것이다.
그것은, 아버지께서 자기 속에 생명을 가지고 계신 것 같이
아들에게도 생명을 주셔서,
그 속에 생명을 가지게 하여 주셨기 때문이다.
또, 아버지께서는 아들에게 심판하는 권한을 주셨다.
그것은 아들이 인자이기 때문이다.
이 말에 놀라지 말아라.
무덤 속에 있는 사람들이 다 그의 음성을 들을 때가 온다.
선한 일을 한 사람들은 부활하여 생명을 얻고,
악한 일을 한 사람들은 부활하여 심판을 받는다."(요5:25~29)

그런데 이 말씀은 다니엘서의 종말의 부활을 전하면서도
바로 지금 죽은 자들이 하나님의 아들의 음성을
들을 때가 왔다고 말한다.

"지금이 바로 그 때이다."(요5:25)

그런데 조금 아래 보면
무덤 속에 있는 사람들이 다 그의 음성을 들을 때가 온다고 한다.

"그의 음성을 들을 때가 온다"(요5:28)

'지금'과 '올 때'가 구분되고 있다.
현재와 미래가 둘 다 언급되고 있는 것이다.
이 시간적 구분을 대상에 적용해 보면
'죽은 자'들과 '무덤 속에 있는 자'들이 구분된다.

따라서 지금 아들의 음성을 들을 '죽은 자'들은
무덤 속에 있는 자가 아닌,
살아 있으나 아들의 생명이 없는 자들을 가리킨다.
요한이 은유를 사용하고 있는 것이다.
그러므로 죽은 자들이 지금 살아난다는 표현은
부활에 대한 설명이 아니고
지금 살아 있으나 아들의 생명이 없는 자들이
아들의 음성을 듣고 영원한 생명을 얻게 된다는 뜻이다.
진정한 부활의 날은
'무덤 속에 있는' 죽은 자들이 아들의 음성을 듣게 될 미래에 온다.

"나는 부활이요 생명이니"(요11:25)

부활과 생명의 구분이 여기에서도 적용되고 있었던 것이다.
요한은 예수와의 만남인 현재적인 영생을 가장 중요시하면서도
종말론적 대망인 '무덤 속에 있는 자'들의 부활을
항상 잊지 않고 있다.

다음 말씀도 예수님의 사명을
부활과 영생에 두고 있다.

"나를 보내신 분의 뜻은,
내게 주신 사람을 내가 한 사람도 잃어버리지 않고,
마지막 날에 모두 살리는 일이다.
또한 아들을 보고 그를 믿는 사람은

누구든지 영생을 얻게 하시는 것이
내 아버지의 뜻이다.
나는 마지막 날에 그들을 살릴 것이다."(요6:39~40)

아무튼 요한은 신약성서 중 가장 명확하게
다니엘서의 부활 사상을 표명하고 있다.
게다가 부활 이후의 심판 사상을
인자로서의 예수께 맡긴다는 점에서
구약과의 전체적인 조화를 시도하고 있다.

바울 역시 상당한 분량을 부활에 대해 말하고 있지만
구약의 기대와는 달리
명백하게 심판 장면을 묘사하지 않을 뿐 아니라
또한 명백하게 예수를 믿지 않는 자들의 부활을
말하지 않고 있다.

그런데 우리가 앞에서 논한
믿음으로 인해 얻는, 죄 사함을 뛰어 넘는 영원한 생명을
보다 철저하게 관철시킨다면
요한에게 있어 하나의 문제가 대두된다.
예수를 믿음으로 죽음에서 생명으로 옮겨졌다는 사상과
부활 이후에 행위대로 심판을 받게 된다는 사상이
어떻게 조화를 이룰 수 있는가의 문제다.

이미 요한은
예수를 믿는 자는 심판을 받지 않게 될 것임을 선포했다.

"아들을 믿는 사람은 심판을 받지 않는다."(요3:18)

"내가 진정으로 진정으로 너희에게 말한다.

내 말을 듣고 또 나를 보내신 분을 믿는 사람은,
영원한 생명을 가지고 있고 심판을 받지 않는다.
그는 죽음에서 생명으로 옮겨갔다."(요5:24)

그렇다면 부활 이후의 심판은
예수를 믿지 않는 사람들에게 해당되는 것이리라.
그렇다면 이 표현은 무엇인가?
"선한 일을 한 사람들은 부활하여 생명을 얻고"(요5:29)
이는 예수를 믿는 자들에게 해당되는 것일까?
그렇게 되기 위해서는 선한 일이 예수를 믿는 것을 의미해야 한다.
만약 선하다는 것이 예수를 믿는 것을 말하는 것이 아니라면
믿지 않는 자 중 선한 자들이 생명을 얻게 된다는 말이 된다.

요한의 전반적인 사상을 철저하게 대입한다면
예수를 믿는 자들은 선한 일과 악한 일의 구분,
즉, 선과 악이라는 판단, 심판, 정죄 자체를 벗어난 이들이다.
예수를 믿는 자들은 선한 일을 한 자들도
악한 일을 한 자들도 아니다.
예수를 믿는 자들은 이러한 구분이 일어나는
정죄와 심판의 자리를 이미 벗어나 있다.
그렇다면 여기에서의 '선한 일을 한 사람'은
일반적인 윤리적 판단이 가해질 수 있는
예수 안에 있지 않은 사람을 말할 것이다.
따라서 여기에서 타종교, 혹은 비그리스도인에 대한
윤리적 심판과 구원의 이론이 조심스럽게 생성된다.

바울은 아담을 기원으로 하는 죄-사망 논리로
모든 사람을 '죄인'으로 다루어 사망을 필연으로 만든다.
즉, 모든 인간을 손쉽게 심판으로 인도한다.
죄인이 아닌 사람이 어디 있는가?

모두가 죄인이고 따라서 죄-사망 논리에 따르면
모두가 사망의 심판을 받는 것이 마땅하다.
거기서 빠져 나오는 유일한 길은 예수를 믿어
심판의 법정에서 의롭다 칭함을 받는 수밖에 없다.

그러나 요한은 인간을 '죄인'과 '의인'으로 나누지 않는다.
여기서 '선한 일을 한 자'와 '악한 일을 한 자'로 나눌 때
이는 모호하며 판단의 여지를 남겨 놓게 된다.
왜냐하면 인간은 죄인일지라도
살다보면 선한 일을 할 수도 있고
악한 일을 할 수도 있기 때문이다.
따라서 죄인과 의인의 구분이 아닌,
선한 일과 악한 일의 구분을 기준으로 하는 판결은 상당히 모호하며,
'이렇다, 아니다'라고 말하기가 힘들다.
요한은 이 판결을 인자 예수께 전적으로 맡기고 있다.
그런 의미에서 여기에서도 예수는 아버지께로 가는
유일한 길이자 진리이시다.
단지 예수를 믿는다 안믿는다로
한 인간의 운명을 우리가 판결할 수 없다.
그 판결은 전적으로 종말에 이르기까지
예수 그리스도에게 맡겨져 있다.

그러나 비그리스도인에 대한 구원의 문제는
요한이 명시적으로 주장하고 있지 않으므로
그의 주장이라기보다는
논의가 가능할 정도의 암시가 주어진 정도로
정리하는 게 맞을 것이다.
요한 또한 자신의 생각이 그러하더라도
이정도 선에서 자신의 입장을
마무리하려 했던 것으로 보인다.

그런데 예수님 자신의 부활은 어떤 의미가 있는가?
예수님의 부활은 왜 중요한가?
왜 사도행전의 초대교회는
온통 부활하신 예수의 소식을 전하는데
여념이 없었는가?

예수의 부활은
구약에서 예언하던 종말의 하나님 나라,
부활을 약속하고 있는 그 나라가 실재한다는
강한 표징이 되어 주었다.
그가 부활했으니 부활의 예언은 사실이며
이제는 모든 이들이 부활하는
종말의 그 때가 올 것이라는 기대를
실제적으로 열어주게 된 것이다.

예수의 부활을 통해 구약과 외경의 하나님 나라에 대한
모든 기대들이 살아 꿈틀거리게 된다.
또한 예수의 부활은
그가 말한 모든 것과 그의 존재에 대한 믿음을
확인시켜 주었다.
바울의 표현을 따르자면,
그는 부활로 말미암아 하나님의 아들로 확정되었다(롬1:4).

특히 바울에게는 예수의 부활이
철학적으로도 특별한 사건이었는데
자신의 존재적 본질을 영원까지 가져가는 부활은
죽음과 함께 영혼이 해체되는 에피쿠로스 학파나
영원회귀와 윤회를 주장하는 스토아 학파와
한바탕 논쟁할 거리를 주기에 충분했다(행17:18).

이렇게 중요시되던 예수의 부활을
요한은 어떻게 묘사하고 있는가?
요한은 오늘 본문의 부활 사건 보고를 통해
특별히 무엇을 말하고자 하는가?

예수의 무덤을 찾아가는 여인들의 이야기는
4복음서가 다 다르다.
요한은 이 이야기에서
막달라 마리아가 열린 무덤을 본 후,
먼저 제자들을 찾아가 말해 준 것으로 보고한다.
그리고 다시 제자들과 함께 온다.
제자들은 예수의 시신을 발견하지 못하자 그곳을 떠나지만,
마리아는 무덤 밖에 서서 어찌해야 할 지 모르고 있었다.
그녀는 울다가 무덤 안에
두 명의 천사가 있는 것을 보았다.
그들은 마리아에게 왜 우는지를 물어보았고,
마리아는 누가 예수의 시신을 가져갔다고 대답하며 뒤를 돌아본다.
그 때 동산지기 같은 한 사람을 보는데 그는 예수다.
그러나 그녀는 그를 알아보지 못한다.
예수께서 마리아를 "여인"으로 부르시며 대화를 이어가신다.
그러나 대화를 해도 그녀는 예수를 알아보지 못한다.
예수께서 "마리아야"라고 부르시니 여인은 비로소
예수를 알아보게 된다.

이 이야기에서 우리는 양과 목자의 관계가
예수께서 말씀하신 대로 나타나는 것을 본다.

"문지기는 목자에게 문을 열어 주고,
양들은 그의 목소리를 알아듣는다.
그리고 목자는 자기 양들의 이름을

하나하나 불러서 이끌고 나간다."(요10:3)

양은 목자를 찾지만, 목자가 그 이름을 불러주기 전에는
목자를 발견하지 못한다.
마리아가 예수를 찾고 있지만
자신의 이름을 불러주는 예수가 아니라면
그녀는 예수를 발견할 수 없다.
예수는 우리의 이름을 불러주며 만나준다.
즉, 우리의 본질을 만져주실 때에
우리 또한 그를 볼 수 있게 된다.
예수와의 만남은 이렇듯
그분의 다가옴에서 시작되며
인격적인 부름 속에서 성취된다.

그런데
마리아는 예수를 보면서도 알아보지 못했다.
이는 우리가 예수의 부활체에 대해
혹은 몸으로 부활하셨다는 사실에 대해
지나치게 과학적이고 객관적인 접근을
하지 말아야 함을 의미한다.

예수의 시신이 없어졌다는 사실을 제외한다면
예수의 부활체는 소위 몸이 없는 영혼에 가깝다.
소위 영혼이라고 하는 이유는
구약적 관점에서 보자면 인간은
육과 영혼이 따로따로인 존재가 아닌
육신인 영혼이기 때문이다.
몸이 없으면 아무 것도 없는 것이다.
몸과 얼, 정신이 하나이다.
사람이 죽었다 하여

정신과 영혼이 따로 돌아다닌다는 생각은
정통 유대교적, 구약적인 사상이 아니다.

따라서 엄밀한 의미에서
부활하신 주님을 육체의 몸으로 체험하지 않아도
소위 영혼적, 정신적 존재로 체험한다 할지라도
사실상 그분은 부활한 것이다.
왜냐하면 구약적 사상에 의하면
몸이 죽은 존재는 정신 또한 존재할 수 없기 때문이다.
그러므로 대화가 가능한 존재라면
그 존재가 어떠한 형태의 몸을 가졌건 간에
그 존재는 사실상 부활한 것이다.
그것이 육인지 영혼인지 천사적 형태인지는
부차적인 문제이다.
대화가 가능한 인격적 존재가
죽음 이후에 존재할 수 있다는 것만으로도
유대교적 입장에서는 놀라운 일이다.
물론 그 존재가 여전히 '인간'으로 불릴 수 있으려면
'몸'으로 부활해야 함은 당연하며
부활 신앙은 그것을 대망하고 있는 것이다.

누가는 이처럼 그의 몸의 부활을 강조하기 위해
음식을 잡수시는 이야기를 들려준다.

""내 손과 내 발을 보아라. 바로 나다. 나를 만져 보아라.
유령은 살과 뼈가 없지만, 너희가 보다시피, 나는 살과 뼈가 있다."
이렇게 말씀하시고, 그는 손과 발을 그들에게 보이셨다.
그들은 너무 기뻐서, 아직도 믿지 못하고 놀라워하고 있는데,
예수께서 그들에게 말씀하셨다.
"여기에 먹을 것이 좀 있느냐?"

그래서 그들이 예수께 구운 물고기 한 토막을 드렸다.
예수께서 받아서, 그들 앞에서 잡수셨다."(눅24:39~43)

그러나 우리가 복음서의 예수-부활체를 눈여겨본다면
그것은 우리가 기대하던 인간적 '몸'의 범위를
자유롭게 건너뛴다는 것을 알 수 있다.
그 몸은 물질을 통과하며 공간적 제약을 받지 않고 있다.
사실상 우리와 동일한 육을 가진 인간으로 볼 수 없는 것이다.
따라서 예수의 부활을 절대적으로 믿고 증거할 목적으로
예수의 부활체에 대하여 육체적이고 물질적인 '몸'임을
너무 강하게 주장한다면 부활한 주님과의 만남의 증언들이
이상하게 보일 수밖에 없다.

따라서 요한은 누가와 달리
제자들이 모인 방 안에 나타나실 때
그 집의 문이 닫혀있었음을 강조하고(요20:19),
뼈와 살을 말하는 누가의 표현보다는
고난의 흔적이 손과 옆구리의 자국들로 남아 있음을 말하며
물질성을 다소 약화시킨다.
또한 누가의 예수는 그 자리에서 물고기를 드시지만
요한의 예수는 제자들에게 빵과 물고기를 구워주시되
함께 드시지는 않으신다(요21:13).
예수의 부활체는 신비에 가까운 것이다.

"예수께서 그들에게 대답하셨다.
"너희는 성경도 모르고, 하나님의 능력도 모르기 때문에,
잘못 생각하고 있다.
부활 때에는 사람들은 장가도 가지 않고, 시집도 가지 않고,
하늘에 있는 천사들과 같다."(마22:29~30)

"예수께서 다시 그들에게 말씀하셨다.
"너희에게 평화가 있기를 빈다.
아버지께서 나를 보내신 것 같이, 나도 너희를 보낸다."
이렇게 말씀하신 다음에,
그들에게 숨을 불어넣으시고 말씀하셨다.
"성령을 받아라.""(요20:21~22)

요한복음의 가장 중요한 주장 중 하나가
이 본문 속에 녹아 있다.
예수께서는 부활 후 마리아에게
자신에게 손을 대지 말라며 다음과 같이 말씀하셨다.

"예수께서 마리아에게 말씀하셨다.
"내게 손을 대지 말아라.
내가 아직 아버지께로 올라가지 않았다.
이제 내 형제들에게로 가서 이르기를,
내가 나의 아버지 곧 너희의 아버지,
나의 하나님 곧 너희의 하나님께로
올라간다고 말하여라.""(요20:17)

그런데 요한복음 어디에도
예수께서 하나님께로 올라가는 장면이 없다.
그렇다면, 복음서가 종결된 후에 올라갔다는 것일까?

올라간다 말씀하셨던 예수께서는 어느덧
집에서 문을 닫고 숨어 있는
제자들에게 다시 나타나셔서
성령을 불어넣어 주신다.

"이렇게 말씀하신 다음에,

그들에게 숨을 불어넣으시고 말씀하셨다.
"성령을 받아라.""(요20:22)

그리고 자신을 의심하던 도마에게
자신을 만져보라고 하신다.
아까 마리아에게만 하더라도
만지지 말라 하셨던 주님이다.
마리아에게 만지지 말라했던 이유가
아버지께 가지 않았었기 때문이라면
지금 만져도 괜찮다는 것은
이미 아버지께 올라가셨다가 돌아오셨다는 것인가?

이와 같은 추론과 함께
이미 14~16장에서 긴 논의를 통해 보혜사 성령을
아버지께로 간 후 부여하실 것으로 말씀하셨기에
지금 "성령을 받으라"라고 말씀하신다는 것은
예수께서 이미 아버지께로 갔다 다시 오신 것으로
요한이 묘사하고 있는 것이다.
따라서 신약 학자들은
누가-사도행전이 나누고 있는 부활과 승천을
요한은 같은 것으로 보고 있다고 평가한다.

요한과 마태복음은 사도행전과 달리
승천하여 떠나가는 예수를 그리지 않고 있다.
아버지께 가신다는 그의 가심은
공간적 이동을 필요로 하는 것이 아니다.
무엇이 필요한 것인가?
오직 그의 의지만이 필요하다.
아버지께 전권을 부여받은 자로서의 능동적인 의지.
그것이 움직일 때, 그는 아버지께 가신다.

그는 하늘을 뚫고 날아 올라가실 필요가 없다.
로고스인 예수는 하늘 어디에
자신의 거처를 따로 가지고 있는 존재가 아니다.
로고스는 세계의 원리이며
세계에 존재를 부여하는 존재 자체이다.
그는 세계를 떠나는 존재가 아니라
사실상 세계의 지배자이며 그 안에 세계가 있다.
그러므로 아버지께 간다는 그분은
제자들에게 다시 홀연히 나타나시어
성령을 부여하신다.

그렇다면 의문이 든다.
도대체 예수께서는 지금 어디에 계신 것인가?
지금도 세상 어느 곳에서 사역을 하고 계신 것인가?
아버지께로 가 계신 것인가?
사실 요한은 이 문제에 대하여
확답을 보여주지 않고 있다.

"그의 제자 가운데서 몇몇이 서로 말하였다.
"그가 우리에게 '조금 있으면 나를 보지 못하게 되고,
또 조금 있으면 나를 볼 것이다' 하신 말씀이나,
'내가 아버지께로 가기 때문에'라고 하신 말씀은 무슨 뜻일까?"
그들은 말하기를 "도대체 '조금 있으면'이라는 말씀이 무슨 뜻일까?
우리는, 그가 무엇을 말씀하시는지 모르겠다" 하였다."(요16:17~18)

요한은 이 말씀 후에 이렇게 이야기를 전개했다.
그는 십자가에서 죽었고 그러나 부활했다.
그는 아버지께로 가셨다.
그는 다시 나타나셨다.
그는 성령을 부여하셨다.

그럼 이제 그분은 어디에 계신 것인가?
따라서 제자들이 궁금해 하던 질문,
"조금 있으면 나를 보지 못하게 되고,
또 조금 있으면 나를 볼 것이다"라는 말씀에 대한 의문은
아직도 우리에게도 남겨져 있다.
대체 예수는 어디에 계신 것인가?
성령을 부여하시고는 또 어디에 계신 것인가?
성령은 예수의 대리자, 보혜사라 하셨으니
이제는 세상에 없으신 것인가?

제자들의 의문을 불식시켰던 예수님의 답변은 이것이었다.

""나는 아버지에게서 나와서 세상에 왔다.
나는 세상을 떠나서 아버지께로 간다."
그의 제자들이 말하였다.
"보십시오. 이제 밝히어 말씀하여 주시고...""(요16:28~29)

분명 요한의 전체적인 구조에 따르면
예수는 아버지께로부터 나와서
아버지께로 돌아가시는 것이 분명하다.
그러나 그는 보혜사인 성령을 부여하실 때도 계시고
또 21장에 물고기 잡는 제자들에게도 다시 나타나신다.

누가-사도행전은 예수의 떠나심과 성령의 부여를
확실하게 나누어 이런 의문을 들지 않게 한다.
확실히 예수는 우리의 눈에도 보이지 않으므로
누가-사도행전이 현실적으로 타당해 보인다.

그렇게 누가-사도행전은 이 도식을 유지하면서
바울의 예수 체험을 다메섹 도상에서

주님의 음성을 듣는 것으로 제한시키고,
따라서 바울의 사도권을 제한적으로 만든다.
그러나 이는 바울 서신에서
바울이 스스로 말하고 있는 바와는 다르다.
바울 자신은 다메섹에서 주님의 음성을 들은 사건을
일체 말한 적이 없다.
바울은 도리어 자신이 예수를 직접 보았음을 강조하였다.

"내가 자유인이 아닙니까? 내가 사도가 아닙니까?
내가 우리 주 예수를 뵙지 못하였습니까?"(고전9:1)

"다음에 야고보에게 나타나시고,
그 다음에 모든 사도들에게 나타나셨습니다.
그런데 맨 나중에 달이 차지 못하여 난 자와 같은
나에게도 나타나셨습니다."(고전15:7~8)

만약 바울이 예수님을 직접 보았다면
예수님 부활 이후 3~4년일 것으로 추정되고 있다.
그렇다면 이는 누가-사도행전의 승천 이후 아닌가?

이러한 면에서 요한은
부활 후 갈릴리에서 제자들을 향해
"보아라, 내가 세상 끝 날까지 항상
너희와 함께 있을 것이다"(마28:20) 라고 말씀하시며,
승천하지 않은 예수를 전하는
마태복음의 "임마누엘" 신학과 대동소이한,
함께하시는 예수를 우리에게 보여주고 있다.

그는 떠났으나 떠나지 않으셨다.
그는 떠나서 보혜사를 우리에게 보내시기로 하셨으나

오셔서 스스로 보혜사를 부여하고 계시다.
그는 분명 아버지께로 가셨다.
그러나, 벌써 다시 오신 것인가?

성령 부여 장면부터의 예수를
성령을 통한 예수 만남이라는
일종의 체험적 상징으로 처리할 수도 있을 것이다.
사실은 그렇게 해야만 이 이야기가 현실적이 될 것이다.

그러나 요한은
우리가 현실로 나아가지 못하게
우리를 예수의 실존 속으로 계속 붙잡아 두려 한다.
우리가 그를 보내지 못하는 것인가?
아니면 그가 우리를 떠나지 못하는 것인가?
우리는 그와의 만남을 계속 기대하게 된다.

35. 교회와 함께 하시는 예수

요한복음 21:1~14

1 그 뒤에 예수께서 디베랴 바다에서 다시 제자들에게 자기를 나타내셨는데, 그가 나타나신 경위는 이러하다.

2 시몬 베드로와 쌍둥이라고 불리는 도마와 갈릴리 가나 사람 나다나엘과 세베대의 아들들과 제자들 가운데서 다른 두 사람이 한 자리에 있었다.

3 시몬 베드로가 그들에게 말하기를 "나는 고기를 잡으러 가겠소" 하니, 그들이 "우리도 함께 가겠소" 하고 말하였다. 그들은 나가서 배를 탔다. 그러나 그 날 밤에는 고기를 한 마리도 잡지 못하였다.

4 이미 동틀 무렵이 되었다. 그 때에 예수께서 바닷가에 들어서셨으나, 제자들은 그가 예수이신 줄을 알지 못하였다.

5 그 때에 예수께서 제자들에게 물으셨다. "얘들아, 무얼 좀 잡았느냐?" 그들이 대답하였다. "못 잡았습니다."

6 예수께서 그들에게 말씀하셨다. "그물을 배 오른쪽에 던져라. 그리하면 잡을 것이다." 제자들이 그물을 던지니, 고기가 너무 많이 걸려서, 그물을 끌어올릴 수가 없었다.

7 예수가 사랑하시는 제자가 베드로에게 "저분은 주님이시다" 하고 말하였다. 시몬 베드로는 주님이시라는 말을 듣고서, 벗었던 몸에다가 겉옷을 두르고, 바다로 뛰어내렸다.

8 그러나 나머지 제자들은 작은 배를 탄 채로, 고기가 든 그물을 끌면서, 해안으로 나왔다. 그들은 육지에서 백 자 남짓밖에 떨어지지 않은 곳에 들어가서 고기를 잡고 있었던 것이다.

9 그들이 땅에 올라와서 보니, 숯불을 피워 놓았는데, 그 위에 생선이 놓여 있고, 빵도 있었다.

10 예수께서 제자들에게 말씀하셨다. "너희가 지금 잡은 생선을 조금 가져오너라."

11 시몬 베드로가 배에 올라가서, 그물을 땅으로 끌어내렸다. 그물 안에는, 큰 고기가 백쉰세 마리나 들어 있었다. 고기가 그렇게 많았으나, 그물이 찢어지지 않았다.

12 예수께서 그들에게 말씀하셨다. "와서 아침을 먹어라." 제자들 가운데서 아무도 감히 "선생님은 누구십니까?" 하고 묻는 사람이 없었다. 그가 주님이신 것을 알았기 때문이다.

13 예수께서 가까이 오셔서, 빵을 집어서 그들에게 주시고, 이와 같이 생선도 주셨다.
14 예수께서 죽은 사람들 가운데서 살아나신 뒤에 제자들에게 자기를 나타내신 것은, 이번이 세 번째였다.

요한복음은 사실상 20장 31절로 종결되었다.
확실한 목적과 함께 종결구문이 나오기 때문이다.

"예수께서는 제자들 앞에서
이 책에 기록하지 않은 다른 표징도 많이 행하셨다.
그런데 여기에 이것이나마 기록한 목적은, 여러분으로 하여금
예수가 그리스도요 하나님의 아들이심을 믿게 하고,
또 그렇게 믿어서 그의 이름으로
생명을 얻게 하려는 것이다."(요20:30~31)

따라서 21장은 후대의 첨가
혹은 요한의 후기로 보는 견해가 지배적이다.
그 이유는 21장에서 사용되는 단어들이 요한복음 전체에서
처음 사용되는 것들이 많다는 것과
제자들의 정황이 앞의 내용과 일치하지 않는 인상을 주기 때문이다.
즉, 그들은 20장에서 성령을 받았음에도 불구하고
갈릴리로 가서 물고기 잡는 과거의 생업으로 돌아간다.
이는 성령의 능력에 대해 앞에서 이야기 했던
요한의 증언을 무력화 시킨다.

따라서 21장은 역사적 사실처럼 서술하고 있으나
사실상 역사적 서술로 이해되지 않기를 바라고 있는 것 같다.
즉, 전체가 하나의 은유로서 표현되고 있는 것이다.
아마도 요한은 예수님의 부활과 성령부여로
복음서를 종결하려 했지만

이후 교회의 사역에 대한 예수의 예언적 말씀을
제자들과 예수의 이야기를 사용하여
상징적으로 전하려 한 것 같다.

"그 뒤에 예수께서 디베랴 바다에서
다시 제자들에게 자기를 나타내셨는데,
그가 나타나신 경위는 이러하다."(요21:1)

누가-행전은 예루살렘을 떠나지 못하게 하는 말씀으로(눅24:49,행1:4)
마태, 마가의 부활 후 주님과의 갈릴리 만남을(막14:28,마26:32)
정면으로 반박하며 마태, 마가의 증언을 거짓으로 만들고 있다.
그런데 요한은 20장에서는 예루살렘에서의 만남을,
21장에서는 갈릴리에서의 만남을 말함으로
이 두 장소를 다 자신의 이야기에서 사용한다.

디베랴 바다는 갈릴리 바다로서,
이 이야기 자체만으로는 마태, 마가에서
갈릴리에서 만나자고 하셨던
부활하신 주님의 이야기처럼 보일 수 있다.
갈릴리에서의 만남은 부활하신 주님과의 첫 만남이므로
이 이야기는 사실 부활 후 첫 번째 이야기인데
순서가 바뀐 것으로 볼 수도 있겠지만
저자는 14절에서 이 만남이
세 번째 만남이라고 명시하고 있다.
그러나 앞으로 보겠지만
이 장에서 사용되는 모든 숫자는 상징과 관련된 숫자이므로
이 전체 이야기는 은유로 해석되어야 한다.

"시몬 베드로와 쌍둥이라고 불리는 도마와
갈릴리 가나 사람 나다나엘과 세베대의 아들들과

제자들 가운데서 다른 두 사람이 한 자리에 있었다."(요21:2)

제자들이 언급되고 있다. 이 제자들의 수도 상징적이다.
여기서 제자들은 7명이 언급되고 있다.
우리는 계시록에서 교회들이 7이라는 수로 나타나는 것을 본다.

"네가 본 내 오른손의 일곱 별과
일곱 금 촛대의 비밀은 이러하다.
일곱 별은 일곱 교회의 심부름꾼이요,
일곱 촛대는 일곱 교회다."(계1:20)

즉, 일곱 제자는 세상에 있는 모든 제자들, 교회들을 지칭한다.

"시몬 베드로가 그들에게 말하기를
"나는 고기를 잡으러 가겠소" 하니,
그들이 "우리도 함께 가겠소" 하고 말하였다.
그들은 나가서 배를 탔다.
그러나 그 날 밤에는 고기를 한 마리도 잡지 못하였다."(요21:3)

부활한 주님을 만난 베드로가
갑자기 고기를 잡으러 가겠다는 데에서
독자들은 다소 당황하게 된다.
요한복음에서 베드로는 어부로 알려진 적이 없지만
공관복음을 통해 그가 어부였음이 알려져 있는 상황에서
지금, 또 다시 어부로 돌아가려는 듯 보이기 때문이다.

그러나 이 이야기는
그들이 성령을 받았다는 것을 전제한다면
생계를 위해 어부로 돌아갔다는 것을 말하려는 것이 아니라
베드로와 제자들을 처음 불렀던

제자 택함과 사명 부여의 첫 만남을
회상하도록 유도하고 있다.

"예수께서 갈릴리 바닷가를 지나가시다가,
시몬과 그의 동생 안드레가 바다에서
그물을 던지고 있는 것을 보셨다. 그들은 어부였다.
예수께서 그들에게 말씀하셨다.
"나를 따라오너라.
내가 너희를 사람을 낚는 어부가 되게 하겠다.""(막1:16~17)

즉, 교회를 대표하는 일곱 명의 제자들이
사람을 낚는, 복음의 사역을 시작하고 있다는 것이다.
베드로를 필두로 하고 있다는 점에서
베드로가 속해있던 유대적 그리스도교와 예루살렘 교회의
중심적 역할을 말한다고도 볼 수 있다.

때는 밤이었고 사실상 고기를 잡을 수 있는 시간이었다.
그러나 새벽이 되도록 고기는 잡히지 않았다.
이는 교회가 복음의 사역에 있어
어려움을 겪으며 열매를 거두지 못하는 상황을 보여준다.
혹은 사람의 기술과 힘만으로는
생명을 구원하는 사역을 감당할 수 없음을 뜻한다.

"이미 동틀 무렵이 되었다.
그 때에 예수께서 바닷가에 들어서셨으나,
제자들은 그가 예수이신 줄을 알지 못하였다.
그 때에 예수께서 제자들에게 물으셨다.
"얘들아, 무얼 좀 잡았느냐?"
그들이 대답하였다.
"못 잡았습니다.""(요21:4~5)

동틀 무렵, 해가 뜨고 물고기 잡이를 그만 두어야 할 때
낙담한 그들에게 주님이 찾아 오셨다.
어둠과 절망에 사로잡힌 그들에게
주님은 주님으로 인식되지 못한다.
오직 그분만이 스스로 자신을 드러내실 수 있다.

"얘들아, 무얼 좀 잡았느냐?"(요21:5)

주님은 친근하게 제자들을 '아이들'로 부르며 다가오신다.

"예수께서 그들에게 말씀하셨다.
"그물을 배 오른쪽에 던져라. 그리하면 잡을 것이다."
제자들이 그물을 던지니, 고기가 너무 많이 걸려서,
그물을 끌어올릴 수가 없었다."(요21:6)

어려운 상황이지만,
주님의 명령에 순종함으로써
교회는 큰 구원의 열매를 맺게 된다.
열매를 맺지 못 할 때도 주님은 계셨다.
그러나 절망의 순간이 찾아왔을 때
주님은 그들에게 가까이 다가가셨다.

그분은 하늘 높이 멀리 계신 것이 아니었다.
4절에 의하면 예수께서는 바닷가에 들어서신 것으로 표현된다.
마치 땅을 거닐다가 바닷가에 다다른 것처럼 표현되었다.
그는 이 땅의 교회들과 함께 계셨던 것이다.
마태의 '임마누엘'이 요한복음처럼 아름답게 드러나는 복음서는 없다.

이 때, 요한복음의 증거자인 예수의 사랑하는 제자가
주님을 먼저 알아본다.

"예수가 사랑하시는 제자가 베드로에게
"저분은 주님이시다" 하고 말하였다.
시몬 베드로는 주님이시라는 말을 듣고서,
벗었던 몸에다가 겉옷을 두르고, 바다로 뛰어내렸다."(요21:7)

20장의 빈 무덤을 찾아가는 장면에서
빈 무덤에 먼저 도착해 무덤을 보고 상황을 파악한 사람은
사랑하는 제자였다.
그러나 베드로는 무덤 안까지 들어감으로써
행동의 열정을 보여주었었다.
지금도 예수의 존재를 먼저 깨달은 이는 사랑하는 제자이다.
베드로는 이 사랑하는 제자의 깨달음을 듣고서
가득 찬 그물의 물고기를 버려두고 예수께로 뛰어든다.
요한은 이런 이야기를 통해
자신이 먼저 깨달은 예수에 대한 진리가
앞으로 교회의 미래를 어떻게 이끌지
암시적으로 말해주고 있는 듯하다.

"그러나 나머지 제자들은 작은 배를 탄 채로,
고기가 든 그물을 끌면서, 해안으로 나왔다.
그들은 육지에서 백 자 남짓밖에 떨어지지 않은 곳에 들어가서
고기를 잡고 있었던 것이다."(요21:8)

백 자는 헬라어 200큐빗을 말하는 것으로 약 90m 정도를 말한다.
베드로를 제외한 6명의 제자들은 물고기를 끌고
해안으로 예수께 나아가기 시작한다.

"그들이 땅에 올라와서 보니, 숯불을 피워 놓았는데,
그 위에 생선이 놓여 있고, 빵도 있었다."(요21:9)

교회는 성만찬을 통해 주님을 기다려왔다.
그러나 여기에서 주님은 스스로 만찬을 준비하고 계신다.
게다가 빵과 포도주가 아닌, 빵과 생선이 놓여있음으로 인해
성만찬 예식보다는 6장의 오병이어 사건을 생각나게 한다.
즉, 풍요로운 종말의 만찬이 예견되고 있다.

"예수께서 제자들에게 말씀하셨다.
"너희가 지금 잡은 생선을 조금 가져오너라."
시몬 베드로가 배에 올라가서, 그물을 땅으로 끌어내렸다.
그물 안에는, 큰 고기가 백쉰세 마리나 들어 있었다.
고기가 그렇게 많았으나, 그물이 찢어지지 않았다."(요21:10~11)

생선을 조금 가져오라는 말씀과 함께 베드로가 움직인다.
이에 그물에 잡힌 물고기의 수가 언급되기에 이른다.
베드로가 조금의 생선을 가져오기 위해
그물을 헤치고 물고기의 전체 숫자를 세지는 않았을 것이다.
따라서 153마리로 도출된 물고기 수는 상징적인 수인데
153은 1+2+3+4+......+17 까지 나가는 삼각수의 형태로 보인다.
삼각수는 예를 들면, 삼각형을 만들기 위한
공의 수를 생각해보면 쉬운데
당구대에 공을 정렬 해 놓은 형태를 생각하면 된다.
고대로부터 신비로운 숫자로 여겨지던 삼각수가 17에 이른 조합
즉 10+7이라는 형태로 완전하다는 의미로서 153이 표현된 것이다.
이는 교회가 구원을 최종적으로 이룰
종말의 시간을 대망하고 있다.

"예수께서 그들에게 말씀하셨다.
"와서 아침을 먹어라."
제자들 가운데서 아무도 감히
"선생님은 누구십니까?" 하고 묻는 사람이 없었다.

그가 주님이신 것을 알았기 때문이다.
예수께서 가까이 오셔서, 빵을 집어서 그들에게 주시고,
이와 같이 생선도 주셨다.
예수께서 죽은 사람들 가운데서 살아나신 뒤에
제자들에게 자기를 나타내신 것은,
이번이 세 번째였다."(요21:12~14)

이에 제자들과의 만찬이 벌어진다.
오병이어의 사건과 그 풍요를 나타내는 이 식탁은
종말의 찬지를 기대하게 만들지만
한편으로는 포도주가 없음으로 인해
다음의 말씀을 생각나게 한다.

"이제부터 내가 하나님의 나라에서
새것을 마실 그 날까지,
나는 포도나무 열매로 빚은 것을
다시는 마시지 않을 것이다."(막14:25)

즉, 아직은 포도주를 마실
마지막 때가 되지 않았다는 것이다.
그리하여 이 이야기는
최종적인 종말을 뒤로 연기한다.
그러면서도 주님이 이미 함께 하신다는 것을
빵과 생선을 준비하신
주님의 이야기를 통해 말해 준다는 점에서
요한의 종말론은 여전히 그 현재성이 강조되고 있는
현재적 종말이다.
이미 예수께서 우리와 함께 하시니
종말의 지연은 요한에게 아무런 관심사가 아니다.

제자들과의 이 만남이 세 번째라는 언급을 통해서도
주님과의 이 만남이 완전한 만남이라는 것을 보여준다.
이미 우리와 함께 계시는 예수의 현존에 대한 체험은
종말이 실현되었다는 증거이며
단지 부활의 절차만이 남아 있을 뿐이다.
시한부적이고 임박한 종말의 기대 속에서 나타나는
조급함과 실망 등은
주님과의 교제와 풍성한 영적 나눔 속에서
지양되어야 할 것이다.

부활한 주님과의 만남에서 나타나는
또 다른 특이한 점 또한 이를 말해 준다.
부활한 주님과 제자들의 헤어짐의 장면이 없다는 것이다.
무덤가에서 마리아와 만났을 때에도,
방안에 문을 잠그고 두려워하던 제자들을 만났을 때에도,
의심하던 도마를 만나셨을 때에도
주님이 사라지는 장면을 요한은 묘사하지 않는다.
주님이 전하시는 말씀을 통해 각각의 이야기는 정리될 뿐
주님이 떠나시는 장면이 요한에게는 없다.
즉, 요한은 주님이 언제나 우리와 함께 계심을 말하고 있다.
그는 떠나지 않는 주님,
홀연히 다시 만나주시는 주님이시다.
이미 와 계신 주님이시다.

주님은 오늘 구원의 그물을 던지는
교회들의 힘겨움 속에서도
여전히 함께 하시고 계신다.
우리의 곤한 삶 가운데서도
묵묵히 함께 하시며
그의 현현을 통해 말씀을 남겨주신다.

36. 네가 '나'를 사랑하느냐

요한복음 21:15~19

15 그들이 아침을 먹은 뒤에, 예수께서 시몬 베드로에게 물으셨다. "요한의 아들 시몬아, 네가 이 사람들보다 나를 더 사랑하느냐?" 베드로가 대답하였다. "주님, 그렇습니다. 내가 주님을 사랑하는 줄을 주님께서 아십니다." 예수께서 그에게 말씀하셨다. "내 어린 양 떼를 먹여라."
16 예수께서 두 번째로 그에게 물으셨다. "요한의 아들 시몬아, 네가 나를 사랑하느냐?" 베드로가 대답하였다. "주님, 그렇습니다. 내가 주님을 사랑하는 줄을 주님께서 아십니다." 예수께서 그에게 말씀하셨다. "내 양 떼를 쳐라."
17 예수께서 세 번째로 물으셨다. "요한의 아들 시몬아, 네가 나를 사랑하느냐?" 그 때에 베드로는, [예수께서] "네가 나를 사랑하느냐?" 하고 세 번이나 물으시므로, 불안해서 "주님, 주님께서는 모든 것을 아십니다. 그러므로 내가 주님을 사랑하는 줄을 주님께서 아십니다" 하고 대답하였다. 예수께서 그에게 말씀하셨다. "내 양 떼를 먹여라.
18 내가 진정으로 진정으로 네게 말한다. 네가 젊어서는 스스로 띠를 띠고 네가 가고 싶은 곳을 다녔으나, 네가 늙어서는 남들이 네 팔을 벌릴 것이고, 너를 묶어서 네가 바라지 않는 곳으로 너를 끌고 갈 것이다."
19 예수께서 이렇게 말씀하신 것은, 베드로가 어떤 죽음으로 하나님께 영광을 돌릴 것인가를 암시하신 것이다. 예수께서 이 말씀을 하시고 나서, 베드로에게 "나를 따라라!" 하고 말씀하셨다.

오늘 본문 이후에 나오는 요한복음 21장 후반부는
저자가 아닌, 요한복음 최종 편집자의 추가 구문으로
요한복음의 증거자에 대한 소문,
다음과 같은 말씀 속에 있는 이 복음서의 저자에 대한
소문의 진상을 밝혀 오해를 풀 목적이 있다.

"예수께서 말씀하셨다.
"내가 올 때까지 그가 살아 있기를 내가 바란다고 한들,
그것이 너와 무슨 상관이 있느냐? 너는 나를 따라라!"

이 말씀이 믿는 사람들 사이에 퍼져 나가서,
그 제자는 죽지 않을 것이라고들 하였지만,
예수께서는 그가 죽지 않을 것이라고 말씀하신 것이 아니라,
"내가 올 때까지 그가 살아 있기를 내가 바란다고 한들,
그것이 너와 무슨 상관이 있느냐?" 하고
말씀하신 것뿐이다."(요21:22~23)

여기서 풀려고 하는 오해란,
베드로와 이 복음서의 증인에 대한 예언의 말씀 속에서
이 복음서 저자는 주님이 오시기 전까지 죽지 않을 것이라 여기던
사람들의 기대를 말하고 있다.
그런데 이러한 기대가 예언을 오해한데서 기인한다는
이 복음서 편집자의 해설이 나오는 이유는
결국 이 제자가 주님이 오시기 전에
죽었기 때문인 것으로 보인다.
그의 죽음이 야기하는 이 복음서에 대한 권위의 훼손을 염려하여
복음서의 마지막에 이 후기를 붙인 것이다.

그런데 첨부로 붙인 이 글은
제자가 남긴 이 복음서가 사람들에게
제대로 이해된 것인지를 질문하게 만든다.
왜냐하면
'주님이 오시는 날'까지 제자가 죽지 않을 것이라 생각한다는 것은
이미 함께 하시는 주님을 그토록 강조하던
요한의 '현재적 종말' 사상의 주장을 무색하게 하며,
여전히 임박한 종말론에 몰두해
요한의 죽음 이전에 그 때가 오기를 기다리던
공동체들의 조급한 태도를 반영하고 있기 때문이다.
따라서 이는 요한복음서 저자의 신학이
공동체에 충분히 이해되지 못했음을 말하며

초대교회에 만연해 있던
임박한 종말론 신앙의 극복을 의도하던
저자의 간절함이 제대로 전달되지 못했고,
도리어 떠돌던 예언적 소문에 대해
저자 자신이 휘말려 있었음을 알게 해준다.

이 복음서는 이러한 뒷이야기로
다른 이들의 손이 타서 끝나지만
어쨌든 오늘의 본문에서는
저자의 마지막 교훈을 볼 수 있다.

제자들과의 식사 이야기는 은근슬쩍 사라지며
이제 복음서의 시선은 베드로와 예수에게 맞춰지고
다른 이들은 뒤로 밀려난다.
이 이야기가 다른 복음서와 서신들의 증거를 볼 때
역사적 사실로 인정되기 힘들고
앞서 진행된 이야기들이
은유와 상징으로 교회에 메시지를 준다는 점에서,
주님과 베드로의 이 이야기는
박해 가운데 베드로처럼 예수를 부인했던 이들을
다시 맞아주고, 사역을 부여해주는
예수 그리스도의 새로운 예언적 말씀을 의미하는 것 같다.

세 번에 거친 베드로에 대한 사랑의 질문은
반드시 횟수가 중요한 것이 아님에도 불구하고
베드로의 세 번의 부인을 생각나게 만든다.
주님을 부인했던 베드로 자신 또한
이와 같은 세 번, 혹은 그 이상의 고백을 통해서만
스스로 자신에 대한 수치심과 상처에서
해방될 수 있었을 것이다.

또한 이 글을 읽는 베드로와 같은 독자들도
베드로의 반복된 고백과 받아들여짐 속에서
함께 치유되며 받아들여지는
회복의 은혜를 경험할 수 있었을 것이다.

이 체험에서도 요한복음 전체의 구원 메시지와 마찬가지로
예수께서는 베드로를 정죄, 책망하지 않으시며
따라서 용서하지 않으신다.
용서가 필요 없는 사랑과 은혜가
오늘의 만남에서도 흘러넘치고 있다.
요구되어지고 있는 것은 오직 사랑이다.
사랑 속에서 용서와 사죄의 절차는 의미를 잃는다.

"네가 나를 사랑하느냐?"

그러나 이 사랑의 질문은
"나를 사랑하라"는 명령어가 아니다.
율법의 가장 큰 계명은
"네 마음을 다하고 뜻을 다하고 힘을 다하여
주 너희 하나님을 사랑하라"는 것이었다.
이는 명령이다.
그것은 결국 율법의 준수로 이어졌다.

예수에 대한 사랑은 명령이 아니다.
그 고백은 우리 자신의 내면에서 각자 찾아야 한다.
사랑은 당위와 법규로서의 명령이 아니다.
그것은 스스로 움직이는 생명이며
그분이 파놓은 흘러넘치는 샘물이다.

베드로는 왜 예수를 사랑하는가?

그가 배반했던 자가 다시 살아 돌아와 사랑하는 것이 아니다.
다시 살아와 자신을 용서했기 때문에 사랑하는 것이 아니다.

"네가 '나'를 사랑하느냐"라는 질문 속에서 저자는
베드로에 대한 이야기를 뛰어 넘어
지금껏 복음서가 증거했던 예수에 대한 증언에
우리가 반응해 주기를 원하고 있다.

예수는 가장 아름다운 빛이기에
예수는 생명과 평화이기에
예수는 하나님께 이르는 길과 진리이기에
예수는 하나님 자신을 보여주기에
예수는 정죄하지 않기 때문에
예수는 친구를 위해 자신을 버리기에
예수는 떠나가지 않고 언제나 함께하기에

"네가 '나'를 사랑하느냐"

여러분은 이 질문에,
지금껏 요한이 증거했던 이 예수에 대해
어떻게 말할 수 있겠는가?

"나는 생명의 빵이다."(요6:48)

"나는 하늘에서 내려온 살아 있는 빵이다.
이 빵을 먹는 사람은 누구나 영원히 살 것이다.
내가 줄 빵은 나의 살이다.
그것은 세상에 생명을 준다."(요6:51)

"나는 세상의 빛이다.

나를 따르는 사람은 어둠 속에 다니지 아니하고,
생명의 빛을 얻을 것이다.”(요8:12)

“나는 아무도 심판하지 않는다.”(요8:15)

“나는 위에서 왔다.
너희는 이 세상에 속하여 있지만,
나는 이 세상에 속하여 있지 않다.”(요8:23)

“나는 그 문이다.
누구든지 나를 통하여 들어오면, 구원을 얻고,
드나들면서 꼴을 얻을 것이다.”(요10:9)

“나는 선한 목자이다.
선한 목자는 양들을 위하여 자기 목숨을 버린다.”(요10:11)

“나는 그들에게 영생을 준다.”(요10:28)

“나는 부활이요 생명이니,
나를 믿는 사람은 죽어도 살고,
살아서 나를 믿는 사람은
영원히 죽지 아니할 것이다.”(요11:25~26)

“나는 빛으로서 세상에 왔다.
그것은, 나를 믿는 사람은
아무도 어둠 속에 머무르지 않도록 하려는 것이다.
나는 그를 심판하지 아니한다.
나는 세상을 심판하러 온 것이 아니라
구원하러 왔다.”(요12:46~47)

"나는 너희에게 새 계명을 준다.
서로 사랑하여라. 내가 너희를 사랑한 것 같이,
너희도 서로 사랑하여라."(요13:34)

"나는 길이요, 진리요, 생명이다.
나를 거치지 않고서는,
아무도 아버지께로 갈 사람이 없다."(요14:6)

"나는 평화를 너희에게 남겨 준다.
나는 내 평화를 너희에게 준다.
내가 너희에게 주는 평화는 세상이 주는 것과 같지 않다.
너희는 마음에 근심하지 말고,
두려워하지도 말아라."(요14:27)

"나는 포도나무요, 너희는 가지이다.
사람이 내 안에 머물러 있고, 내가 그 안에 머물러 있으면,
그는 많은 열매를 맺는다.
너희는 나를 떠나서는 아무것도 할 수 없다."(요15:5)

"나는 왕이오.
나는 진리를 증언하기 위하여 태어났으며,
진리를 증언하기 위하여 세상에 왔소.
진리에 속한 사람은, 누구나 내가 하는 말을 듣소."(요18:37)

요한은 그동안 수많은 말로 그를 증거했다.
"네가 '나'를 사랑하느냐?"
당신은 자신 안에서
예수에 대한 사랑을 발견할 수 있는가?
이 모든 증거가 당신에게
그에 대한 사랑의 이유가 되기에 충분했는가?

후기

이 글들은 저자가 섬기는 새들녘교회에서 수개월간 설교했던 설교의 원고를 수정한 것이다. 설교를 위해 원고의 문장을 간략히 하는 것이 저자의 습관인데, 책을 내기 위해 글을 확장해 보았으나 명료성이 더 떨어지고 설명이 장황해져 좋지 않은 글이 되는 것 같았다. 그래서 완전한 장문의 글로 만드는 것 보다는 간략한 단문이 복잡한 설명을 할 때에도 더 이해하기 쉬운듯하여 설교의 원고 형식을 유지해 보기로 했다.

설교를 준비하고 진행하면서, 예전과 달리 요한과 다른 복음서들의 차이점, 그리고 바울 복음과의 차이점들이 눈에 많이 들어오기 시작했다. 그러나 공부를 할수록 마음에 안드는 점을 발견하게 되었는데, 많은 학자들이 요한의 특수성을 인식하면서도 전통적인 교리와 상충되지 않도록 요한의 특수성을 묵살하곤 했다는 것이다. 예를 들면 요한에게는 피 제사와 속죄의 표상이 나타나지 않지만, 요한복음에 강하게 영향 받은 요한1서에는 나타난다는 이유로 요한복음 전체의 이러한 특성을 간과해버리는 경향을 말한다. 따라서 저자는 이러한 요한에 대한 독해에 저항하며 철저하게 요한복음의 테두리 안에서 요한을 보기 위해 집중하였다. 특히 요한의 구원론에 주목을 하였는데, 요한의 구원론은 요한복음에 있어 가장 연구가 되지 않은 불모지와 같은 분야이다. 이 또한 요한 구원론의 특이성 때문일 것이다.

결과적으로 저자가 이해한 요한은 1세기 교회가 읽고 있던 복음서와 서신들의 구원의 이해와는 다르게 예수와 그의 죽음을 해석하는 요한이었다. 저자가 보기에 요한은 공관복음의 내용을 수정할 만큼 자신의 신학에 자신이 있었으며, 바울 복음에 대항할 만큼 사상적으로 깊이가 있고, 자신의 복음서를 일관된 주제로 면밀하게 연결할 만큼 조직적인 사고를 하는 사람이었다.

그러나 요한은 날카로운 지성과 함께 유한 성격을 가졌던 것 같다.

그는 자신의 입장이 있으면서도 그것을 기존의 입장과 대립할 수 있는 논쟁의 장으로 끌고 가지 않는다. 그는 상대방의 심기를 건드리지 않는 선에서 자신의 입장을 조용히 관철시키고 있다. 어떤 면에서 그는 자신의 입장이 받아들여지지 못 할 것이라 여기는 회의적인 지성인의 모습을 가지고 있는지도 모르겠다. 기존의 세례와 성찬의 성례전, 속죄의 교리 등에 대한 자신만의 비판적 입장이 있을 지라도 기존의 신학에 기반을 두고 있는 공동체와의 화합을 깨려하지 않고 있다. 공동체의 하나 됨이 그에게 가장 중요한 문제이기도하기 때문이다. 따라서 그는 언제나 베드로보다 앞서지만, 베드로에게 자리를 내어주는 자신의 모습을 그리고 있다. 필자는 이러한 요한을 치열한 논쟁의 장으로 정중히 모시고자 한다. 자신의 신학이 어떤 식으로 받아들여져도 상관없다는 그의 유한 태도에 날을 세우고 논점을 부각시켜 그의 신학적 독창성을 드러내보려 하는 것이다.

저자의 고민은 요한의 구원론을 철저하게 적용할 경우 바울 신학에 기반하고 있는 교회의 종교개혁신학과 구원론이 이를 받아들일 수 있냐는 것이었다. 요한 또한 당대의 신학에 새로운 이해를 요구하고 있던 것으로 보이지만, 사실상 실패한 상태로 우리에게 전수되었다. 요한의 첫 실패는 지금까지 이어져오고 있다. 요한복음은 복음서와 바울서신들 사이에 눌려져 그들의 사상으로 짙게 물들여졌다. 과연 요한은 요한의 독립적 위상을 찾을 수 있을 것인가? 요한이 말하는 예수와 그의 진리는 기독교 역사상 한 번도 자기 자리를 점유하지 못했던 것으로 보인다. 2천여 년이 지난 지금, 우리는 요한복음의 부활을 일으킬 수 있을까?

저자는 과연 누가 옳은가를 따지고 드는 것이 아니다. 개인적으로 저자는 역사적 예수를 더 잘 드러내어주는 마가의 예수 서술을 더 좋아한다. 그러나 저자는 요한의 이해를 요한답게 드러내고, 그 이해가 우리에게 어떤 의미를 줄 수 있을지, 2천 년간 이어온 바울의 해석을 대체할 여지가 있는지, 한 번 질문해 보고 싶었다.

이 책은 여러 사랑하는 이들의 후원이 없었다면 세상으로 나올 수 없었다. 저자를 믿고 부끄러운 졸고의 출판을 후원해주신 지인들께 감사를 드린다. 사랑하는 아내와 어머니의 이해와 기도 또한 가장 큰 위로와 힘이었다. 무엇보다 요한복음을 설교하고, 이 책을 쓰게 만든 저자를 향한 예수 그리스도의 사랑과 열정에 무한한 찬양을 드린다.